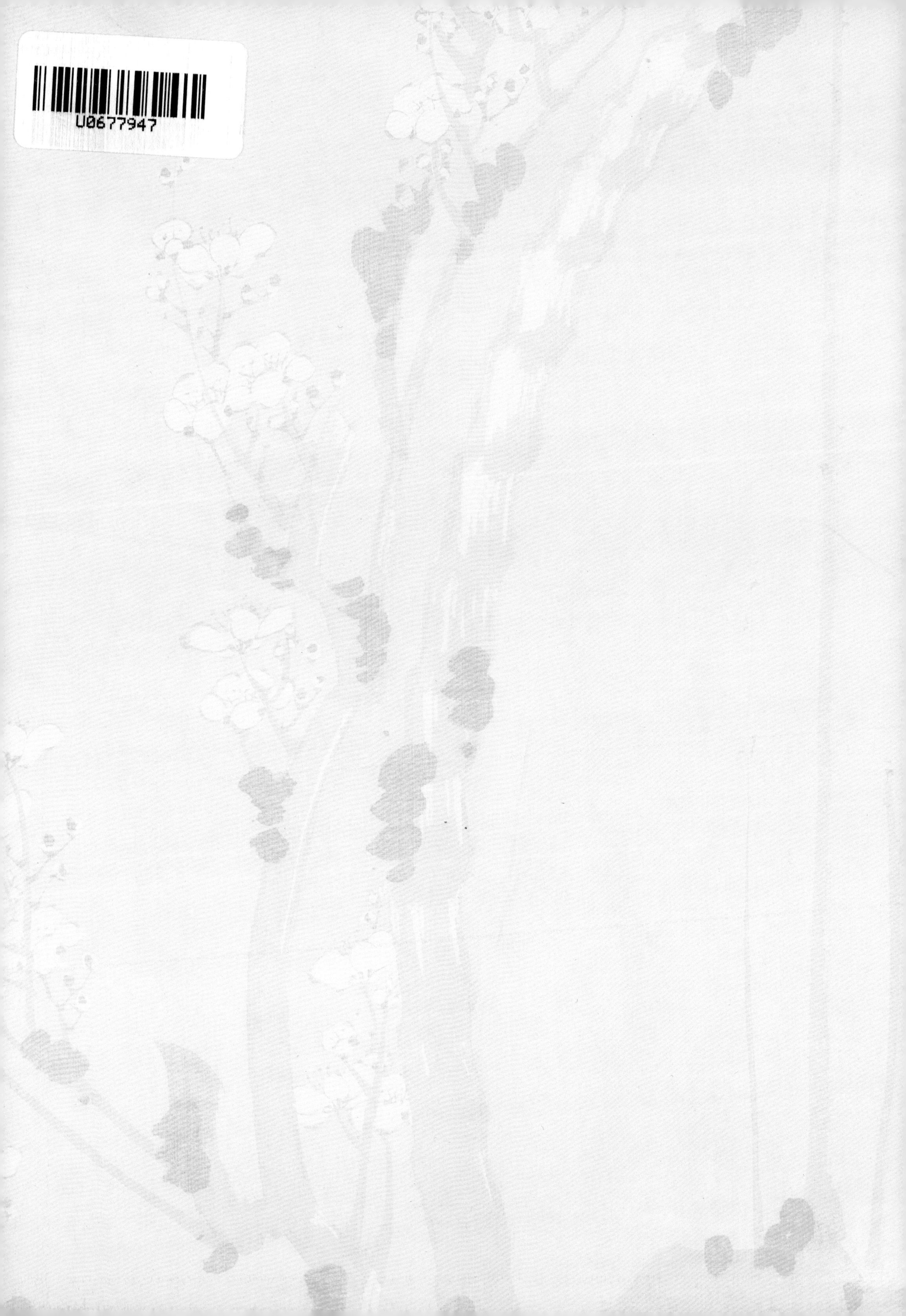

性理奥

〔明〕丁進輯

〔明〕天啓六年刊

下

江蘇大學出版社
JIANGSU UNIVERSITY PRESS
鎮江

大學之法以豫爲先

新鐫性理輿卷之七

始寧郎趨丁進纂　顯甫權讀
男　君正樞訓　訂

總論爲學

程子曰大學之法以豫爲先人之幼也智愚未有所主當以格言至論盈耳充腹久自安習若固有之雖讒說不能入也若爲之不豫及稍長意慮偏好生于內衆口辨言鑠于外欲其純全不可得已

後生學問且須理會曲禮少儀儀禮等學灑掃應對進退之事及先理會爾雅訓詁等文字然後可以語

自然度越諸子

敬是徹上徹下工夫

堯舜終始一箇

讀書乃餘事

以得一第爲成材

上自此脫然有得自然度越諸子也

朱子曰如今全失了小學工夫只得且教人把敬爲主收斂身心却方可下工夫敬巳是包得小學是徹上徹下工夫雖做得聖人田地也只放下敬不得如堯舜也終始是一箇敬

問教小兒以何爲先呂東萊曰先教以恭謹不輕忽不躐等讀書乃餘事今之有質者父兄便教以科舉之文不容不躐等至有以得一第爲成材者

程子曰學也者使人求於內也以文爲主外也使人

二者無益于德

古人學是終身事

學者如登山麓

聖人之道無進退

氣質沉靜受學易

君子之學貴于一

求於本也考詳略採異同末也二者無益於德君子弗之學也古之學者優游饜飫有先後次序今之學者却只做一場說話務高而已矣古人此箇學是終身事果能顛沛造次必於是豈有不得道理　今之學者如登山麓方其迤邐莫不闊步及到峻處便逡巡君子之學不日新必日退未有不進而不退者惟聖人之道無進退以其所造者極也　氣質沉靜於受學爲易君子之學貴於一一則明明則有功古之學者一今之學者三異端不與焉一曰文章之學二

今之學者有三弊

人當學顏子之學

二者爲己爲人之道

爲學忌先立標準

曰訓詁之學三曰儒者之學欲趨道舍儒者之學不可今之學者有三弊溺於文辭牽於訓詁惑於異端人之學當以大人爲標準然上面更有化耳人當學顏子之學　問立德進德先後曰此有二有立而後進卓然定後方有進立是三十而立進是吾見其進也有進而至於立則進而立於道也進是可與適道立是可與立也

明道曰蠱之象君子以振民育德二者爲己爲人之道也又曰人之爲學忌先立標準又曰大抵學不言

顔子稱聖人最切當

聖人教人只兩字

學然後知不足

而自得者乃自得也有安排布置者皆非自得也又曰博文約禮是顔子稱聖人最切當處聖人教人只此兩字而已

張子曰義理有礙則濯去舊見以來新意心中苟有所開即便劄記不思則還失之矣觀書解大義非聞也必以了悟爲聞人之好強者以其所知少也知多則不自強滿學然後知不足若無若虛此顔子之所以進也　人苟有朝聞道夕死可矣之意則不肯一日安于所不安也何止一日須臾不能如曾子易簀

須要如此乃安
古來如此等人不少
擴華茹實
學貴大成
要法至戒
論孟工夫只是一般

須要如此乃安
楊龜山曰夫學者學聖賢之所爲也須是聞聖賢所得之道若只要博通古今爲文章則古來如此等人不少擴其華不茹其實爲用學爲哉
胡五峯曰學貴大成不貴小用大成者參於天地之謂也小用者明利計功之謂也以反求諸已爲要法以言人不善爲至戒
朱子曰論語則說學而時習之孟子則說明善成身所說不同工夫只是一般　古人於小學小事中便

一箇坯素相似
表裏只是一事
緊要下工夫處
數句徹首徹尾
聖賢真實道理
使船嫌溪曲

存箇大學大事的道理大學只是推將開闊去向來小時做底道理存其中正如一箇坯素相似　持敬讀書表裏只是一事但不可取此而舍彼耳

朱子曰收拾放心乃是緊切下工夫處講學乃其中之一事中庸曰尊德性而道問學極高明而道中庸此數句乃是徹首徹尾　學者大要立志志者只是直截要學堯舜孟子道性善言必稱堯舜此是真實道理人多言爲事所奪有妨講學此爲不能使船嫌溪曲者也遇富貴就富貴上做工夫遇貧賤就貧賤

兵法一言甚佳

讀書如煉丹

捕風捉影
學者當守此四
字

爲己爲人之際

上做工夫兵法一言甚佳因其勢而利導之也
朱子曰讀書如煉丹初時烈火煆煞然後漸漸慢火
養又如煮物初時烈火煑了卻須慢火養陽氣發處
金石亦透精神一到何事不成　進取得失之念放
輕卻將聖賢格言處研窮考究若悠悠地似做不做
如捕風捉影有甚長進　虛心順理學者當守此四
字今之學者只是不爲已故日闇此心安頓在義理
時少在閒事上多故於義理卻生於閒事卻熟爲學
者只要分別箇路頭要緊是爲己爲人之際只如而

一躍躍出

拙法妙解

聖賢之教兩端課程

今貪利祿而不貪道理要做貴人而不要做好人皆是志不立之病直須反覆思量究見病痛起處勇猛奮躍不復作此等人一躍躍出　日用間知此一病而欲去之即此欲去之心便是能去之藥不必舍此拙法而求妙解也

聖賢之教不過博文約禮四字博文則須多求博取熟讀而精擇之乃可以浹洽而貫通約禮則只敬之一字以此兩端立定課程不令間斷久之自有進步處矣　日用之間隨時隨處提撕此心勿令放逸而

舍是別無有用力處

攝伏身心之助

學問根本

鉗鎚

於其中隨事觀理沉潛反覆庶於聖賢之教漸有默契處則自然見得天道性命眞不外於此身而吾之所謂學者舍是別無有用力處所以古人設教自灑掃應對進退之節禮樂射御書數之文皆所以消磨其飛揚倔强之氣而爲入德之階今既皆無此矣則惟有讀書一事可以爲攝伏身心之助然不循序而致謹焉則亦未有益也　學問根本在持敬集義須用力做工夫不可虛度設使他日得聖賢而事之亦可受鉗鎚也

二者交相爲用

天地聖人之心不外是

固有從中而出

皆是見理不明之病

致知以明之持敬以養之此學之要也然不致知則難於持敬不持敬亦無以致知二者交相爲用學者循循有序馴致其極求之自淺以至深至之自近以及遠然後吾心得正天地聖人之心不外是焉

問今之學者不是忘便是助長曰這只是見理不明耳理是自家固有底從中而出使他見之之明如饑而必食渴而必飲則何忘之有如食而至于飽飲而至于滿腹則止又何助長之有皆是見理不明之病

朱子曰前輩有欲澄治思慮者於坐處置兩器每起

後來不復有黑
最後雖白亦無
射中紅心
存養久自有覺
獨觀昭曠之原

一善念則投白豆一粒於中毎起一惡念則投黑豆一粒於中初時黑多白少後白多黑少後來遂不復有黑最後則雖白亦無之矣　所謂致中者非但只是在中而已纔有些子偏倚便不可譬如射雖中紅心然在紅心邊側亦未當須是正當紅心之中乃爲中也　洪慶將歸先生召入與語曰此去且存養要這箇道理分明常在這裡久自有覺又曰要下存養工夫須獨觀昭曠之原不須枉費工夫鑽紙上語待養得此中明徹方取文字來看自有意味道理自透

遇事自迎刃而解涵養致知力行三者要皆以敬爲本學者最是此一事爲要　今之人只就一線上窺見天理便說天理只恁地了即要去通萬事不知萃百物然後觀化工之神聚衆材然後知作室之用於一事一義上欲窺聖人之用心非上知不能也

程子云立志以定其本居敬以持其志此是五峯議論好處

張南軒曰事有其理而著於吾心心也者萬事之宗也唯人放其良心故事失其統紀學所以收其放而

遇事迎刃而解三者以敬爲本學者最是此一事爲要

一線窺見天理

五峯議論好處

學所以收放存良

人德有門戶

五者同體以相成

燕人適越

四者是吾之師

存其良也人德有門戶夫子教人循循善誘學者即有用力之地而至於成德亦不外是　學問思辨行五者同體以相成相資而互發也然學不可躐等譬如燕人適越必道路城郭山川風雨一一實履焉中道輟晝然後越室可几也若坐環堵之室而望越之渺茫欲乘雲駕霧以遂抵越有是理哉　子產有君子之道四焉其不合道處想多只此四者便是吾之師夫子所以取也

呂東萊曰凡見人有一行之善則當學之勿以其同

病痛皆素共檢點

一事尤爲至切

石去草生

夫子只許兩人

時同處貴耳賤目焉須要公平觀理而徹戶牖之小嚴謹持身而戒防範之踰周容而非發於避就精察而不安于小成此病痛皆所素共檢點者耳

黃勉齋曰靜處下工誠爲長策然講習一事尤爲至切○致知持敬兩事相發人心如火遇木即焚唯于世間利害得喪見得分明則此心自不爲動而所爲持守者始易爲力若利欲爲此心之主雖加强制而病根不除如以石壓草石去而草復生矣利欲之大是富貴貧賤最難克吾夫子只許顏子子路兩人若

天花亂墜

三者並行日勉

聖賢無一偏之學

聖門用功節度

聖賢貫動靜徹終始之功

是此處打得過便教說得天花亂墜盡是閒話也人之爲學但當操存涵養使心源純粹探賾索隱使義理精熟力加克制使私意不行三者並行而日勉焉則學進矣　大學言明德便言新民聖賢無一偏之學

陳北溪曰聖門用功節度不過曰致知力行而已必以敬爲主敬者主一無適聖賢所以貫動靜徹終始之功也能敬則大本清由是而致知心與理相照由是而力行心與事相安而不復有病矣

治心猶治疾

維持此心爲讀書之地

朱子教人大畧

聖門切實之學

眞西山曰夫學者之治心猶治疾然省察焉者視脉而知疾也克治焉者用藥以去疾也而存養焉者則又調養保護以杜未形之疾者也然所以維持此心而爲讀書之地者豈無要乎亦曰敬而已矣程子所謂主一無適敬之存乎中也整齊嚴肅敬之見乎外也平居齋栗如對神明言動酬酢不失尺寸則心有定主而義理入矣朱子教人大畧如此

陳潛室曰伊川云盡性至命必本於孝弟窮神知化由通於禮樂蓋欲學聖人必從實地上做起此聖門

爲學大畧

便是持養氣象

切實之學也積累之久自有融液貫通處非謂一蹴便能

饒雙峰曰爲學之方大畧有四一曰立志二曰居敬三曰窮理四曰盡性

存養

程子曰學在知其所有又養其所有養非閉目靜坐也有心于思慮則思慮不可息矣惟不媿屋漏與慎獨便是持養底氣象　心之躁者不熱而煩不寒而慄無所惡而怒無所悅而喜無所取而起心既正則

論不動

見聞之理在始得

學者所以操心

存心如對客

四者皆足以動心

雖熱不煩雖寒不慄無所喜無所取去就猶是生死猶是夫是之謂不動心

蘇季明問喜怒哀樂未發謂中當中之時耳無聞目無見否曰雖耳無聞目無見然見聞之理在始得

楊龜山曰古之學者視聽言動無非禮所以操心也至于無故不徹琴瑟行則聞珮玉登車則聞和鸞蓋皆欲收其放心不得惰慢邪僻之氣得而入焉

朱子曰存心只是知有此身謂如對客一般

朱子曰把心不定喜怒憂懼四者皆足以動心荅張

程子微意可見

敬夫書曰來諭謂學者先須察識端倪之發然後可加存養之功蓋發處固當察識但人自有未發時此處便合存養豈可待發而後察察而後存耶且從初不曾存養便欲隨事察識竊恐浩浩茫茫無下手處而毫釐之差千里之謬將有不可勝言者此程子所以每言孟子才高學之無可依據人須學顏子之學則入聖人爲近有用力處其微意亦可見矣來教又謂言靜則入于虛無此固當深慮若以天理觀之則動之不能無靜猶靜之不能無動也靜之不可無養

緊所以養乎此

數句卓然語意俱到

猶動之不可不察也但見得一動一靜互爲其根敬義夾持不容間斷之意則雖下一靜字元非死物至靜之中蓋有動之端焉是乃所以見天地之心者先王所以至日閉關安靜以養乎此耳固非閉目兀坐而偏於靜之謂也至於來教所謂須要動以見靜之所存靜以涵動之所本動靜相須體用不離而後謂無滲漏也此數句卓然語意俱到

持敬

程子曰大凡人心不可二用用于一事則他用更不

主敬焉有此患
致敬須自此入
二句行之安得有差
直上直下之正理

能入者事爲之主也事爲之主尚無思慮紛擾之患若主于敬又焉有此患乎　嚴威儼恪非敬之道但致敬須自此入　學者須敬守此心不可急迫當栽培深厚涵泳於其間然後可以自得若急迫求之只是私已終不足以達道思無邪毋不敬只此二句循而行之安得有差有差者皆由不敬不正也　中者天下之大本天地之間亭亭當當直上直下之正理出則不是唯敬而無失便是喜怒哀樂未發謂之中敬不可謂中但敬而無失即所以爲中也

聖人祖傳只是一字
堯是初出治第一個聖人
欽字第一個字
敬乃聖門第一義
攻圍拔守

朱子曰聖人祖傳只是一箇字堯曰欽明舜曰溫恭聖敬日躋君子篤恭而天下平　堯是初頭出治第一箇聖人欽字第一箇字　敬字工夫乃聖門第一義從頭徹尾不可頃刻間斷　人性本明如寶珠沉溷水中明不可見去了溷水寶珠依舊光明若知是人欲蔽了便是明處只此便緊緊着力主定如游兵攻圍拔守人欲消鑠去矣　夫子所謂四勿又如忠信篤敬孟子所謂求放心存心養性大學所謂格致誠正程子又專發一敬字言語似乎不同未始不貫

◎

聖賢之道如一室

聖學所以成始成終

程子兩言猶爲剩語

一字有兩體

便有心廣體胖氣象

程子至論

聖賢之道如一室然因嘆敬字工夫之妙聖學之所以成始成終者皆由此學者若實用力于敬則雖程子兩言之訓猶爲剩語否則言愈多心愈襍矣

敬之一字以有兩體一是主一無適心體常存無走作一是小心謹畏遇事不敢慢易近看得謹畏的人念念常在這一事上無多岐之惑便有心廣體胖氣象此非主一無適而何程子言敬必整肅尊嚴爲先又言未有箕踞而心不慢者乃是至論　敬者守于此而不易之謂義者施于彼而合宜之謂敬立則義

涵中處外

聖門終身事業

此時可以體敬

兩事相為經緯

畏字為最近

二句體認親切

在中伊川所謂涵諸中處諸外是也以敬義二字隨處加工久久自當得力聖門只此便是終身事業

張南軒曰儼若思雖非敬之道而于此時可以體敬焉即此存思慮將日以清明而其知不蔽矣

黃勉齋曰主敬致知兩事相為經緯但言敬而不能有所見者恐亦於此有所未思耳能敬則能整齊嚴肅整齊嚴肅則能敬能敬則不昏不亂矣此朱子不得不取諸說以明夫敬而又以畏字為最近也

陳北溪曰禮謂執虛如執盈入虛如有人只此二句

誠敬之分

表裏交正之功

爲學之要莫先于此

二先生有功聖門

百聖相傳心法

體認持敬工夫最親切

真西山曰敬是人事之本學者用功之要至于誠則達乎天道矣此又誠敬之分也端莊靜一乃存養工夫端莊主容貌言靜一主心言葢表裏交正之功合而言之則敬而已靜時能敬則無思慮紛擾之患動時能敬則無舉措煩雜之患如此則本心常存爲學之要莫先于此秦漢以下諸儒皆不知敬爲學問之本自程子指以示人而朱子又發明之二先生有功聖門此其最大者也往昔百聖相傳實爲心法氣之

御轡隄防

作聖之階梯

上頭儘有商量

淸靜中一物不可着

靜中有物始得

決驟軼于奔駟敬則其御轡也情之横放甚于潰川敬則其隄防也

吳臨川曰伊洛大儒以敬爲作聖之階梯

主靜

程子曰學者患心慮紛亂不能靜此則天下公患學者只要立個心此上頭儘有商量　尹和靖孟敦夫張思叔侍坐伊川指面前水盆語曰淸靜中一物不可着纔着物便搖動又曰靜中須有物始得

朱子曰動時能順理則無事時能靜靜時能存則動

動靜如船在水

家舍道路

黑白虛靜

八窓玲瓏

周子之意有自來

時得力須兩者相靠使工夫無間斷動靜如船之在水潮至則動潮退則止有事則動無事則止靜爲主動爲客靜如家舍動如道路又曰便是虛靜也要識得這物事如未識得時則所謂虛靜亦只是箇黑底虛靜不是白底虛靜而今須是要打破那黑底換做箇白淨底則八窓玲瓏無不融通不然則守定那黑底虛靜終身黑窣窣地莫之通曉也

黃勉齋曰主靜者所以制乎動無欲者所以全乎靜此周子之意而亦有自來也艮其背不獲其身行其

靜後見物皆有春意
觀物內會
楊震四知
天地無二知

底不見其人主乎靜也旦晝之牿亡則夜氣不足以存無欲故靜也

問程子云靜後見萬物皆有春意還是指聖賢言否

陳潛室曰觀物內會靜者能之固是聖賢如此吾人胸次亦有此境界靜却不分聖賢

省察

程子曰人爲不善于幽謂人莫已知也而天理不可欺何顯如之或曰是猶楊震所謂四知者乎曰幾矣雖然人我知之猶有分也天地則無二知也尸居却

龍見雷聲

邢恕一日三點檢

不會用功

夢寐可以卜學

燈燭警道

矯輕警惰

龍見淵嘿郄雷聲

邢恕云一日三點檢明道曰可哀也云哉其餘時理會甚事蓋彷三省之說錯了可見不會用功　人于夢寐間亦可以卜自家所學之淺深如夢寐顛倒即是心志不定操存不固

程子曰求養之道心只求是而已觀一物又敲點著此心臨一事又記着此心常不為物牽觀燈燭亦足以警道　慎喜怒此是矯其末而不知治其本宜矯輕警惰　嘗謂范巽之云吾輩不及古人病源何在

大寐得醒

曾子之誠身可及

便是存心之法

檢點自見

巽之請問先生曰此非難悟設此語者蓋欲學者存意之不妄游心浸熟脫然如大寐得醒耳

游廣平曰曾子云三省若學者又不止此事親有不足於孝事君有不足於敬與行或愧於心言或游于行與欲有所未窒忿有所未懲與惟是類而省之則曾子之誠身庶乎可以跂及矣

朱子曰居處恭三句便是存心之法趙公以黑白豆記善惡起之念此是古人做工夫處如此檢點則自見矣　人心嘗烱烱在此則四體不待羈束而自入

內外交相養之道

省克如循環然

君子愼其獨

規矩只爲人心有緩散時故立許多規矩來維持之心旣常惺惺又以規矩檢繩此內外交相養之道也

呂晦叔言省克二字不可廢張南軒曰然纔省了便克旣克了又省如循環然

張范陽曰一念之善則天神地祇祥風和氣皆在于此一念之惡則妖星厲鬼凶荒札瘥皆在于此是以君子愼其獨

陸象山曰人孰無心道不外索今日向道而又艱難支離則是未知其心未知其戕賊放失未知所以保

門地兩言而決

古人韋弦之義

千萬人中知有已

養灌溉此乃爲學之門進德之地得其門不得其門
有其地無其地兩言而決耳　人之資禀有沉滯者
有輕揚者古人有韋弦之義
許魯齋曰凡事一一少察不要逐物去了雖在千萬
人中常知有已此持敬大畧也
吳臨川曰非禮義之事雖甚不良人亦知畏人之知
而不敢肆苟人所不知之地一時不勝利欲之私則
于所不當爲能保其不爲乎若顏叔子之達旦秉燭
楊伯起之暮夜却金司馬君實趙閱道之所爲無一

言楊司馬趙真能慎獨

知手持物以取物

會點會子便是兩箇樣子

不可與人言無一不可與天知真能慎獨者也

知行

程子曰得而後動與慮而後動異得在已如目使手舉物無不從慮則未在已如手中持物以取物知其不利

朱子曰知行常相須如目無足不行足無目不見論先後知爲先論輕重行爲重且如會點與曾子便是兩箇樣子曾點便是理會得而行有不揜曾子便是合下持守旋旋明理到一貫處　涵養中自有窮理

所相都不相離

二事互相發

三事以一家譬

伊川不言克己

工夫窮其所養之理窮理中自有涵養工夫養其所窮之理兩項都不相離　學者工夫唯在居敬窮理此二事互相發能窮理則居敬工夫日益進能居敬則窮理工夫日益密致知敬克己此三事以一家譬之敬是守門戶之人克己則是拒盜致知則是去推察自家與外來底事伊川言涵養須用敬進學則在致知不言克己猶言養守門戶則與拒盜便一等事不消更別有拒盜的

張南軒曰知之進則行愈有所施行之力則知愈有

[illegible]言見道體

迷埴索塗

許朱度越諸子

所進吾學者以想像臆度爲知道而曰知之則無不能行是妄而已曾晳詠歸之語亦可謂見道體矣而孟子猶以其行不揜言而況下此者哉

黃勉齋曰爲學之綱領知行而已知之不至則如擿埴索途而有可南可北之疑行之不力則如敝車羸馬而有中道而廢之患

許魯齋曰二程以格物致知爲學朱子亦然此所以度越諸子

致知

知不如不知之愈

烏喙水火

未知道者如醉人

真知須如田夫

程子曰人固可以前知然須是用則知不用則不知知不如不知之愈蓋用便近二也又曰饑而不食烏喙人之不蹈水火只是知之真也又曰未知道者如醉人方其醉時無所不至及其醒也莫不媿恥矣真知又與常知異嘗見一田夫曾被虎傷後有人說虎傷人衆莫不驚獨田夫色動異於衆若虎能傷人雖三尺童子莫不知之然未嘗真知真知須如田夫乃是知不善而猶爲不善亦未嘗真知真知決不爲矣

目無全牛

志帖射梁

鈆汞龍虎

楊龜山曰知之未至雖能擇善而固執之未必當於道也若真物格而知致則目無全牛游刃有餘地矣

朱子曰爲學須見得是則心方有所主如人學射若志在紅心上少間有時只射得帖志在帖上少間有時只射得那梁上志在梁上少間都射在別處去了理不是在面前別爲一物即在吾心人須是體察得此物誠實在我方可譬如脩養家所謂鈆汞龍虎皆是身內之物非在外也坎離交則生分則死離爲心坎爲腎龍者汞也精也血也出于腎虎者鈆也氣也力也出于心

韓昌黎論爲文要讀書涵咏多後

桺不及韓

內外合一之學

硬脊梁漢乃擔得

自然好桺于厚云本之于六經之意便是要將這一件便不及韓務反求者以博觀爲外馳務博觀者以內省爲狹隘此一偏之學也

吳臨川曰見聞之知雖得于外而所聞見之理在心故外之物格則內之知至此儒者內外合一之學也固非一偏也

力行

程子曰士不可以不弘毅任重而道遠重擔子須是硬脊梁漢乃擔得

百尺竿頭更進

學問如登塔

學問無一超直上之理

學者病痛全在此處

自家着一分陪奉他

聖心如止水

謝上蔡曰學者纔有所得便住唯顏子善學孔子有未見其止之嘆須是百尺竿頭更進始得

朱子曰學問如登塔逐一層登將去上面一層雖不問人亦自見得若不去實踏過却懸空妄想便和最下底層不曾理會得蓋學問無一超直上之理務一實事觀今日學者不能進步病痛全在此處但就實做工夫自有得未可遽責效驗也

程子曰君子役物小人役于物今見可喜可怒之事自家着一分陪奉他此大勞矣聖人之心如止水損

[illegible][illegible]莫過于寡欲

孤軍猝遇彊敵

事過心淸凉

御馬斡石

之義損人欲以復天理而已又曰致知在所養養知莫過寡欲

朱子曰克己亦無別法譬如孤軍猝遇彊敵只得盡力舍死向前而已尚何問哉

許魯齋曰喜怒哀樂愛欲惡七者之中唯怒爲難治于盛怒時堅忍不動俟心氣平時審而應之衆勿與競事過心淸凉

司馬涑水曰去惡而從善舍非而從是人或知之而不能從以爲如制悍馬如斡磻石之難也靜而思之

騎驢覓驢

一劍兩段

學者在致其知

在我而已何難之有

朱子曰知得如此是病即便不如此是藥若更問何由得如此則是騎驢覓驢只是一塲閑說話矣

荅蔡季通書曰所謂一劍兩段者改過之勇固當如此改過貴勇而防患貴怯二者相須然可以修慝辨惑而崇德

張南軒曰真知非則無不能去真知過則無不能改人之患在不知其非不知其過而已所貴學者在致其知

聖人以此爲遷善改過之象思難只有一箇處置

儒者不言有數

知欲圓而行欲方

黄西山曰風雷益君子以見善則遷有過則改天下之至迅疾者莫如風雷故聖人以此爲遷善改過之象此即過勿憚改之意也人之于患難只有一箇處置盡人謀之後却須泰然處之若心心念念不會處置了放下便是無義命也儒者只合言人事不得言有數直到不得已處歸之命可也

孫思邈曰膽欲大而心欲小知欲圓而行欲方可以法矣今人皆反之者也

李延平曰受形天地各有定數治亂窮通斷非人力

聖賢傳心之要法

唯當守吾之正而已然而愛身明道修己俟時則不可一日忘於心此聖賢傳心之要法也　問避嫌是否朱子曰合避豈可不避如瓜田不納履李下不整冠君不與同姓同車與異姓同車不同服皆是合避處又如人遺之千里馬雖不受后來薦人未嘗忘之後亦竟不薦然於心終不忘便是喫他越來意思不過這便是私意又如當今立朝明知這箇是好人當薦舉之却緣平日與自家有恩遂避嫌不舉又如有某人平日與自家有怨到當官彼却有事當治却怕

如此等皆蹉過去了

學者須有廉隅墻壁

今人不能咬菜根

原侯擊節嘆賞

資質規模雖以一律齊

君子路上人

人說是報怨遂休了如此等皆蹉過去了

朱子曰學者須要有廉隅墻壁便可擔負得大事去

如子路世間病痛都休了親於其身爲不善直是不

入此大者立也　汪信民嘗言曰人嘗咬得菜根則

百事可做今人不能咬菜根而至于違其本心者衆

矣康侯聞之擊節嘆賞

呂東萊曰凡人合質各有利鈍規模各有大小此難

以一律齊要須常不失故家氣味所向者正所存者實

則雖所到或遠或近要是君子路上人也

多少聖賢在此位

天命大公至正

造物者忌多取

許魯齋曰天地間當大着心不可局于一己貧賤憂戚不可過爲隕穫貴爲公相不可驕當知有天下國家以來多少聖賢在此位賤爲匹夫不必恥當知古昔志士仁人多少屈伏甘于貧賤者無入而不自得也何欣戚之有不聽父母命者爲不孝不聽君命者爲不敬其或不聽天命者獨無責耶君父之命或時可否之間設教者猶曰勿逆勿怠況乎天命大公至正無有不善何苦而不受命乎　名美器也造物者忌多取非忌多取忌夫無實而得名者

稍動得恐未肯安

二者義命有自合之理

二者義命有正合之理

張子曰人多言安于貧賤其實只是計窮力屈才短不能營畫耳若稍動得恐未肯安之

呂藍田曰辭受有義得不得有命有命有義是有可得可受之理故舜可以受堯之天下無命無義是無可得可受之理故孔子不主彌子以受衛卿二者義命有自合之理無從而闇焉有義無受雖有可受之義而無可得之命故益避啓而不有禹之天下有命無義雖有可得之命而無可受之義故中國受室孟子不受萬鍾之祿二者義命有正合之理時中而已

一事有兩端

天人如劉項相距

初學須牢劄定脚

勝時甚氣象

面目自別

焉

朱子曰凡一事便有兩端是的卽天理之公非的卽人欲之私此勝則彼退無中立不進退之理譬如劉項相拒于滎陽成皐之間彼進得一步則此退一步初學者須要牢劄定脚與他捱得一毫去則逐旋捱將去終須有勝時勝時甚氣象　五峯言天理人欲同行而異情者是同體而異用者非天理乃自然之理人欲乃自欺之情不順自然卽自私僞二者面目自別如何要去天理中見得人欲人欲中見得天理

聖人與人爲善之意

直上直下

天地間有自然之理

朱子曰事物都有箇道理道理都有箇是非舜之好問其善惡已自分明然而隱惡揚善亦聖人與人爲善之意　凡事都分做兩邊治一家則分别一家之是非治一邑則分别一邑之是非推而至于一國天下莫不皆然此直上直下之理若不分黑白不辨是非而猥曰無黨是大亂之道也　天地間原有自然之理如其光明正大疏暢洞達如青天白日如高山大川如雷霆之爲威而雨露之爲澤如龍虎之爲猛而麟鳳之爲祥磊磊落落無纖芥之可疑者必君子

蛇蚓蟻虱

斈者潛心孔孟

學莫先于義利之辨

王者建邦立本

也而其依阿淟涊回互隱伏糾結如蛇蚓瑣細如蟻虱如鬼蜮狐蠱盜賊詛呪閃倏狡獪不可方物者必小人也

張南軒曰學者潛心孔孟必有入門愚以爲莫先于義利之辨蓋聖學無所爲而然也有爲而爲則人欲之私而義利之分學者當立志以爲先持敬以爲主而精察于動靜之間毫釐之差審其爲霄壤之判則有以用吾力矣豈特學者施之天下一也王者建邦立本垂裕無疆以義故也伯者陷溺人心貽毒後世

撥亂反正之大綱

六者人生皆備

存體得用

以利故也孟子當戰國横流時發揮天理遏止人欲深切著明撥亂反正之大綱也

問程子謂視聽思慮動作皆天也但其中要識得眞與妄耳胡伯逢疑云旣是天安得妄某以爲六者人生皆備故知均禀于天但順理則眞違理即是妄耳

朱子曰凡人有所偏黨則不正矣有所繫吝則不大矣是當涵養乎理義之中察夫偏黨繫吝而克去之則所謂正者蓋可存其體而得其用矣

黄勉齋曰主一之謂敬合宜之謂義主于一則思慮

吾心本然之妙

此論有補心術之微

伊尹武侯必待禮至而後出

孔孟屑爲

不襍天理常存而内直矣合於宜則品節不差天理常行而外方矣内直外方有以全吾心本然之妙矣

真西山曰大學云利專指財利而伊川云利凡有一毫自便之心卽是利此論尤有補于心術之微

程子曰汲汲以求遇者終必自失非君子自重之道也故伊尹武侯救世之心非不切必待禮至而後出以此聖賢之於亂世雖知道之將廢不忍坐而不救也必區區致力于未極之間强此之衰艱彼之進圖其暫安而冀其引久苟得爲之孔孟之屑爲也王允

王謝其庶几

爲己爲親只是一事

或人以是勉程子

君子之所獨

之于漢謝安之于晉其庶幾矣　問家貧親老應舉求仕不免有得失之累何修而免此曰此只是志不勝氣若志勝自無此累家貧親老須爲祿仕然得之不得爲命曰在己固可爲親奈何曰爲己爲親只是一事若不得其如命何

問聖人有貧仕乎程子曰委吏乘田是也曰抑爲之兆乎曰非也爲魯司寇則爲之兆也或人以是勉程子從事曰至於飢餓不能出門戶之時又徐爲之謀耳　知幾者君子之所獨非小人之所及也穆生爲

士之高尚亦非一道

醴酒而去免于縻胥之辱姜肱爲王室之隱免于黨錮之禍薛方守箕山之節免于新室之汚其知幾矣

士之自高尚亦非一道有懷抱不偶而高潔自守者伊尹耕于莘野太公釣于渭濵是也有知足不辱退而自保者張良疏廣是也有量能度分安于不求知者徐孺子申屠蟠之類是也有淸介自守不屑天下之事者嚴陵周黨之類是也

謝湜自蜀之洛見程子程子曰爾將何之曰將試敎官弗答湜曰何如子曰吾嘗買婢欲試之其母怒而

必爲此媚笑

文王獨見之明

延尉最是直言

志學將何爲

師許曰吾女非可試者也今爾求爲人師而試之必爲此媚笑也湜遂不行

楊龜山曰方太公釣于渭特一老父耳及一朝用之乃有鷹揚之勇非文王有獨見之明誰能知之

張南軒曰延尉最是直言蓋士人初見君父此是第一步此時可欺則無往而非欺須是立得脚定

許魯齋曰志伊尹之志學顏子之學出則有爲處則有守丈夫當如此出無所爲處無所守所志所學將何爲

聖人之言遠如天

鏗訇鏜鞳

觀言以知其心

言行

程子曰聖人之言遠如天近如地其遠也若不可得而及其近也亦可得而行楊子謂聖人之言遠如天賢人之言近如地非也

司馬涑水曰言不可不重也子不見鐘鼓乎夫鐘鼓叩之然後鳴鏗訇（鐘聲）鏜鞳（鼓聲）人不以爲異也若不叩自鳴人孰不謂之妖邪可以言而不言猶叩之而不鳴也亦爲廢鐘鼓矣

吳臨川曰言心聲故知言者觀言以知其心世亦有

聖人天地之量

道之外無物
天地之間非適
非道

巧僞之言險也而言易躁也而言澹貪戀也而言閑適意其言之可以欺人也然而人亦洞照其險躁貪戀之心則人不可欺也而言豈可爲哉

程子曰人量隨識高有斗筲之量有釜斛之量有鍾鼎之量有江河之量江河之量亦大矣然有涯亦有時而滿唯天地之量則無滿故聖人者天地之量也

辨邪

程子曰道之外無物物之外無道是天地之間無適而非道也然則毁五倫去四大（地水火風）如釋氏之學爲

抱石投河

介甫說相輪

說道便不是道

事不得界之一錢必亂其外于道遠矣釋氏其實是愛身放不得故說許多譬如抱石投河以其重愈沉終不道放下石頭唯嫌重也

先生嘗語介甫曰公之說道正如說十三級塔上相輪對望而談曰相輪者如此如此極是分明如某則直入塔中上尋相輪辛勤登板迄邐而上直至十二級時雖猶未見相輪能如公之言然某實在塔中去相輪漸近要之須可以至也介甫只是說道他不知道只說道時便不是道也

古教人養之意如此

聖人處機會之意

劉彝爲政有功

教人

程子曰射中鵠舞中節御中度皆誠也古人教人以射御象勺所養之意如此禁人之惡者獨治其惡而不絕其爲惡之原則終不得止易曰豶豕之牙吉見聖人處機會之際也　胡安定在湖州置治道齋學者有欲明治道者講之于中如治兵治民治水利筭數之類嘗言劉彝善治水利後累爲政皆興水利有功　問人之于善也必其誠心欲爲然後有所得其不欲不可以强人也曰是不然任其自爲聽其不爲

聖人所以貴于立教

教童子有四益

陳圖南之教錢若水

顏子便會在意

聖人教人有定本

則中人以下自棄自暴者衆矣聖人所以貴于立教也

張子曰教童子有四益絆已不出入一也授人數次已亦了此文義二也對之必正衣冠尊瞻視三也嘗以因已而壞人之才爲憂則不敢惰四也

問昔人教人必因其材之所可而教之不以所不可而强之如陳圖南之教錢若水是也　又曰聖人只是引得他顏子便會此意謂夫子循循善誘人也

朱子曰聖人教人有定本舜使契爲司徒敎以人倫

南軒敎人必竭兩端

君子愛日不倦

夫子對顏淵以克己復禮爲仁又敎以四勿皆是定本　南軒敎人必使之先有以察乎義利之間而後明理居敬以造其極其剖析精明傾倒切至必竭兩端而後已

朱子曰籍溪敎諸生于功課餘暇以片紙書古人懿行或詩文銘贊之有補于人者粘置壁間俾往來誦之咸使精熟學如不及猶恐失之此君子所以孜孜焉愛日不倦而兢尺陰之惜也　古之學者八歲而入小學學五方六甲書記之事十五而入大學學先

先王之教所以爲盛

此語正欲點化顯道

聖之禮樂焉非獨教之固將有以養之也葢理義以養其心聲音以養其耳采色以養其目舞蹈登降疾徐俯仰以養其血脉至于左右起居盤盂几杖有銘有戒其所以養之之具可謂備且至矣夫如此故學者有成材而庠序有實用此先王之教所以爲盛也

問明道以記誦博識爲玩物喪志謝顯道聞之不服是耶非耶陳室潛曰明道是明膚內照故書無不記若不是記問上做工夫此語正欲點化顯道惜其爲記問所障

自謂之私

智者知機而固守

人倫

問第五倫視其子之疾與兄子之疾不同自謂之私如何程子曰不待安寢與不安寢只不起與十起便是私也父子之愛本是公纔着些心做便是私也

君臣朋友之際其合不正未有久而不離者故賢者順理而安行智者知機而固守

呂榮陽曰孝子事親須事事躬親不可委之使令也嘗觀穀梁言天子親耕以供粢盛王后親蠶以供祭服國非無良農女工也以爲人之所盡事其祖禰不

老人以盡事親

事親如天

俗人以富貴為福

天下大戒

若以己所自親也此說最盡事親之道又說為人子者視于無形聽于無聲未嘗頃刻離也事親如天頃刻離之則有時而違天矣天不可得而違也

羅豫章曰君明君之福臣忠臣之福君明臣忠則朝廷治安得不謂之福乎父慈父之福子孝子之福父慈子孝則家道隆盛得不為之福乎俗人以富貴為福陋哉

朱晦齋曰父子主恩君臣主義是為天下之大戒無所逃于天地之間如人食息呼吸于元氣之中一息

聖人修道立教重乎此

朋友所以綱紀人倫

古人重朋友之樂

不屬理必至于斃　人之大倫其別有五故朋友者
其勢若輕而所係爲甚重其分若疏而所關爲至親
其名若小而所識爲甚大此古之聖人脩道立教所
以必重乎此而不敢忽也

黃勉齋曰朋友道絕四者雖欲各居其分不可得也
善而莫予告也過而莫予規也觀感廢而怠心生講
習疎而實理晦則五常百行顛倒錯謬而不可勝救
矣然則朋友者列于五倫而又所以綱紀人倫者也
可不重與古人重朋來之樂以此

夫婦之道盡于此

事親大節目四事只是兩事

家人大要以剛爲善

眞西山曰夫之道在敬身以帥其婦婦之道在敬身以承其夫故父之醮子必曰勉帥以敬親之送女必曰敬之戒之夫婦之道盡于此矣

許魯齋曰事親大節目是養體養志致愛致敬四事然致愛致敬尤急所以孝只是兩事耳　人之處家在骨肉父子之間大抵以情勝理以恩奪義唯剛立之人則能不以私愛奪其正理故家人卦大要以剛爲善

張子曰師不立服不可立也如顏閔之于孔子雖斬

成己之功與君父並

得效最速

一日不可無候無可

衰三年可也其成己之功與君父並其次各有淺深稱其情而已下至曲藝莫不有師豈可槩制服今之朋友擇其善柔以相與拍肩執袂以爲契合一言不合怒氣相加孰知朋友之間主于敬者日相親與得效最速

謝上蔡曰申顏自謂一日不可無侯無可或闕其故日候無可能攻人之過一日不見則吾不得聞過矣

游廣平曰孟子之論尚友也以一鄉一國天下爲未足而求之古人無友不如己者尚友之道也求得賢

仲尼期子夏之進

春風中坐了箇月

雪深一尺

天下有三本

者尚而友之則聞所不聞見所不見而德日起矣此仲尼所以期子夏之進也

侯河東曰朱公掞來見明道于汝歸謂人曰光庭在春風中坐了一箇月游楊初見伊川伊川瞑目而坐二子待立既覺顧謂曰賢輩尚在此乎今既晚且休矣及出門外雪深一尺

李延平曰天下有三本焉父生之師教之君治之缺其一則本不立

饒雙峰曰自昔唐虞五典之敷成周以詩書禮樂造

師道之立昉乎此

韓柳爲之屢嘆

士後世稱治化之隆者必歸焉及周之衰學校不修而師道闕矣洙泗出焉一時德行政事言語文學莫不卓然皆有可稱後世師道不立至本朝安定胡公首倡體用之學以淑其徒一時賢士大夫多出其門而散在四方者亦皆循循雅飭師道之立蓋昉乎此是後周程先生復紹其傳而我文公先生又從而光大之淵源所漸徧及海內師道之立于是爲盛

陸象山曰秦漢以來學絶道喪世不復有師以至于唐曰師曰弟子云者反以爲笑韓退之柳子厚爲之

理學遠過唐虞

識度非常人所及

近世諸儒不及此

二公之識不易及

屢嘆唯本朝理學遠過唐虞始復有師道　吾嘗謂楊子雲韓退之雖未知道而識度非常人所及其言時有所到而不可易者子雲謂務學不如務求師師者人之模範也退之謂師者所以傳道受業解惑也人非生知不能無惑惑而不求師終不解矣近世諸儒反不及此然後知二公之識不易及也

六經

程子曰天地設位而易行乎其中矣易是甚易又不是這一部書是易之道也不要將易又是一箇事即

事盡天理便是易

芥子納須彌之義

大匠豈一斧可知

正家之道當如是

事盡天理便是易也

陳瑩中荅貝國華書天在山中說云便是芥子納須彌之義先生爲正南北說却須彌無體芥子無量

張子曰序卦不可謂非聖人之蘊今欲安置一物猶求審處況聖人之于易大槩皆有意觀聖人之書須遍布歸密如此大匠豈以一斧可知哉

或曰關雎之詩是何人所作程子曰周公作此以風教天下故曰用之鄉人焉用之邦國焉上以風化下下以風刺上蓋自天子至于庶人正家之道當如是

斯道顔子嘗聞

聖人作經備四時

春秋只有兩處如此

春秋以何爲準

也

程子曰夫子作春秋爲百王之大法先儒之傳曰游夏不能賛一辭辭不待賛也言不能與于斯耳斯道也唯顔子嘗聞之矣行夏之時乘殷之輅服周之冕樂則韶舞此其準的也

問桓四年無秋冬如何曰聖人作經備四時也如桓不道背逆天理故不書秋冬春秋只有兩處如此皆言其無天理也春秋以何爲準無如中庸欲知中庸無如權何物爲權義也須是時而爲中

春秋如用藥聖人之用全在此書

知易者莫如孟子

知春秋者莫如孟子

程子曰詩書載道之文春秋聖人之用詩書如藥方春秋如用藥治病聖人之用全在此書所謂不如載之行事深切著明也孟子稱孔子聖之時者也故知易者莫如孟子又曰王者之迹熄而詩亡詩亡然後春秋作春秋無義戰彼善于此則有之矣故知春秋者莫如孟子

性理奧卷之七終

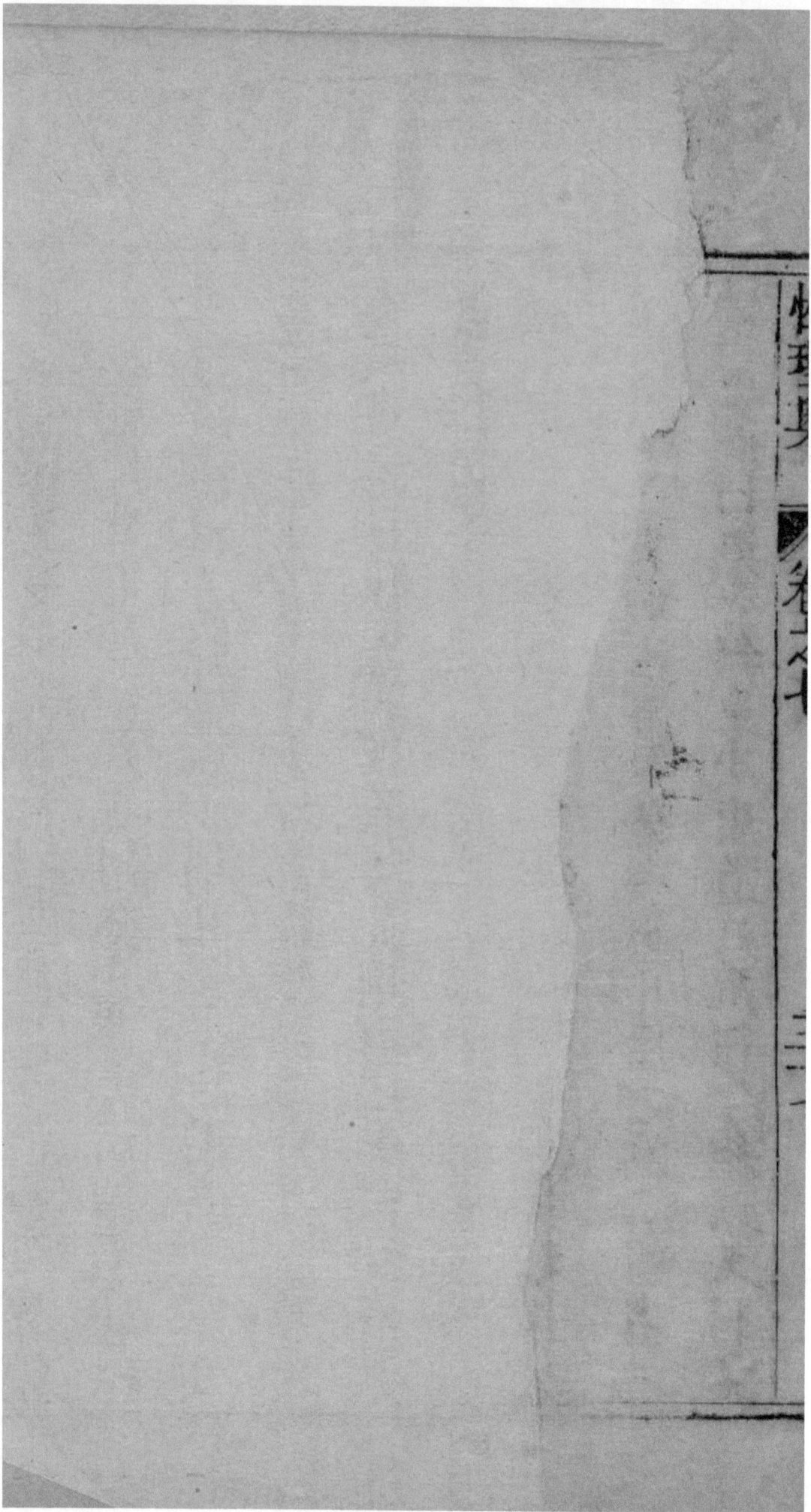

此學者之大患
論孟如丈尺權
二書終身儘多
中庸道只消四字總括

新鐫性理輿卷之八

始寧印趨丁進纂

顯哉樞譔

男 君正樞訓 訂

讀書法

程子曰讀書將以窮理致用也今或滯心于章句之末此學者之大患又曰學者先須讀論孟窮得論孟自有要約處以此觀他經甚省力論孟如丈尺權衡相似以此去量度事物自然見得長短輕重又曰看得論孟二書切已終身儘多也中庸之爲書學者之至也而曰無聲無臭中庸道只消四字總括又曰孟

分明見得方可

行得便是會讀書

二公之意正同

郢書燕說之誚

子養氣須是識得有物始可言養無物又養甚麼如顏子之言卓爾孟子之言躍如分明見得方可

尹和靖曰呂獻可嘗言讀書不須多讀得一字行取一字伊川亦嘗言讀得一尺不如行得一寸行得便是會讀書二公之意正同

朱子曰讀書須是優游玩味徐觀聖賢立言本意如孟子所謂以意逆志者若更以吾先入之說横于中而驅聖賢之言以從已意設使義理可通已涉私意穿鑿而不免郢書燕說之誚矣郢人遺燕書夜以火不明謂持燭者曰舉

却教當時人如何說
陳烈若無記性
陳烈一覽無遺
鶻突好人

燭亦俟書舉燭燕相受書說曰舉燭尚明也尚明者舉賢任之也國因大治

朱子曰觀書當平心以觀之不可穿鑿看從分明處不可尋從隱僻處去聖賢之言多是與人說話若是嶢崎却教當時人如何說

朱子曰昔陳烈若無記性一日讀孟子學問之道無他求其放心而已矣遂閉門靜坐不讀書百餘日以收放心却去讀書遂一覽無遺

讀聖人書當反身而求亦須是講學講學明則坦坦地行將去若只躬行而不講學只是箇鶻突的好人

爲學須耐煩細

便是悞人的深坑

使粗心大氣不得

不可只作文字看

山谷有補於學者

意去理會切不可粗心若曰何必讀書是有箇捷徑法便是誤人的深坑也蓋未見道理時恰如數重物包裹在裏面去盡皮方見肉去盡肉方見骨去盡骨方見髓使粗心大氣不得

朱子曰讀書須要切已體驗不可只作文字看又不可助長山谷云大率學者喜博而常病不精汎濫百書不若精於一也有餘力後及諸書則涉獵諸篇亦得其精蓋以我觀書則處處得益以書博我則釋卷而茫然某深喜之以爲有補於學者今人讀書看未

道學俗學之別

成就後生懶怠

便自有合辨處

到這裏心已在那裏纔看到這裡便已捨去了讀書將以求道不然讀作何用今人不去這上理會道理皆以涉獵慱議爲能所以有道學俗學之別今世上有一班議論成就後生懶惰如云不敢輕議前輩不敢妄立論之類皆中怠惰者之意前輩固不敢妄議然論其行事之是非何害固不可鑿空立論然讀書有所疑有所見自不容不立論其不立論者只是讀書不到疑處耳若取諸家說相比並以求其是便自有合辨處今人所以讀書苟簡者緣書皆有

援以薏苡興
陽以衣囊徼
[illegible]

印本多了如古人皆用竹簡除非大段有力底人方做得若一介之士如何置所以後漢吳恢欲殺青以寫漢書其子吳祐諫曰此書若成則載之兼兩昔馬援以薏苡興謗王陽以衣囊徼名正謂此也　近日讀書人少緣科舉時文之獘他纔把書來讀便先立箇意思要討新奇便準擬時文都不理會他本意着實雖是朝廷甚麽大典禮也胡亂信手拈來不知一撞百碎　東坡與王郎書云少年爲學者毎一書皆作數次讀之當如入海百貨皆有人之精力不能兼

讀書要當如是

此條先生說讀書最爲親切、

孔孟點頭道是方得

收但得其所欲求者耳某取以示學者曰讀書要當如是

問伊川說讀書當觀聖人所以作經之意與聖人所以用心一條曰此條先生說讀書最爲親切今人不會讀書只緣不曾求聖人之意

講習孔孟書孔孟往矣口不能言須以此心比孔孟之心將孔孟心作自已心要須自家說時孔孟點頭道是方得　讀書者有所見未必便是不可便執着益更讀書以來新見若執着一見此心便被此見遮

聖人七通八達

到這田地方

一生受用不盡

目自有次第

蔽了譬如一片净潔田地若上面纔安一物便須有遮蔽了處聖人七通八達事事說到極致處中庸所謂本諸身云云不惑直到這田地方是讀書　學者於學庸論孟果然下工夫涵泳切已一生受用不盡只怕不用工雖多讀古人書無益也　爲學須是先立大本其初甚約中間一節甚廣大到末稍又約故必先觀學庸語孟以攷聖賢之意讀史以攷治亂存亡之迹讀諸子百家以見其駁雜之病其節目自有次第不可踰越

三者學者所當守

猛將酷吏

順風張帆

便看聖賢前輩氣象

爲學自有等級

凡看文字少看熟讀一也不要鑽研立說但要反覆體驗二也埋頭理會不要求效三也三者學者所當守　看文字須是如猛將用兵直是鏖戰一陣如酷吏治獄直是推勘到底又當如大艤高艑順風張帆一日千里方得　凡學必先至誠居處齋莊志意凝定不妄言不苟笑開卷伏讀必起恭敬如對聖賢掩卷沉思必根義理以閑邪僻行之悠久習與性成便有聖賢前輩氣象後生讀書未曾識得目前大畧便要說性命此極是害事爲學自有等級

謝楊所見各別

觀書之大法

目擊二公

可以見千載人

黃勉齋曰觀書者最怕氣不平且如公冶長一章謝上蔡則謂聖人擇壻驚人如此楊龜山則謂聖人所求於人者薄可免於刑戮而不累其家皆可妻也上蔡氣高者也龜山氣弱者也故所見各別如此要之當隨文平看方見得聖人本意此觀書之大法

張范陽曰朋友講習固天下樂事不幸獨學則當尙友古人可也故讀論語如對孔門聖賢讀孟子如對孟子讀子美蘇文則又凝神靜慮如目擊二公如此用心雖生千載之下可以見千載人矣

櫝還珠

意味與少時自別

毛董有儒者氣象

讀經

程子謂方道輔曰今之治經者亦衆矣然而買櫝還珠之蔽人人皆是經所以載道也誦其言辭解其訓詁而不及道無用之糟粕耳某年二十時解釋經義與今無異然思今日覺得意味與少時自別

漢之談經也以三萬餘言明堯典二字可謂知要乎唯毛公董相有儒者氣象東京人士尚名節加之以明禮義則皆賢人之德業矣

楊龜山曰今人多言要作事須看史史固不可不看

◎

春秋正史之得失

譚經有四病

此便是讀書之門庭

然六經先王經世之迹在焉是亦足用矣盍孔子不存史而作春秋春秋所以正史之得失也

朱子曰今日譚經有四病本卑也而抗之使高本淺也而鑿之使深本近也而推之使遠本明也而必使至於晦此今日譚經之大患也

朱子曰六經浩瀚乍難盡曉且見得路徑後各立得一箇門庭如讀此一書須知此書當如何讀此便是讀書之門庭如詩是吟咏性情讀詩者亦當以此求之也　人須是於大原本上看得透仁義禮智每日

開眼便見四字

解經當如破的

解經有三

讀高帝紀便須

識漢家四百年

始終治亂

開眼便見四字則世間道理沛然若决江河而下莫之能禦也　解經當如破的後世之解經者有三一儒者之經一文人之經東坡陳少南是也一禪者之經張子韶輩是也

史學

程子曰凡讀史不徒要記事迹須要識治亂安危興廢存亡之理且如讀高帝一紀便須識得漢家四百年始終治亂當何如

朱子曰觀史只是以自家義理斷之大槩自漢以來

范唐鑑亦是此法

須用功作相別計

作焚舟計

看史不可被史官謾過

只是私意其間有偶合處耳只如此看他已得大槩
范唐鑑亦是此法然稍疎要看得密如他尤好
楊至之患讀史無記性須三五遍方記得而後又忘
了還只是一遍讀時須用功作相別計止此更不再
讀便記得有一士人讀周禮疏讀第一板訖則焚了
讀第二板訖又焚了便作焚舟計若初且草讀一遍
準擬三四遍讀便記不牢
朱子曰于定國爲廷尉天下無冤民趙蓋韓楊之死
皆在定國之手冤莫大焉史氏將誰欺大凡看史不

讀史先自書始

閔子史有折衷

書中多有前人格言

可被史官謾過

呂東萊曰觀史先自書始然後次及左氏通鑑欲其體統源流相承接耳

許魯齋曰閔子史必須有所折衷六經語孟乃子史之折衷也以此觀考古之人而去取之鮮有失矣

程子曰司馬遷爲近古書中多有前人格言李加仲問班固議遷之失何如曰後人議前人固易君實脩資治通鑑至唐事正叔問曰敢與太宗肅宗正簒名乎曰然又曰敢辨魏徵之罪乎曰何罪曰魏徵事皇

魏徵善惡安得相掩

管仲與徵之事全異

太子太子死遂忘君事仇此王法所當誅後世特以其立朝風節而掩其罪有善有惡安得相掩君實曰管仲不死糾而事桓孔子稱之與徵何異曰小白殺子糾管仲以所事言之則可死以義言之則未可死故春秋書小白入於齊以國繫齊明當立也又書公伐齊納糾糾去子明不當立也至齊人取子糾殺之此復繫子者罪齊大夫既盟而殺之也與徵之事全異

客有見伊川者几案間無他書唯印行唐鑑一部曰

◎

三代以後無此議論

近世佳史

太史公只是多聞

論者謂二人皆有意

近方見此書三代以後無此議論

司馬涑水曰李延壽之書近世佳史也雖於禨祥詼嘲小事無不載然敘事簡徑比于南北正史無煩冗蕪穢之辭竊謂陳壽之後惟延壽可以亞之

尹和靖曰太史公不明理只是多聞如伯夷序傳引盜跖是也

劉元城問馬永卿曰西漢酷吏傳班氏特怨杜張何也曰太史公特湯周之後未顯至班氏則有子孫以贖父罪故入列傳論者謂二人皆有意太史之意欲

班固極有深意

杜張一等人

子產立公孫洩之義

以教後世人臣之忠班氏之意欲以教後世人子之孝曰此固然也然班固於此極有深意張湯之後至後漢猶盛有恭侯純者雖王莽時亦不失爵至建武中歷位至大司寇故班固不使入酷吏傳爲張純之故也曰是時杜氏之絕已久而亦不入何也曰杜張一等人也若獨使張湯入列傳則世得以議已故并貸杜周此子產立公孫洩之義也鄭卿良霄既死爲厲子產以爲鬼有所歸乃不爲厲因立公孫洩良止以止之公孫洩子孔之子也良止良霄之子也鄭殺子孔子孔雖不爲厲而亦止之且良霄以罪死立後非義也故立洩使若自以大義存蔭絕之後不因其爲厲也

唐書不及兩漢文章
其病正在此兩句
司馬遷才高識亦高
史遷何故遺而不錄
史記有身無首
史遷知孔子之粗

新唐書叙事好簡畧故其文多䜟而不明此作史之獘也唐書進表云其事則增于前其文則省于舊新唐書所以不及兩漢文章者其病正在此兩句也

朱子曰司馬遷才高識亦高但粗率或謂五帝紀所取多古文尚書及大戴禮爲主爲知所考信者然伏羲神農見大易傳乃孔聖之言而八卦列于六經爲萬世文字之祖不知史遷何故乃獨遺而不錄遂使史記一書如人有身而無首此尚爲知所考信耶

朱子曰或謂史遷不可謂不知孔子然亦知孔子之

孔明不立史官

班史通鑑二氏之失如何

粗耳歷代世變卽六國表序是其極致乃是俗人之論知孔子者固如是耶正朔服色如賈生公孫臣新垣平等皆言之豈獨遷也

孔明治蜀不曾立史官陳壽檢拾而爲蜀志故甚略孔明極是仔細亦恐當時經理王業之急有不暇及此

問班史通鑑二氏之失如何曰溫公不取孟子取楊子至謂王霸無異道夫王霸之不侔猶碔砆之於美玉故荀卿謂粹而王駁而霸孟子謂齊梁之君力判

二史各有是非

其是非者以其有異也

史記功臣表與漢史功臣表其戶數先後及姓名多有不同二史各有是非三代表是其跡謬處無可疑者若以堯舜俱出黃帝是爲同姓之人堯固不當以二女嬪於虞又以湯與王季同世繇湯至紂凡十六傳王季至武王纔再世耳是文王以十五世祖事十五世孫紂武王以十四世祖而伐之豈不謬戾耶

或謂溫公舊例年號皆以後改者爲正此殊未安如漢建安二十五年之初漢尚未亡今便作魏黃初元

非春秋存陳之義

子房平生之術如此

兩事不過是功歐陽論不及此

孫之翰唐論勝唐鑑

年奪漢太速與魏太遲大非春秋存陳之義

朱子曰溫公通鑑不信四皓輔太子事謂只是叔孫通諫得行曰子房平生之術只是如此高祖只是識事幾明利害故見四人輔太子便是得人心可以爲之矣叔孫通嫡庶之說如何動得他

史贊唐太宗言其功德兼隆其意亦謂除隋之亂是功致治之美是德以聖門道學言之則此兩事不過是功未可謂之德唐鑑白馬之禍歐陽論不及此呂伯恭晚年謂人曰孫之翰唐論勝唐鑑要之也切於

蘇子亦有所未及

事情只是大綱却不正了

朱子曰子繇古史記所論三事其一許繇者是已然當全載史遷本語以該卞隨務光之流不當但斥一許繇已也然太史公又言箕山之上有許繇冢則又明其實有是人亦當世之高士但無堯讓之事耳此其曲折之意蘇子亦有所未及也其一舜禹避丹朱商均而天下歸之蘇子慮其避之足以致天下之逆至益避啟而天下歸啟蘇子又譏其避之為不度而無耻舜禹之事世固不以為疑至益之事則亦有不

楊堅夫婦騎虎之勢

二句最中馬遷之失

能無惑於其說者殊不知太甲賢而伊尹告歸成王冠而周公還政宣王有志而共和罷此類多矣當行而行當止而止而又何恥焉蘇子蓋賢共和而尚何疑於益哉若曰避之則爲不度而無恥則是王莽曹操司馬懿父子之心而楊堅夫婦所謂騎虎之勢也乃欲以是語聖賢之事其亦危矣

朱子曰古史言馬遷淺陋而不學疏畧而輕信此二句最中馬遷之失呂伯恭喜以爲然古史序云古之帝王其心爲善如火之必熱水之必寒其不爲不善

得聖人爲邦之法

馬遷都說壞了伯夷

史官爲萬世之權衡

如騶虞之不殺竊脂之不穀知此等語豈馬遷所及又以爲遷知行夏之時乘殷之輅服周之冕爲得聖人爲邦之法此亦衆所共知何必馬遷又孔子稱伯夷求仁得仁又何怨而遷傳其事首尾皆怨辭都說壞了伯夷古史皆刪去盡用孔子語作傳豈可以子繇爲非馬遷爲是耶

呂東萊曰史官者萬世是非之權衡也禹不能褎鯀管蔡不能貶周公趙盾不能改董狐之書崔氏不能奪南史之簡公是公非舉天下莫之能移焉

南史家風

班史畫蛇添足

陳潛室曰馬遷史記不專爲漢史乃歷代之史故其八
記漢事畧於漢書而記武帝事獨詳若封禪平準二
書雖謂之南史家風可也
闕太史作史記上自唐虞而八書之作只言漢事班
孟堅作漢史合記一代漢事而乃作古今人表何耶
曰八書未必皆言漢事獨平準書專言武帝其賛却
說古今漢志雖爲一代作然皆自古初述起獨古今
人表專說古而不說今自悖其名先輩嘗譏之中間
科等分别人物又無有可議此却班史之賛畫蛇添

張旭悟筆法

未有時如何撰得

如端人正士方是字

足○八書一曰禮書二曰樂書三曰律書四曰曆書五曰天官書六曰平準書七曰河渠書八曰封禪書

字學

問張旭學草書見擔夫與公主爭道及公孫大娘舞劍而後悟筆法莫是心常思念至此而感發否程子曰然

朱子曰蒼頡作字亦非自撰出自是理如此如心性等字未有時如何撰得只是有此理方流出又曰字被蘇黃胡亂寫壞了近見蔡君謨一帖字字有法度如端人正士方是字

正在勿忘勿助之間

篆書與日月相昺煥

問明道云某寫字時甚敬非是要字好只此是學意謂此正在勿忘勿助之間也

秦丞相斯燔滅聖經貽罪萬世而能損益蒼史二家文字爲篆書至今與日月相昺煥是固不可以其罪掩功也斯之後工其書以名世者誰與七八百年僅見唐李陽冰又二百年僅見宋初徐鉉而已

科舉

程子曰人有習他經既而舍之習戴記問其故曰決科之利也某曰汝之是心已不可入堯舜之道有志

志道當去此心而後可

兩件孰輕孰重

見酒自惡

方是眞實舉子

於道者要當去此心而後可

朱子曰士人先要分別科舉與讀書兩件孰輕孰重聖人教人只是爲己某於科舉見得輕初非有所見而輕之也正如人天資有不好喫酒者見酒自惡非知酒之爲害何如也

陳潛室曰應舉求合程度此乃道理當耳乃若不合程度而萌僥倖之心不守尺寸而起冒爲之念此則妄矣應舉何害義理但克去此等妄念方是眞實舉子

便有吾與點之氣象

看詩使人長一格價

五字破心

此詩形容得浩然之氣

論詩

程子曰興於詩者吟咏性情涵暢道德之中而歆動之便有吾與點之氣象又曰學者不可不看詩看詩使人長一格價古人詩云吟成五個字用破一生心又詩可惜一生心用在五字上此言甚當　石曼卿詩云樂意相關禽對語生香不斷樹交花此詩形容得浩然之氣

楊龜山曰不知風雅之意不可以作詩詩尚譎諫蘇東坡詩只是譏誚朝廷以致人得而罪之若是伯淳

閱者自感動

温柔敦厚

陶淵明不可及

君子德足以求其志

詩則閱者自感動矣伯淳和温公諸人禊飲詩云未須愁日暮天際是輕陰又泛舟詩云只恐風花一片飛何其温柔敦厚也陶淵明詩所不可及者冲淡深粹出於自然若曾用力學詩然後知淵明詩非著力之所能成

朱子曰詩者志之所之古之君子德足以求其志必出於高明純一之地其於詩固不學而能之至於格律精粗用韻屬對比事遣辭之善否今以魏晉前賢攷之蓋未有用意於其間者而況於古詩乎鮑明遠

[illegible]寫邊塞

十字却有力

便有帝王氣象

諸詩分明如畫

李白聖於詩

才徤其詩乃選之變體李太白專學之如腰鐮劉葵藿倚杖牧鷄豚分明說出個倔強不肯甘心之意如疾風衝塞起砂礫自飄揚馬毛縮如蝟角弓不可張分明說出邊塞之狀

朱子曰蘇子繇愛選詩亭皋木葉下隴首秋雲飛其却愛寒城一以眺平楚正蒼然十字却有力唐明皇首詩一篇早渡蒲津關使有帝王氣象　杜詩初年甚精細如自秦州入蜀諸詩分明如畫李太白詩其無法度乃從容於法度之中葢聖於詩者也如云清

景色可想

大珠小珠落玉盤

樂天以文滑稽

杜子美以稷契自許

水出芙蓉天然去雕飾此詩固好又不如芙蓉露下落楊柳月中疏尤佳　韋應物云寒雨暗深更流螢度高閣此景色可想　白樂天琵琶行云嘈嘈切切錯雜彈大珠小珠落玉盤是和而淫至悽悽不似向前聲滿坐重聞皆掩泣這是淡而傷行年三十九歲暮日斜時孟子心不動我今其庶幾此樂天以文滑稽也　杜子美以稷契自許未知做得否然子美却高其救房琯亦正　偶誦寒山數詩云城中蛾眉女珠珮何珊珊鸚鵡花間弄琵琶月下彈長歌三日響

詩人未易到此

曼卿胸次極高非諸公所及

此等語豈女子所能

楚詞最得詩人之意

短舞萬人看未必長如此芙蓉不耐寒詩人未易到此　石曼卿詩極有好處如仁者雖無敵王師却有征無私乃時雨不殺是天聲又如意中流水遠愁外舊山清曼卿胸次極高非諸公所及　今時婦人能文只有李易安與魏夫人李有詩云兩漢本繼紹新莽如贅疣所以稽中散康至死薄殷周中散非湯武至比王莽此等語豈女子所能

張南軒曰作詩不可直說破須如詩人婉而成章楚詞最得詩人之意如云沅有芷兮澧有蘭思公子兮

彭澤一源

詩家中興

未敢言若說破如何思則意味淺矣

陸象山曰詩之學原於賡歌委於風雅風雅之變湘纍之騷又其流也子虛長楊之賦作而騷幾亡矣黄初而降日以澌薄惟彭澤一源來自天稷與衆殊趣而淡薄平夷玩嗜者少隋唐之間否亦極矣杜陵之出愛君悼時追躡騷雅而才力宏厚偉然足以振浮靡詩家爲之中興

真西山曰古者雅頌陳於閭燕二南用之房中所以閑邪僻而養中正也衛武公作抑戒以自警卒爲時

祁招愔愔之語

杜王足訂千古是非

三家各得杜之一体

後世文士不能及

賢相以楚靈王之無道一聞祁招愔愔之語凜然弗寧詩之感人也如此　杜牧之王介甫高才遠韻超邁絶出其賦息嬀晉侯等作足以訂千古是非

吳臨川曰詩之體不一人之才亦不一宋氏王蘇黃三家各得杜之一體涪翁（即黃山谷）於蘇迥不相同坡翁獨深器重以爲絶倫眼高一世而不必人之同乎已者如此　詩中十五國風有田夫閨婦之辭而後世文字不能及者何也發乎自然而非造作也漢魏迨今詩凡幾變字以鍊而精句以琢而巧用事取其切

[illegible]隆韋

性情之真近古

自是一般生意

善道文王意中事前後文人道不到

模擬取其似而識者乃或舍旃而尚隆韋則亦以其不鍊字不琢句不用事而性情之真近乎古也

論文

程子曰聖人文章自然譬之化工生物且如生由一枝花或有剪裁爲之者或有繪畫爲之者然終不如化工所生自是一般生意　退之因學文日求所未至遂有所得如曰軻之死不得其傳此言必有所見若無所見言不傳者何事　退之作琴操曰臣罪當誅兮天王聖明此善道文王意中事者前後文人道

所以聖人取先進於礼樂

歐公第一等好議論

不到也

朱子曰國初文章皆嚴重老成有欲工而不能之意所以風俗渾厚至歐公文字好底便十分好然猶有甚拙的未散得他和氣到東坡便馳騁忒巧了又宣政間則窮極華麗却散了和氣所以聖人取先進於禮樂意思自是如此

朱子曰歐公嘗有詩云玉顏自古爲身累肉食何曾爲國謀以詩言是第一等好詩以議論言之是第一等好議論歐公爲蔣頴叔輩所誣既得辨明謝表中

歐公文章之妙

古今不易之至論

六經治世之文

道者文之根本

文章皆從心出

自敘一段只是自胸中流出更無些窒碍此文章之妙也　歐公云三代而上治出於一而禮樂達於天下三代而下治出於二而禮樂爲虛名此古今不易之至論也

朱子曰有治世之文有衰世之文有亂世之文六經治世之文也如國語衰世之文耳至於亂世之文戰國策是也

朱子曰道者文之根本文者道之枝葉惟其根本乎道所以發之於文皆道也三代聖賢文章皆從心寫

法言亦長楊較獵之流

出孟軻氏沒聖學失傳天下之士背本趨末汲汲以文章爲業在戰國時若申商孫吳之術蘇張范蔡之辨列禦寇莊周荀況之言屈平之賦以至秦漢之間韓非李斯陸生賈傅董相史遷劉向班固下至嚴安徐樂之流猶皆先有其實而後託之於言及至宋玉相如王褒楊雄之徒一以浮華爲尚而無實之可言矣雄之太玄法言葢亦長楊較獵之流而粗變其音節初非實爲明道而作也自東京迄隋唐韓愈氏出於是原道諸篇始作而其言曰根之茂者其實遂膏

韓公仁義之言藹如

韓愈神徂聖伏之嘆

歐陽不愧韓氏

之沃者其光燁仁義之人其言藹如也至其論當世之弊則但以詞不已出而遂有神徂聖伏之嘆師友之間傳授之際未免割道與文爲兩物也自是以來又復衰歟歐陽子出其文之妙已不愧韓氏而曰治出於一云者荀楊以下皆不及此而韓亦未有聞焉疑若幾於道矣然以其徒之說攷之旣曰吾老將休付子斯文矣又曰我所爲文必與道俱則又文自文而道自道果聖賢之班乎否也吁習俗之謬可勝言哉

二蘇學術只一般

今人如舞訝鼓

聖德頌無愧風雅

問子繇之文比東坡稍近理否朱子曰亦有甚道理但其說利害處東坡文字較明白子繇文字不甚分明要之學術只一般前輩文字有氣骨故其文莊嚴歐子東坡亦於經術本領上用功今人只是枝葉紛澤耳如舞訝鼓然其間男子婦人僧道雜色無所不有但只是假底

問韓愈聖德頌至婉婉弱子赤立傴僂牽頭曳足先斷腰膂處蔡世榮舉子繇之說曰此李斯誦秦所不忍言而退之自謂無愧風雅何其陋也張南軒曰退

此正是合於風雅處

退之之意過於子縣

文章由道心而達

學問中大節曰今

之所以爲此言蓋欲使藩鎮聞之畏懼不敢叛耳此正是合於風雅處只如墻有茨桑中諸詩或以爲不必載而龜山曰此衛爲夷狄所滅之因退之之言亦此意也退之之意過於子縣遠矣

楊慈明曰異哉後世之爲文也琢切雕鏤無所不巧益深益苦去道益遠必如堯孔之文章由道心而達始可以言文章若文士之言只可謂之巧言非文章

許魯齋曰二程朱子不說作文但說明德此正是學問中大節目今能文之士道堯舜周孔曾孟之道如

文字與優孟何異

志士仁人所不取

昔人謂之幸民

文字大能移人性情

聖人以義理誨

出諸口繇之以責其實則胥壞矣優孟學孫叔敖楚王以爲真叔敖也是寧可責以叔敖之事文字與優孟何異

讀魏晉唐諸文字其放曠不羈即時便得快活但須思慮究竟是如何天地間人性分之所固有者不可自泯也職分之所當爲者不可荒慢也人而慢人之職雖曰飽食煖衣安樂終身亦志士仁人所不取也故昔人謂之幸民凡無檢束法度鬆灑不羈文字大能移人性情皆不可讀甚聖人以義理誨人力挽之

入
此等語一見之入
骨髓

申韓原道德之
意

天地何意於仁

不能回而此等語一見之入骨髓使人情不可收拾
從善如登從惡如崩信哉

諸子

老子 姓李名耳楚人

程子曰老子語道德而襍權詐本末舛矣申韓原道
德之意而爲刑名後世猶或師之蘇張得權詐之說
而爲縱横其失益遠矣老子謂天地不仁以萬物爲
芻狗是也謂聖人不仁以百姓爲芻狗非也天地何
意於仁鼓萬物而不與聖人同憂聖人則仁此其爲

老子竊弄闔闢
爲天下谿谷
放出無狀來便不可當
取天下便是用此道
曹參有體無用

能弘道也老子之言竊弄闔闢者也

朱子曰老子云知其雄守其雌爲天下谿知其白守其黑爲天下谷所謂谿谷只是讓人在高處他只在卑下處全不與人爭只是他放出無狀來便不可當如曰以正治國以奇用兵以無事取天下他取天下便是用此道　子房深於老子之學曹參之學有體而無用

朱子曰問谷神不死曰谷之虛也聲達焉則響應之乃神化之自然也是謂玄牝玄妙也牝是有所受而

程子取老氏之說

聖人執左契而不責於人

老子早服重積德說得曲盡

孟子非老氏所見之智

能生物者也至妙之理有生生之意焉程子所以取老氏之說也又曰玄牝益言萬物之感而應不窮又言受而不生如言聖人執左契而不責於人契有左右左所以銜右言左契受之義也　老子又言治人事天莫如嗇夫唯嗇是謂早服早服是謂重積德被他說得曲盡早服者言能嗇則不遠而復便在此也許魯齋曰老氏謂以智治國國之賊不以智治國國之福孟子曰智之實知斯二者弗去是也又謂如智者若禹之行水行其所無事非老氏所見之智也

可見剽掠之端

齊物論如何

列子 名禦寇鄭人

朱子曰列子所謂生之所生者死矣而生生者未嘗終形之所形者實矣而形形者未嘗有豈子思中庸之旨哉其言精神入其門骨髓反其根我尚何存者即佛書四大各離今者妄身當在何處之所繇出也於此可見剽掠之端云

莊子 名周春秋時人

問齊物論如何程子曰莊子欲齊物理耶物理從來齊何待莊子若齊物形物形從來不齊如何齊得此

夷全性命之情

周未知天下之大本

莊子數句甚好

才高如老子

是莊子見道淺不奈胸中所得何遂著此論也

胡五峯曰莊周云伯夷死名於首陽之下非知夷者也夷可謂全其性命之情者也謂之死名可乎周不爲一世用以保其身可矣未知天下之大本也

朱子曰莊子云天其運乎地其處乎日月其爭於所乎孰主張是孰綱維是孰居無事而推行是意者其有機緘而不得已耶意者其運轉而不能自止耶雲者爲雨乎雨者爲雲乎孰隆施是孰居無事淫樂而勸是這數句甚好是他見得方說到此其才高如老

快刀利斧

緣督以爲經

閃奸打訛

莊生儘有好處

子其言詩以道志書以道事禮以道行樂以道和易以道陰陽春秋以道名分等語似快刀利斧劈將去字字有着落爲善無近名爲惡無近刑緣督以爲經督舊以爲中盖人身有督脈循脊之中貫徹上下故衣背當中之縫亦謂之督皆中意也老莊之學不論義理之當否而但欲依阿於其閒以爲全身避患之計止程子所謂閃奸打訛者也

總論

朱子曰程子謂莊生形容道體之語儘有好處老氏

老氏一章最佳
此言最審
陳頵遺王導書
問曹參清淨以
治漢何王清談
以亡國其故何
與
文景之治大率
依本黃老

谷神不死一章最佳嗜欲深者天機淺此言最審眞西山曰魏正始中何晏等祖述老莊以清談相尚謂天地萬物皆以無為本裴頠嘗著崇有論以救其蔽陳頵遺王導書以老莊之俗傾惑朝廷今宜改張然後大業可舉導不能從而晉遂亡或問曹參之相漢也以清淨文景之治大率依本黃老老子之後亦何負與曰蓋公參所師也其語參曰治道貴清淨而民自定此在老子書中一語耳參用之務為清淨不擾而文景治矣如掇拾其玄談清論而不切於事理

何王自喪其身以喪人國如出一轍

紈袴子弟能破百萬兵

清言致效

退之讀墨篇如何

意亦甚好

有如西晉至使胡羯氐羌腥羶萃几二三百年仲尼之道寧有此禍哉故曰何晏王衍自喪其身以喪人之國者如出一轍胡氏之論至矣近世文字文謂自晉始以風流相尚士雖坐談空辯不畏臨戎紈袴子弟能破百萬兵矣清言致效而非喪邦也夫御敵者臨戎之功而喪邦由清談所致其得失自不相掩而曰清言致效可乎

墨子 名翟宋人

問退之讀墨篇如何程子曰此篇意亦甚好且孟子

退之樂取人爲善之心

言愛其兄之子猶鄰之子墨子書何嘗有此等語但儒者學道差之毫釐謬以千里楊子偏於義墨子偏於仁孟子推其流必至於無父無君耳退之樂取人善之心可謂忠恕然持敬不知謹嚴故失之

管子 名夷吾

陳潛室曰自伯圖之興大抵兵不詭則不能謀人國政不詭則不能謀其國故春秋善戰者兵有所不交善詭者城有所不守詭道相高求以得志其言於桓公曰君欲正卒伍脩甲兵大國亦將脩之而小國設

內政寓軍令

吾志在強國

文士亦當盡心

荀楊著書皆

不及

備則難以速得志不若隱其事而寄其政於是作內政而寓軍令焉自五家爲軌軌有長積而十連之鄉鄉有良人而爲內政自五人爲伍軌長帥之積而至於萬人爲軍伍鄉之師帥之以爲軍令吏吾志在強國豈在民乎其巧於用詭固如此哉

孫子 名武齊人

朱子曰鄭厚藝圃折衷云孫子十三篇不唯武人之根本文士亦當盡心焉其詞約而縟易而深暢而可用子荀楊著書皆不及也以正合以奇勝非善也正

學文武並用

變爲奇奇變爲正非善之善也即奇爲正即正爲奇善之善也夫子荅靈公以軍旅之事未嘗學荅孔文子以甲兵之事未之聞乃觀夾谷之會則以兵加萊人而齊侯懼費人之亂則命將士以伐之而費人北嘗曰我戰則克而冉有亦曰聖人文武並用豈真有未學未聞哉特以其不可爲訓耳

荀子

程子曰人有學不至而言至者循其言可以入道真積力久則入荀卿之言也優而游之使自求之饜而

三者循言皆可入道

荀子論心等語皆取

飫之使自趨之若江河之浸膏澤之潤渙然氷釋怡然理順杜預之言也思之思之又重思之思而不通鬼神將通非鬼神之力也精誠之極也管子之言也此三者循其言皆可以入道而三子初不能及此也真西山曰荀子論心如君子大心則天而道小心則畏義而節等語皆可取君所謂湛濁在下而清明在上則有可疑蓋心之虛靈知覺萬理具焉初豈有一毫之汚濁哉自夫汩於物欲而後有汚濁耳今曰湛濁在下而清明在上是物欲之害初未嘗去但伏而

董子度越諸子遠

漢儒近似者三人

仲舒識得本原

此等話說皆好

未作耳其可情以爲安耶

董仲舒

程子曰董子言正其誼不謀其利明其道不計其功度越諸子遠矣漢儒近似者三人董子大毛公楊雄

朱子曰仲舒識得本原如云正心脩身可以治國平天下如說仁義禮樂皆其具此等說話皆好又云命者天之令性者生之質情者人之欲命非聖人不行性非教化不成情非制度不節等語似不識性善模樣又云明於天性知自貴於物知自貴於物然後知

說得騎墻

終脱不得漢儒氣象

仲舒所立甚高本領純正

二條最有功於學者

仁義知仁義然後重禮節重禮節然後安處善安處善然後樂循理又似見得性善模樣終是說得騎墻三策雖稍親切終是脱不得漢儒氣象　仲舒所立甚高如說正心以正朝廷其本領純正至於天下國家事業恐展布未必也

真西山曰仲舒云彊勉學問則聞見博而智益明彊勉行道則德日起而大有功又引曾子尊聞行知之說此二條最有功於學者方公孫弘以阿意容悅取相位仲舒獨終始守正卒老於家以其質之美守之

無慚於游夏

架屋叠牀

子雲嘗至此地位

漢儒以子雲爲賢

固使得從游於聖人之門源淵所漸當無慚於游夏矣惜其生於絶學之後而未覩大全也

楊子

程子曰楊雄作太玄本要明易却尤竪屋下架屋牀上叠牀其實無益太玄中首中陽氣潛萌於黄宫信無不在乎中藏心於淵美厥靈根子雲之學蓋嘗至此地位也漢儒之中吾必以子雲爲賢其言曰明哲煌煌旁燭無疆遜於不虞以保天命遜於不虞則有之旁燭無疆則未也古之所謂言遜者迫不得已

劇秦美新

老子數語反本之言

楊子不見道處

孟子不肯爲楊子

潛之一字最宜玩味

如劇秦美新之類非得巳者乎　楊子謂老子云剖斗折衡聖人不死大盜不止爲救時反本之言却尚可恕如言老子之言道德吾有取焉此自是楊子不見道處楊子出處使人難說孟子必不肯爲楊子事

眞西山曰楊子默而好深湛之思故其言如此潛之一字最宜玩味

吳臨川曰子雲太玄名爲擬易其起數之法旣非天地之正又强求合於曆之日每首九贊二贊當一晝夜合八十一首之贊凡七百二十九僅足以當三百

立羸贊

文中子荀楊道不到處

下半截便亂道

六十四日有半外增一踦贊以當一半又立一羸贊以當四分日之一吁亦勞且拙矣

文中子　王通龍門人

程子曰文中子本一隱君子世人往往得其議論傳會成書其間極有格言荀楊道不到處如魏徵問聖人有憂乎曰天下皆憂吾獨得不憂問疑曰天下皆疑吾獨得不疑徵退謂董常曰樂天知命吾何憂窮理盡性吾何疑此言極好下半截却云徵所問者迹也吾告汝者心也心迹之判久矣便亂道

不足以供兒童之一戲

荀楊韓優劣

仲淹之學頗近於正

朱子曰王仲淹一見隋文帝而陳十二策既不自知其學不足爲周孔兩漢不足爲三王而徒以是區區者比而較之於形似影響之間傲然自謂採緝遺編足以承千聖而紹百王不知其初不足以供兒童之一戲遂自納於吳楚僭王之誅而已或曰仲淹視荀楊韓氏亦可得而優劣乎曰荀卿之學雜於申商子雲之學本於黃老非如仲淹之學頗近於正而粗有可用之實也至於退之原道諸篇若有非荀楊仲淹所及者然攷其平生意向終不免文字放浪之習富

春秋責備賢者之遺意

只是村宰相

文中子規模制度非後人所可及

韓愈近世豪傑之士

知伯夷之心須是聖人

貴利達之求而其覽觀古人之變將以措之事業者恐未若仲淹之致懇惻而有條理也是以予於仲淹獨惜之而不滿於三子亦春秋責備賢者之遺意也房杜雖往來於王氏之門其規模事業只是村宰相文中子不干事他規模制度有非後人之所及者

韓子名愈南陽人

程子曰韓愈亦近世豪傑之士其頌伯夷甚好然只說得個夷介要知伯夷之心須是聖人語曰不念舊惡怨是用希幾好

退之識見高處

退之所論少一氣字

韓公第一義

不知大顛與他說個甚麼

朱子曰退之說性只將仁義禮知來說便是識見高處如論三品亦是但以某觀人之性豈獨三品須有百千萬品退之所論都少了一氣字問讀墨篇言孔子尚同兼愛與墨子同曰韓公第一義是去學文字第二義乃去窮究道理所以看得不親切以此知退之未知孔子矣　韓公立朝議論丰采亦有可觀却不是裏面流出平日只做文吟詩飲酒博戲爲事及貶潮州見一僧說道理便爲之動如云所示廣大深遠非造次可喻不知大顛與他說個甚麼

功齊力倍

學者仰如泰山北斗

糠粃疵贅

大用復明韓子之功

眞西山曰唐史云昔孟軻距楊墨去孔子才二百年愈排二家乃去千餘年撥亂反正功齊而力倍之學者仰之如泰山北斗云又曰聖人之道必本器器必及道自清淨寂滅之教行乃始以日用爲糠粃天倫爲疵贅韓子憂之原道諸篇相繼而作其語道德也必本於仁義而其分不離父子君臣之間其法不過禮樂刑政之餘飲食葛裘卽正理所存斗斛權衡亦至教所寓道之大用爍然復明韓子之功也

總論

韓子責人甚恕

退之見得峻絕

退之所以不易及

四子優劣

問荀楊王韓四子

程子曰荀卿才高其過多楊雄才短其過少二子可謂大駁矣韓子稱其大醇非也韓子責人甚恕

朱子曰楊子論性善惡混之論僅足以比告子若退之見得峻絕性分三品止是說氣質之性至程門說破氣字方有去著此退之所以不易及也　又曰董仲舒自是好人楊子雲不足道文中子跟腳雖淺却以天下爲心退之雖見得道之大用只是要討官職而已此四子優劣也問荀楊王韓四子曰或流於申韓荀或歸於黄老楊或有體而無用韓或有用而無

榜出怨讟紛然

文章自是變而復古

斯文終有愧於古

嘉祐末號稱多士

體王不可以律觀均之未盡善也

歐陽子 字永叔廬陵人

蘇轍曰公權知貢舉是時進士爲文以詭異相高公患之所取率以詞義近古爲貴榜出怨讟紛然久之乃服文章自是變而復古

蘇軾曰宋興七十餘年民不知兵富而教之至天聖景祐極矣而斯文終有愧於古士亦固陋守舊論卑而氣弱自歐陽子出以通經學古爲高以救時行道爲賢以犯顏納諫爲忠長養成就至嘉祐末號稱多

歐陽之功爲多

人性上不可添一物

今日正當拔本塞源

士歐陽子之功爲多

楊龜山曰永叔言聖人教人性非所先其論是非利害文字儘去得但於性分之内全無見處人性上不可添一物堯舜所以爲萬世法亦只是率性而已所謂率性循天理是也外邊用計數立功業只是人欲之私

蘇子 名軾 字子瞻 眉山人

朱子曰蘇氏以雄深敏妙之文煽其傾危變幻之習以故被其毒者淪肌浹髓而不自知今日正當拔本

龜山杯水車薪

學以知道爲本

王氏重得罪於聖門

塞源以一學者之聽又荅汪尚書曰蘇學邪正之辨終未能無疑於心近世攻釋氏者如韓歐孫石之正龜山猶以爲一杯水救一車薪之火况蘇氏以邪攻邪是束緼灌膏而往赴之也直以身爲燼而已來教以爲蘇氏乃習氣之獘雖不知道而無邪心非若王氏之穿鑿附會以濟其私邪之學也竊謂學以知道爲本王氏雖不知道故其學不純而造事設心流入於邪又自以爲是而穿鑿附會以文之此所以重得罪於聖人之門也蘇氏之學雖與王異然其不知道則

吾弟必更有說

洗垢索瘢

孟子如青天白日

指忠清爲

均焉至謂湯武篡弒而盛稱荀彧爲聖人之徒皆是蹉其私邪無復忌憚罪豈在王氏下哉　又答程允夫曰來書謂熹之言乃論蘇氏之粗者不知如何而論乃得蘇氏之精者此在吾弟必更有說熹則以爲道一而已正則表裏皆正譎則表裏皆譎豈可析精粗爲二致又謂洗垢索瘢則孟子以下皆有可論夫孟子如青天白日無垢可索無瘢可洗今欲掩蘇氏之瘢而援以爲比豈不過所以彰之耶黃門比之乃兄似稍簡靜然以簡靜爲有道則與子張指忠清爲

誦彈文以動范公

躬行不後二程

子由認道與聖人爲兩物

仁何與况蘇公雖名簡靜而實陰險元祐元年規取相位力引小人楊畏使傾范忠宣公而以巳代之既不效矣則誦其彈文於坐以動范公豈有道君子所爲哉吾弟乃謂其躬行不後二程何言之之易也

蘇子由云學聖人不如學道他認道與聖人爲兩物不知道是無軀殼底聖人聖人便是有軀殼底道學道便是學聖人如何分作兩物看

問荆公與坡公之學曰二人之學皆不正東坡初年若得用其患未必不甚於荆公東坡初年論甚生財

要取有兩截議

後來見青苗之法行得狼狽便不言生財初年論甚用兵如曰用臣之言北取契丹可也後來見荆公用兵用得狼狽更不復言兵他分明有兩截議論

新鐫性理奧卷之六

堯舜其心至今在
泰山絕頂之外
一點浮雲過太虛
禹本由學而成

新鐫性理奥卷之九

始寧印邇丁進纂　　弟朗如丁遲訂

歷代

堯舜禹湯文武

程子曰堯舜知他幾千年其心至今在泰山雖高矣絕頂之外無預乎山也唐虞事業自堯舜觀之亦猶一點浮雲過太虛耳

張南軒曰禹之有天下無所與于巳又曰禹之爲聖本繇學而成皆其功夫至到者也

聖人無過

聖人無僞

湯文會逢其適

程子曰聖人無過湯武反之也其始未必無過所謂如日月之食乃君子之過

或問高宗之於傅說文王之於太公知之熟矣恐民之未信也故假夢卜以重其事曰然則是僞也聖人無僞

或問湯之伐桀是聖之任者也文王之服事是聖之清者也楊龜山曰湯非樂爲任文王非樂爲清也會逢其適而已

范華陽曰昔周宣王任賢使能吉甫征伐於外而王

宣王所以能成功

內順治而外威嚴

伊傅明其在我

之所與處者張仲孝友也夫使文武之臣任職而左右前後得正良之士善其君心則讒言不至而忠謀見用此所以能成功也苟險邪之人從中制之則雖吉甫無以成其功宣王能復文武之業以致中興內順治而外威嚴也

伊傅周伯

程子曰伊尹耕莘傅說築岩天下之事非一一而學之天下之賢才非人人而知之也明其在我而已周公至公不私進退以道無利欲之蔽其處己也夔夔

周公不失其聖

淸者之量

負石赴河

聖人深知伯夷處

伯夷不知聖人之變

然存恭畏之心其存誠也蕩蕩然無顧慮之意所以雖在危疑之地而不失其聖也　不念舊惡此淸者之量伯夷之淸若推其所爲須不容于世必負石赴河乃已然却謂他不念舊惡氣象甚宏裕此聖人深知伯夷處至於叩馬之諫乃伯夷知守君臣常理而不知聖人之變便是他臨處不食周粟只是不食其祿非餓而不食也如史記所記陳詞皆非也武王卽位十一年伐商必無父死不葬之理

總論

伊尹是兩截人
帝王不易之道
與子以定萬世
只孟子分別出來
要之皆是聖人

朱子曰伊尹是兩截人方其耕於莘野若將終身焉是一截人及三聘而往便以天下爲巳任是一截人

程子曰五帝公天下故與賢三王家天下故與子論善之盡則公而與賢不易之道也然賢人難得而爭奪興焉故與子以定萬世是亦至公之法

堯舜更無優劣及至湯武便別孟子言性之反之自古無人如此說只孟子分別出來文王之德似堯舜禹之德似湯武要之皆是聖人

張子曰稽衆舍巳堯也與人爲善舜也聞善則拜禹

虛心以爲天下

聖人同歸於道

天下無大事

也用人唯己改過不吝湯也不聞亦式不諫亦入文王也皆虛其心以爲天下也

范華陽曰象日以殺舜爲事得罪於舜故舜爲天子則封之管蔡啓商以叛周得罪於天下故周公爲相則誅之此聖人同歸於道也

胡五峰曰堯舜以天下與人而無人德我之望湯武有人之天下而無我取人之嫌是故天下無大事我不能大則以事爲大而處之也難矣

許魯齋曰堯舜之禪三代之繼皆數然也其間如堯

聖人遇變而通

達於自然之數

大綱無定體

仲尼不能聽魯衛之政

舜有子之不肖變也堯舜能通之以揖遜而不能使巳子之不朱均湯武遇君之無道變也湯武能通之以征伐而不能使夏商之無桀紂聖人遇變而通之亦惟達於自然之數一毫之巳私無與也

魯衛

胡五峰曰欲撥亂興治者當正大綱知大綱然後本可正而末可定然大綱無定體各隨其時事故魯莊之大綱在於復讎也衛國之大綱在於正名也讎不復名不正雖有仲尼之德亦不能聽魯衛之政矣

兩管仲將如之何

大人必以禮樂正天下

管仲荀息

或問管仲而未死內嬖六人何傷桓公之霸乎程子曰管仲爲國政之時齊侯之心未蠱也旣蠱矣雖兩管仲將如之何未有蠱心於女色而能盡心於用賢也

司馬涑水曰管仲器小先儒以爲不勉君以王而僅止於霸愚謂周天子存而管仲勉桓公以王是教之篡也非孔子意也夫大人時不用則已用則必以禮樂正天下使綱紀文章燦然有萬世之安豈直一時

荀息有詩人重言之意元凱失左氏之意

之功名已耶管仲相王成霸禹迹所及冠帶所加未能使之皆率職也而偃然自以爲天下莫已若也朱絃而鏤簋反坫而三歸此孔子所以稱器小耳

司馬涑水曰晉獻公使荀息傅奚齊荀息曰臣竭其股肱之力不濟則以死繼之及克里殺奚齊荀息死之君子曰詩所謂白圭之玷尚可磨也斯言之玷不可爲也荀息有焉杜元凱以爲荀息有詩人重言之意失左氏之意多矣夫立嫡以長獻公溺於嬖寵廢長立少荀息爲國正卿不能救之而遂以死許是荀

聖賢修身治國之道

用人頗得古人之意

餘非舅犯所及

文子之賢出於天資

息之言玷於獻公未沒之前而不可救於已沒之後也然則左氏之意所謂貶荀息而非所以爲褒也

狐偃趙衰趙文子

眞西山曰狐偃趙衰從文公出亡十九年其輔翼扶持不遺餘力矣然未講聖賢修身治國之道故其始覇也講王者之隧圖天子之邑勸天王之狩獨其用人一節頗得古人推賢尚能之意然自二子而觀則子餘之言論風旨又非舅犯所及

眞西山曰趙文子之賢出於天資而未嘗輔之學故

衛畢衛何相去之遠

談笑當裏甲之變

志不能帥氣年未及耄而偷惰形焉其視畢公猶四世而克勤小物衛武過九十而以禮自防何相去之遠耶此無他無理義以養其心則昏於豢養敗於戕賊未老而然矣

呂東萊曰趙文子其中退然如不勝衣其言吶吶如不出諸口及宋之盟談笑以當裏甲之變神閑氣定而不亂晏子長不滿六尺及崔慶之盟白刃在前縠然責育不能奪蓋其怯者血氣也其勇者義也

子產

子產不達爲國以禮底道理

是他力量只到得這裏

子產似守得定

當時自有一般議論

子產從容回斡

或問子產鑄刑書作丘賦是他不達爲國以禮底道理徒恃法制故鄭國日以衰削朱子曰是他力量只到得這裏觀他與韓宣子爭時似守得定及到伯有子皙之徒撓他時則度其可治者治之若治他不得便只含糊過去故當時自有一般議論如韓獻子分謗之說

眞西山曰子產以鄭簡公十二年爲卿歷事定公獻公聲公凡四十餘年從容回斡皆有次第其於內也務息諸大夫之爭而去其尤不可令者然根之難拔

大人格心之業未聞

得聖門器使之道

猶是三代直道之民

者不輕動以激其變惡之旣稔者不緩治以失其機故自子南逐子晳死豪宗大姓弭然聽從於其外也事大國以禮而不苟狥其求故終其身免諸侯之討而鄭能以弱爲强然大人格心之業未之聞焉豈四君凡庸不足與進耶至其用人益得聖門器使之道而權衡所當取法也

商鞅樂毅孫臏

陳潛室曰商君變法秦民言不便者千數猶是三代直道之民令行之後道不拾遺鄉邑大治終復言法

田单亦忠義

毅亦戰國之士

便者則戰國刑戮之民矣不下毒手如何得他合户當看商鞅行法始末

或問樂毅伐齊文中子以爲善藏其用東坡責其不合妄效王者事業以取敗二說孰是朱子曰樂毅兼秦魏之師又因人怨湣王之暴故一旦下齊七十餘城及殺湣王則人怨息矣毅又懼三國之分地也急發遣焉以燕之力量自合至是而止更遇田单亦忠義者盡死節守二城非樂毅之不欲取不能取也毅亦戰國之士安有王者之師耶

孫臏料龐涓

遂著名楚趙

范雎談笑而取、秦柄

問孫臏料龐涓暮當至馬陵如何料得如此好使不舉火看書則如之何曰臏料龐涓是箇絜底人必看無疑此有三樣上智底人必不看下智底人亦必不看中智底人必看看則墮其機矣

毛遂趙括仲連

陳潛室曰昔毛遂上不數於其主下不齒於其徒而卒能奮身決起著名楚趙苟非見棄於人安能以有激乎蘇秦之相六國妻激之也張儀之相秦友激之也范雎談笑而取秦柄讐激之也故善用人者於其

奇人節士無以自見

馮亭徂詐之術

平原不見天下之大勢

凌厲頓挫之時而乘其感慨奮激之氣雖尋常之人皆能自效尺寸如其安於豢養而生平之志願已足則雖奇人節士亦或無以自見也　長平之敗不唯一趙括爲之平原君實爲之也蓋嘗是時秦拔野王而上黨路絶是上黨之在韓有已亡之形而秦有垂得之勢今韓以空名歸趙實欲嫁禍於趙此蓋馮亭徂詐之術耳趙欲安坐而利之則雖强大不能得之弱小而弱小果能得之强大乎且無故之獲有道之所深憂也非望之福哲人之所甚禍也平原不見天

仲連非策士所及

仲連頡頏一世

仲連天下士

下之大勢暗於徂詐之術棄龜鑑之名言而自速危亡耳曾仲連亦戰國策士耳而奇氣疎節憤激凜義有非策士所及者鷹隼高飛於雲漢虎豹長嘯于山林其頡頏飛騰之氣豈人之所能近哉一旦受人之羈縶而豢養於韝圈之中則與鷄犬何異何者唯其有所欲故也仲連唯不見所欲故不受人之羈縶而高飛長嘯足以頡頏一世雖未必爲天下士而人固以天下士奇之矣

藺相如

捧璧睨柱

爲君子所難

楊龜山曰相如掉三寸舌入睚眦不測之秦卒能以完璧歸亦足壯哉然當其捧璧睨柱示以必死蓋亦摩虎牙矣夫死非難死不失義不傷勇爲君子所難也且秦趙之不敵蓋雌雄之國也古有以皮幣犬馬珠玉而不得免者況一璧乎雖與之可也相如計不出此乃以孤單之使逞螳怒之威抗臂秦庭當車轍之勢其危如一髮引千鈞豈不殆哉當是時使秦矩趙璧終不可得而欲僥倖不死難矣尚安得爲不失義不傷勇乎不三數年趙卒有殺車陷城之禍徒以

璧爲之祟

趙國相傳以此爲寶

古人傳國所重

黄歇取楚太子

璧爲之祟也至於澠池之會又非所謂暴虎馮河死而無悔與

朱子曰龜山論相如不當與秦爭璧夫和氏璧趙國相傳以此爲寶若驟爲奪去則國勢或因之不振寳玉之屬古人傳國所重子孫以能守爲孝相如蓋料秦之不敢殺故敢如此非孟浪爾也戰國如黄歇取楚太子亦若是也當時被他取了秦也不曾做聲只恁休了

黄歇侍太子于秦聞楚項襄王疾因應侯請王歸太子王不許歇教太子逃亡自爲守舍謝罪

廉頗攻武襄君　相如之義　蘇秦以術而激儀　古昔未嘗用情臨事不可以情告　屈原之心忠清潔白

廉頗秦儀

呂東萊曰趙氏武襄君樂乘代廉頗頗怒攻武襄君廉頗出奔魏以是推之則向者肉袒負荊之悔特感相如之義而非眞悔也悔不發於己而發於人烏可久也　蘇秦張儀同門友也蘇秦將止秦兵不以情而遣儀乃以術而激儀何耶蓋平昔師友之間未嘗用情故臨事不可以情告也

屈原范雎

朱子曰屈原之心其爲忠清潔白固無待辯若行之

屈原千載一人

屈原忠而過

穰侯擅權未如睢所言

不能無過則亦非區區辯說所能全故君子之於人取其大節而略其細行則雖三人猶必有師者况屈子乃千載而一人哉故屈原之忠忠而過者也屈原之過過于忠者也

司馬涑水曰穰侯相秦秦益强宰制諸侯如嚴主之役僕夫亦其功也范睢非能爲秦忠謀亦非有怨于穰侯也欲行其說而穰侯適妨其路故控其喉拊其背而奪之位秦王視聽之不明遂至於遷逐母弟穰侯雖擅權未至如睢所言孔子惡夫佞者豈以此夫

漢唐未見其右

總論

許庸齋曰春秋上下二百餘年其間如齊之鮑叔管仲晉之舅犯先軫郤克趙衰宋之華元楚之子文蔿賈秦之百里奚鄭之子產吳之季札皆足以尊主而庇民捍災以制變繼絕世而興治平若較之三代王佐之才固未可同日語求之漢唐未見有出其右者然考諸人之事業皆無能用天下而止足以用一國豈當氣運之厄雖有偉人特起欲以天下爲己任亦無所施其材力耳

王翦伐楚請田宅

秦

秦始皇用王翦將兵伐楚翦請田宅甚衆或者非之翦曰今王空國以委我倘不多請田宅爲子孫業則王疑我矣張范陽曰君臣至此衰世之風也君不信其臣故以術御臣臣不信其君故以術防君欲其始終無閒難矣

陳潛室曰秦遷太后於離宮諫死者二十七人而後來猶未已夫秦無道極矣而在庭何多直節也蓋生於戰國之世無一而非口舌之士仕于危亡之朝無

後來愈出愈奇

未知烏止誰屋

一而非口舌之功故常喜出於波濤洶湧之間游人之所不能泳與濟俱沒與汨俱出而幸不死焉是其所以爲工耳若夫潢汙行潦弱翁稚子可褰裳而濟彼豈以是動其心哉此所以積尸秦廷而後來愈出愈奇也雖然亦危矣逆驪龍之頷而取其珠料虎口而奪之食若莽焦者亦危矣

陳潛室曰陳涉之起謫戍也未嘗有一日之規徒以其憤憤之心決一日之死蓋未知烏止誰屋也吁亦悲矣天下苦秦之禍故家遺俗豪人俠士喪氣殆盡

秦民湯武

陳涉乃其所不慮之戍卒猶能爲天下而首事雖其人物卑陋事至微賤而古今猶幸之蓋積萬年之憾而發憤于陳王猶曰此秦民之湯武耳

總論

胡五峰曰一氣大息震蕩無垠海宇變動山勃川湮人消物盡舊迹亡滅是所以爲鴻荒之世與氣復而滋萬物生生敦倫理所以道之也飭封井所以濟之也封井不先定倫理不可得而敦禹周視海内奔走八年辯土田肥瘠之等而定之立井牧多寡之制而

夏后氏所以有天下

殷周所以王天下

漢唐之盛不王

世儒不知王政之本

賈生溫公之論

授之定公侯伯子男之封而建之然後五典可敦此夏后氏所以有天下也後王不才禹制浸隳以至桀紂天下大亂湯武正之明其等申其制正其封以復大禹之舊而人紀修矣此殷周所以王天下也仁政既亡有天下者漢唐之盛其不王人也非天也其不亡天也非人也乃世儒不知王政之本議三王之有天下不以其道而反以亡秦爲可法也

問溫公稽古錄秦論謂知及之仁不能守之又賈生之論曰仁義不施而攻守之勢異也朱子曰賈生溫

高祖放項者三
帝

公之論非爲攻取者謀以爲可以如是取之而無害也乃爲既得之後而謂以爲如是則或可以守耳今且設身處胡亥之地而謀所以守則彼前日之逆取者既不可及矣吾乃可以拱手安坐以待其亡耶

西漢高帝

程子曰高祖其勢可以守關然而須放入項王者有三事一是有未坑二十萬秦子弟在外恐內有父兄爲變二是漢王父母妻子在楚三是有懷王

劉元城與馬永卿論圍棋曰高低不甚相遠但高棋

高棋識後先着

閑棋有過行法

高帝當爲而迷

識先後着耳方黥布以窮來歸高帝洗足不起以挫其鋭布欲自殺後見帳御從官如漢王則又大喜過望以識先後着耳梁武帝方侯景以窮來歸遂裂地而王之其後景先有所須輒痛挫抑之故景反而梁亡此以後着而爲先着也閑棋又有過行者高帝聞韓信欲爲假王輒大怒慢罵良平躡足此過行法也且高帝見處不甚相遠但當爲而迷耳使良平遇瞎主即累千萬言何益哉

朱子曰太公爲項羽所執高祖若去求告他定殺了

羹是高祖說得不是

高帝之興有合三王

高帝名正義立

宏遠二事可驗

只得以兵攻之他却不敢殺問舜棄天下猶敝屣如何曰如此則父子俱就戮爾亦救太公不得若分羹之語自是高祖說得不是

張南軒曰雖仁義足以得天下之心三王是也高帝之興未有合乎此定三章之約從三老之說皆仁義也而卒以亡楚良繇此名正義立故也

問高帝規模宏遠何事可驗曰約法三章用三老董公仁義之說此二事可驗嘗讀史至平城之圍內外不通者七日用陳平秘計僅而獲免禍爲帝危之蓋

人主當端其一心

沛公帝業于是乎興

由高祖急於功利輕信十輩之言遂欲邀功遠夷雖有婁敬之忠反怒其妄言沮軍也是故為人主者又當端其一心勿以小功淺利自惑則臣下是非之言可坐照矣

陳潛室曰懷王項氏所立而獨屬意於沛公方其議遣入關也羽有父兄之怨於秦所遣宜莫如羽者而獨遣沛公曰吾以其長者不殺也沛公帝業蓋于是乎興矣夫項氏之興本假於亡楚之遺孽顧迫於亞夫之言趣民間牧羊子而王之始以為大有造於楚

英雄得執此爲辭

范增之謀祇以爲漢

天下之士歸心

而今則視羽猶如也則羽此心鬱鬱豈能久居人下者自我立之自我廢之羽以爲此吾之家事而不知英雄得執此爲辭也故自三軍縞素之義明沛公之師始堂堂於天下而羽始奄奄九泉下矣懷王之立曾不足以重楚懷王之死又適足以資漢然則范增之謀欲爲楚也而祇以爲漢也又曰高帝之爲義帝發喪也三軍縞素天下之士歸心焉雖然帝亦詭而用之耳是三老董公之善謀豈出於帝之本情哉

沛公之始入關也約法三軍及項氏既滅天下一家

漢世不刊之典眞主一言其利溥
殘忍是無學問
取天下如推車子
躡足不悞後大害事

而三軍之法不移如山遂爲漢世不刊之典眞主一言其利溥哉　又曰高帝人皆謂其寬仁長者韓彭英盧未免於誅何也方事之殷能奪諸公死力是高祖善將將處及事之定置諸公於死即將將之餘習未忘寬仁是天資殘忍是無學問

許魯齋曰高祖有取天下才量如推車子須是自推得六七分別人扶領二三分雖陡峻處都行得若全推不得全仰別人平地上也行不得况陡險乎諸功臣但輔翼之也躡足不悞後大害事

仁厚中有神武

文帝不以至公處巳

文帝

程子曰文帝殺薄昭雖未免少恩然以仁厚之資爲之是借他以行法仁厚中有神武焉

楊龜山曰文帝以竇廣國有賢行欲相之恐天下以爲私不用用申屠嘉此乃文帝以私意自嫌而不以至公處巳也

張南軒曰文帝以庶子居藩國入踐大統有司請建太子則先示博求賢聖之義而推之於吳王淮南王有司請王諸子則先推諸兄之無後者立之其辭氣

文帝修代來功明先後之宜記史者亦可謂善發明

老夫故越吏

帝不以側室爲諱

温潤不迫其義誠足以感人也凡所以施惠於民者類非虛名皆有誠意存乎其間故史於其編年曰帝旣施惠天下諸侯四方遠近懽洽乃修代來功又可見其明先後之宜而不敢私已記史者亦可謂善發明矣其待夷狄以南越尉陀之强恣高帝猶難服之而帝特施恩惠遣使遺以一書其書首辭曰朕高皇帝側室子也棄外藩奉北藩於代故陀報首亦曰老夫故越吏也自去帝制下令國中稱漢皇帝賢天子不敢慢盖文帝不以側室子爲諱則陀敢以越吏爲

忠信可行蠻貊

賈誼爲當時英俊

四者廢一不可

嫌哉推此忠信可行蠻貊信矣惜其大臣不過絳灌申屠嘉之徒獨有一賈誼爲當時英俊而誼之身蓋自多所可恨而卒亦不見庸也故淮南薄昭之事未免陷於刑名其後新垣平之邪說得以入之然終以天資之高旋卽悟也嗚呼賢哉故予猶重惜其諸臣之無以佐下風也

問肉刑始於苗唐虞三代又不革漢文以一女子之言革之何耶陳潛室曰先儒謂井田學校封建肉刑四者廢一不可不知秦變古法凡古人教養處掃地

◎

文帝通變宜民

兩事不可同日語

便是湯文以上人

不存單留肉刑以濟其虐雖微文帝必有變之者此蓋損益盈虛理勢必至能通變宜民雖成康復起不能易也　問文帝時吳王不朝賜以几杖與唐之陵夷藩鎮邀節鉞者何異曰文帝是純任德教權綱在上伸縮繇己唐一向姑息權柄倒持於下予奪繇人兩事不可同日語　問晦翁以三代之下皆人欲而非天理且如文帝在漢如何斷以人欲曰只是天資純粹暗合聖賢元不從學問中來若以此美質更從學問上徹底理會便是湯武以上人

大人君子可爲天下用

武帝足以有爲

景帝

胡五峰曰漢景以郅都甯成爲中尉以嚴酷治宗室貴戚人人惴恐夫親親尊尊之道必選天下有節行賢德之人爲之師傅交游而將有大人君子可爲天下用何有憂其犯法耶

武帝

朱子曰武帝病痛固多然天資高志向大足以有爲若能以仲舒爲相汲黯爲御史大夫豈不大有可觀惜乎無眞儒輔佐不能勝其多欲之私也

張南軒曰武帝奢侈窮黷之事與秦皇相侔而不至於亂亡者有四事焉高帝寬大文景惠養其得民也深流澤滲漉未能遽泯非若秦自商鞅以來根本已蹶民獨迫於威而强服耳此一也武帝所爲每與六經戾夫非眞能尚儒者然猶表章六經聘召儒生爲稽古禮文之事未至蕩然盡棄名教如秦之爲此二也輪臺之詔雖云已晚然誠意所動固足以回天之心與卒悔於行而不之悟者益甚有間此三也悔過之後侈欲之機息而清明之慮生是以能審於付托昭

四者相須維持

存亡之機所係

漢法非軍功不侯

丞相封侯自弘始

武帝不善變

帝之初霍光當政述文景之事以培植根本有以祈天命永矣此四也以四者相須維持是以能保其祚然予深有取於輪臺之詔以爲存亡之機所係也陳潛室曰漢法非軍功不侯非列侯不相儒者旣無軍功可論永無入相之路此高祖馬上之陋習至武帝始任御史大夫公孫弘代薛澤爲丞相封平津侯丞相封侯自弘始也然以列侯爲相雖漢之陋規而非軍功不侯則漢之良法儒者旣可以相則自版築而遽登相位何嫌而猶欲假封侯以爲重此又武帝

變法所以難

漢宣帝識治勢

漢家不易之論

之不善變也夫相者既非眞儒佞者又非軍功是武帝更張之善意不免一舉而兩失此變法之所以難也

宣帝

羅豫章曰宣帝詰責杜延年治郡不進乃善識治體者蓋中興之際內之朝廷外之郡縣法度政事未備或治郡不進則百職廢矣烏可不責乎夫一郡尚爾況天下乎予謂漢宣帝識治勢

張南軒曰宣帝謂漢家雜伯蓋亦不易之論自高祖

三代公共天下之心

王道如精金美玉

文帝資美而術高

天下立國規模大抵皆因秦舊而并復三代封建井田公共天下之心矣如約法三章爲義帝發喪要亦未免有假之之意則其雜伯固有自來夫王道如精金美玉雜之是亦伯而已矣唯文帝天資爲近之然亦雜於黃老刑名考其設施動皆有術但資美而術高耳至宣帝則又伯之下者植文之罪人也西京之亡自宣帝始蓋文帝養民之意至是而消磨矣

或問孝宣綜覈名實而王成以僞增戶口蒙賞遂起天下俗吏之僞綜覈者安在陳潛室曰刑名術數之

宣帝殆用此術

范增曾無一言及此

家各是執一實以御百虛老蘇所謂人服吾之識其一而不知吾之不識其九也宣帝殆用此術闘有受人欺處不害其大體也

范增

楊龜山曰高帝謂項羽有一范增不能用故爲我擒予以爲羽雖用增無益於亡也項籍以閭閻匹夫之資首天下豪傑覩秦車之覆猶不知戒欲以力制天下所過燒夷殘滅是以秦攻秦也范增曾無一言及此乃區區欲立楚後其後致項有殺義帝之名又數

人物有無是第一節

激發天下之大機括

子房未見有此大計

欲害沛公借令沛公死天下其無沛公乎

陳潛室曰緊與亡處須看人物有無是第一節范增

豈三傑比耶但就項羽人物言之有此人耳

董公

許庸齋曰方楚漢爭雄之時能激發天下之大機括

者誰與三老董公說之以三軍素服共誅楚之弑義

帝者順德逆德之辭昭然與日月爭光此豈蕭何文

墨議論之比即子房號爲帝師亦未見有此大計也

蕭何

蕭何畫一代宗臣

暗於成功身退之義

蕭何治未央宮深意

高帝在何術中

楊龜山曰蕭何除秦苛法天下宜之作畫一之歌班固謂爲一代宗臣非虛語也然高帝既平天下於功臣多所忌刻至出私財以助軍費買田宅以自汚僅能自免甚至械繫不去蓋不學無聞暗於功成身退之義耳

劉元城曰蕭何治未央宮蓋欲順適帝意以就大事不欲令窺其秘也故假辭云爾此何之深意也而史氏不欲明言之又不欲不言之乃書上說二字以見高帝在何術中而且樂都關中也

蕭何營緝根本
相業之大
得爲相用人之體
曹參寬裕有識
反者固已數起
蕭何獨收圖籍

張南軒曰蕭何在關中營緝根本漢所以得天下者以關中根本先壯故也此相業之大者又爲相之初首薦韓信而三秦之討定亦得爲相用人之體曹參雖不逮何然以摧鋒陷陣勇敢果銳之氣而施之治民乃能盡斂芒角以清淨爲道其人亦寬裕有識矣然二子皆未之學不能遠追三代之業故在高帝之世反者固已數起此爲可憾耳

陳潛室曰蕭何獨收圖籍世常以刀筆吏少之夫刀筆吏多矣而何獨知丞相府有圖籍則自其爲鄉縣

此其器已不在人下

養民以致賢人

三人稱國之器

固沛公所以興

與買田宅自污意同

小吏時固已習國家之體要此其器已不在人下矣
及勸沛公不攻羽而養其民以致賢人天下可定矣
何之器度若此其位又當不在人下矣昔晋重耳之
亡也從亡三人者皆相國之器君子曰用人如三人
公子何患於喪乎吁此固沛公所以興也　又曰高
帝都關中之意猶豫未決蓋燋殘破故也何大建宫
室以轉其機至其自誇壯麗令人皆識其無識不知
何不欲以據形勢定根本姑假世俗之言以順適其
意與買田宅自污意同

二人勇略蓋世

與棘門霸上之軍何異

張良能用漢高

韓信

楊龜山曰韓信用兵甚奇所向風靡真漢興名將也至其軍修武也又輔以張耳二人皆勇略蓋世余讀怪漢王自稱漢使晨馳入壁即臥內奪其印符麾召諸將易置之而耳信未知也與棘門霸上之軍何異非有制之兵也

張良

程子曰人道漢高能用張良卻不知是張良能用漢高良計謀不妄發如後來立太子事發無不中豈不

鴻冥鳳舉

孔明子房人品

黄石一編中來

是良用帝乎

楊龜山曰子房功成知隱視去權利如脫敝屣雖寄身朝市而翛然如江河萬里之遠鴻冥鳳舉縹緲不及方諸范蠡其優矣哉　或問孔明子房人品曰子房全是黄老皆是黄石一編中來若不得那清高之氣緣飾遮蓋則其縱横詭譎殆與陳平一律耳問邵子云智哉留侯善藏其用如何曰只燒絕棧道其意自在韓不在漢及韓王成爲項羽所殺韓滅無所歸乃始歸漢則其事可見矣

子房有儒者氣象

子房出處大致

子房非有求於高帝

子房所守在義

張南軒曰子房五世相韓篤春秋復仇之義其狙擊秦政非輕舉也其復仇之心苟得以一擊而遂焉則亦慊矣漢之爵祿不足以羈縻之故予以爲有儒者氣象三代之後未易多得此其出處大致也至其從容高帝之旁計畫不汲汲於售而所發動中節會使高帝從之蓋子房非有求於高帝故能屈伸在己而動無不得觀帝侮慢士大夫如隋何酈食其陸賈輩皆撫而忽之至蕭相國之功下之廷尉獨於子房敬之而不敢慢非子房所守在義而不以利動何以至

高帝可謂明遠

轉主心如轉戶樞

子房此着

此雖然以高帝之英武而能虛己以聽盖亦可謂明也已矣可謂遠也已矣

陳潛室曰子房言無虛發平生智謀因事方用如對高帝諸將沙中偶語之言亦是此意所以撥轉主心如轉戶樞後來四皓之計自度不能得之於口舌之間故於人主機括中撥轉來伊川不喜人用智獨喜子房此着自是轉移君心一道理未可以一筆勾斷

陳潛室曰昔項羽以巴蜀爲死地而謀遷沛公沛公亦以死地視巴蜀而忿嫉項羽當是時也取舍屈伸

張良安沛公之心

張良見明計熟

三傑眞人傑

三子智謀畧同

之理唯蕭何知之故勸王王漢中收用巴蜀還定三秦及其旣就國也羽肝肺之謀唯張良知之故燒絶棧道以示項羽無東意此蕭何所以強沛公之行而張良所以安沛公之心也張良可謂見之明計之熟矣至於三秦之謀卒定於韓信之手三傑眞人傑也何與良有卓越之見而始勸沛公之入韓信秉罅漏之餘而徑勸沛公之出其入也所以養其出也其出也所以用其入也三子智謀畧用故蹙楚之効同孰謂關中非沛公囊中物耶善乎史臣之論高祖曰從

從諫如轉圜

高祖知成敗之勢

彭越人物功勳

諫如轉圜方羽之王三降將於三秦而王高祖於漢中也高祖不勝其忿而欲奮於一擊周勃等又從而諫之及蕭何進諫而高祖幡然改悟罷兵就國徐起而還定之如取諸寄此豈有他術也知成敗之勢而已是以高帝之定三秦也不在於引兵故道之日而在於不攻項羽之日不在於拜將之後而在於聽諫之初

彭越

陳潛室曰彭越人物功勳皆非信比但其常以游兵

彭越有功於漢

曹參能克己

氣質都變了

曹參避正堂舍之

二人體國之誠心

出入梁楚爲項氏腹心之疾所以有功於漢

曹參

楊龜山曰後世如曹參可謂能克己者參本武人攻堅陷敵是其所長至其治國爲天下乃以清淨無爲爲事氣質都變了方參爲齊相退然不自用盡召長老諸先生問所以安集百姓旣得蓋公避正堂舍之尊用其言而齊大治後爲漢相亦以治齊者治天下初參與蕭何有隙何死唯推參參代爲相一遵何法二人者苟無體國之誠心忘一己之私嫌則排陷紛

蓋終一代宗臣

周勃可屬大事未得人臣事君之義

陳平不知道亦知學

更將無所不至其能若此哉終卒爲一代宗臣蓋有以也

周勃陳平

或問周勃雖厚重少文可屬大事然其畏誅令家人持兵自衛未得人臣事君之義而班固以爲漢伊周何耶陳潛室曰周勃處事煞有周章處如旣入軍復問左右袒迎文帝至渭橋郤欲敘私謁安劉事特幸成耳

程子曰陳平雖不知道亦知學如對文帝以宰相之

良平十八侯位次不與
軍功中三事最重

三人亦有所憚

職非知學安能此

陳潛室曰良平漢之功臣也十八侯位次何以不與盖漢封功臣盟誓之辭曰非軍功不侯軍功中又三事最重一曰從起豐沛二曰從入關中破秦三曰從定三秦良平皆帷幄謀議不履行陣所以十八侯位次不與

王陵

張南軒曰呂氏欲王諸呂獨問王陵周勃陳平三人者盖亦有所憚也陵引高帝白馬之盟以對固足以

人臣立朝徇義

折其奸心矣使二子者對復如陵吾知呂氏將悚焉縮而不敢乃唯然從之反有以安其邪志而遂其凶謀雖有安社稷之言尚何道哉抑二子安劉氏之計亦疎矣酈寄不可刼北軍不可入呂須之謀行不亦殆哉人臣之立朝徇義而已利害所不當顧也使人臣當變故之際畏死貪生不知徇義而曰吾欲用權以濟事於後則國家何賴焉夫所貴乎權者謂其委曲以行正也若狄仁傑是已其始終之論皆以母子天性爲拳拳且以復廬陵王爲事所謂紆徐曲折而

人臣之義當以王陵爲正

兩生見得如此

卒成其志者用功深矣人臣之義當以王陵爲正以狄仁傑爲法

叔孫通

朱子曰叔孫通爲綿蕞之儀至於羣臣震恐無敢喧嘩失禮者比之三代燕享羣臣氣象便大不同葢只是秦尊君卑臣之法魯兩生之不至亦只是見得如此故不肯從耳

陳潛室曰叔孫通定禮樂召兩生不至曰禮樂積德百年而後可興葢以叔孫通非興禮樂之人故設辭

君實以大臣許兩生出處可卜事業

四皓權謀之士

高祖題目不正

以拒之耳楊子雲以其自重難進有所不爲故以大臣許兩生蓋因其出處之間可卜其事業也

四皓趙堯

朱子曰四皓只是權謀之士觀其對高祖之言亦是脇之之意然高祖立如意趙目不正諸大臣不心服到後來呂氏横恣人心憤悶不平故大臣誅諸呂之後因得以誅少帝少帝非惠帝子畢竟是呂氏黨不容不誅耳杜牧之詩云南軍不袒左邊袖四老安劉是滅劉

楊龜山曰高帝惓惓於趙王而卒用趙堯之策可謂以金注也（金注莊子云瓦注者巧鉤注者憚金注者殙注射也射而賭物曰注以金爲注則愛心重而愈殙矣殙惛惛也）且呂后以堅忍之資濟之以深怨積怒其於趙王欲得而甘心久矣一貴強相何足以重趙哉善爲高皇計者不以衽席燕好之私亂嫡妾之分使貴者不凌賤者不迫夫夫婦婦而家道正矣是將化天下以婦道如關雎之詩豈特無人彘之禍而已哉

季布張釋之周亞夫賈誼

賢者誠重其死

未明春秋之法

定國不勝釋之

知道者與天地

[illegible]

楊龜山曰季布奴辱於朱家非有深計遠慮也期以免死而已班固謂賢者誠重其死夫死非其所固賢者所重然君子固有舍生而取義者固爲此說豈以管仲之事與之乎皆未明春秋之法也楊子曰明哲不終事項得其義矣

呂東萊曰自史氏論則民自以爲不冤者勝於天下無冤民然以實考之則於定國實不勝張釋之

胡五峰曰周亞夫霍光不學不知道能進不能退殺身亾宗是功名富貴誤之也知道者屈伸通變與天

子房進於是

賈誼不善學

君子自重其身

誼章具儀法

三表五餌

地相似功名富貴何足以病之張子房進於是矣

程子曰誼之言曰非有孔子墨翟之賢孔與墨之一

言其識末矣其亦不善學矣

楊龜山曰絳灌之徒高帝所與平天下定法令誼以

疎逖晚進之人欲一旦悉更奏之此讒釁所由起也

古之君子自重其身常若不得已而後進人君非有

至誠不倦之心不足以有爲也且誼之章具儀法與

夫三表五餌其術固疎矣誼書謂愛人之狀好人之

技仁道也信爲大操常義也愛好有實已諾可期十

死一生彼將自至此三表也賜之華服車乘以壞其目賜之美食珍味以壞其口賜之音樂婦人以壞其耳賜之高堂邃宇倉庫奴婢以壞其腹於來降者上以召幸之相娛樂親酌而手食之以壞其心此五餌也

張南軒曰賈生英俊之才若董相則知學者也治安之策可謂通達當世之務然未免有激發暴露之氣其才則然也天人之對雖若緩而不切然反覆誦味淵源純粹蓋有餘意以其自學問涵養中來也讀其

通達當世之務

淵源純粹有餘

二子氣象如在目中

袁盎不能正其君

戰國策士之常

奏篇則二子氣象如在目中而其生平出處語默亦可驗於是矣

袁盎賈山

楊龜山曰淮南王驕恣不早辯之發成其害卒至敗國亡身文帝不無罪也鄭共叔不義得衆詩人以刺莊公而春秋交譏之正謂此也袁盎不能明義以正其君乃以無稽之言諂之不亦愚乎若七國之反聞鼂錯之欲治已也反以奇禍中之此戰國策士之常也然二人之相賊其志一也特係其發之先後耳

賈山借秦爲喻

文帝不能用頗牧

魏尚守雲中

田叔知所處

楊龜山曰孝文恭儉仁慈而賈山借秦爲喻宜若過矣然君臣交儆正在無虞之時如舜之臣猶以丹朱戒其君則山之借秦不爲過也

馮唐田叔

楊龜山曰馮唐謂文帝不能用頗牧然亦深中其病也夫李牧之爲趙將也軍市之租皆自用賞賜皆決於外不從中覆故能有成功魏尚守雲中上功首虜差六級文吏卽以法繩之文帝不能用李牧信矣

楊龜山曰班固謂田叔隨張敖赴死如歸彼誠知所

孟舒爲雲中守

田叔譽人以自賢

田叔燒梁獄詞空手來見善處人子母兄弟之間漢景能賢田叔

處子謂田叔之隨王雖以身死之何益於趙爲在謂知所處孟舒爲雲中守而士爭臨城死敵此誠長者而田叔乃以隨張王事首稱之斯言豈特爲舒而發抑亦自賢耳夫譽人以自賢豈長者之一乎張王趙王耳之子尚高帝女帝過趙敖執子壻禮甚卑上箕踞嫚罵之趙相貫高趙午等怒謀弑帝人告之午等伏誅廢敖爲宣平侯

胡五峰曰田叔悉燒梁獄詞空手來見可謂善處人子母兄弟之間者也漢景忌刻之君也而能賢田叔有過人之聰明越人之度量者何蓋以太后在上不

孔子處之必有道

汲黯寢淮南之謀

敢肆故也天理存亡在敬肆之間耳孔子作春秋必記災異警乎人君萬世不死也

晁錯竇嬰灌夫

楊龜山曰漢之有七國猶若魯之三家也孔子墮三都之城而三家無敢不受命者則其處之必有道矣錯無碩德重望以壓服其心而強爲之謀其召亂而取禍蓋無足怪者武帝時淮南王可反獨畏汲黯之節義視公孫弘輩如發蒙耳則天下果非智力可爲也以一汲黯猶足寢淮南之謀而況不爲黯者乎

二人顯名當世

楊龜山曰竇嬰爲相推轂士類尊用儒術直已以往不撓權貴致晩節失位與灌夫相爲引重二人者並位公侯顯名當世其平生意氣何其壯哉田蚡以外戚進顯淫奢無度而二人者乃幸其臨況以爲名高其志又何汚也蓋鶩勢榮者勢窮則辱終以一朝之忿卒與俱滅是亦不知量也

卜式公孫弘

陳潛室曰漢方事匈奴而卜式願輸粟助邊方事南越而式願父子俱死天下方事匱財而式猶欲儎助

許式獲罪者十餘人

式何不先衆人而爲

公孫弘亦有長處

二事得大臣之體

公家之費先式之樂爲皆衆人之所難爲而武帝之所欲爲者式輒揣其意而逆爲之天下因式獲罪者十室而九而式之褒寵眷遇自以爲有用於天下及武帝嘗封禪而式獨以不識文章見棄式乎何不先衆人而爲之乎

劉元城曰公孫弘奸詐人也亦有長處諫罷西南夷不用卜式郭解此二事得大臣之體

霍光

問霍光小心謹厚而許后之事不可謂不知馬援戒

取其一節

正不當如此

霍光可當大事

諸子以口過而褁屍之禍乃口過之所致二人之編在小學無亦取其一節耶朱子曰采葑采菲無以下體取人之善爲已師法正不當如此論也

張南軒曰霍光天資厚重可當大事而其所以失則由於不學之故也以周公之功詩人形容之曰公孫碩膚赤舄几几何其溫恭謙厚也光之所建立想負於其身橫於其心故其氣焰不可掩不自知其安且肆矣故其一時進退由於私意以蘇武之忠節進不由已僅得典屬國楊敞之庸謬亦得爲宰相至如魏

當大事屹如山岳

當觀其大節

二疏未盡出處之正

省事恬退

相蕭望之之才皆擯不用田千秋小不當意則其壻卽論死陰妻之邪謀夫豈一日之故哉故曰不學之故也雖然後之儒生知不學病光矣然其凛然當大事屹如山岳豈易能哉予謂人才如光輩要當觀其大節先取其所長而後議其所蔽焉可矣

疏廣疏受魏相

朱子曰二疏未盡出處之正然在當時親見元帝懦弱不可輔導其去亦是避禍而已自云不去懼貽後悔亦自是省事恬退底世間自有此等人他性自恬

蕭望之便是樣子

魏相詭遇獲禽之心

魏相繫乎有闓

退又見得如此只得去若不去蕭望之便是樣子

張南軒曰魏相所存不得謂正觀其有許廣漢史恭之累可見矣夫欲其說之行而假許史以為重此詭遇獲禽之心君子不道也然其為相亦有可取者四方異聞輒奏言之其諫伐匈奴書有曰今郡國守相多不實選風俗尤薄水旱不時按今年子弟殺父兄妻殺夫者二百二十二人臣以為此非小變也凡此在他人不知憂者而相獨憂之亦繫乎有闓矣惜進不以正則牽制徇從之意多而格心正救之風鮮矣

漢將當以趙充國爲最

規模與孔明渭上之師何異

充國三代之將

趙充國丙吉

長南軒曰漢將當以趙充國爲最凡將之病患於勇而不詳也充國開西羌之事則不敢以遽而曰兵難遙度願馳至金城圖上方畧將之病在於急近功也充國則圖其萬全陳屯田十二利持久而爲不可動之計其規模與孔明渭上之師何以異哉將之病在果於殺而不恤百姓也充國任閫外之寄而爲國家根本之慮要使百姓安邊圉強而西戎坐消焉此殆三代之將非戰國以來摧鋒折敵者所可班也

紀李垂街莫援

司馬涑水曰丙吉爲丞相出逢羣盜鬬格死傷横道不問見牛喘而問之以爲陰陽不調此乃宰相之職耳昔士會爲政晉國之盜逃奔於秦子產爲政桃李垂於街者莫援若盜賊不禁而曰長安令之職風俗不和而曰三老之職刑罰不當而曰廷尉之職衣食不足而曰司農之職推而演之天下之事各有其官則宰相居於其間悉無所與而曰主調陰陽可乎愚謂丙吉自知居其位而無益於世飾知譎鬬以揜其迹抑亦自欺而已矣

劉更生可謂遇主

更生長君之過

劉更蕭望之

楊龜山曰初孝宣招置名儒劉更生以通達善屬文與選中可謂遇主矣其後上典神僊方術之士而更生得淮南枕中秘書獻之言黃金可成其所爲未免長君之過也

張南軒曰蕭望之劉更生輔元帝天資之弱而外有史高總朝廷之事內有恭顯制樞機之權二子居其間亦危疑之時矣要當艱深其慮正固其守庶幾有可爲者而二子處之蓋甚疎矣其綢繆經理未嘗有

用人要當公天下之選

更生晚歲氣象殊勝於前

一日之功也遂自罷中書官官小人並起而乘之身之死不足道而當時之事遂不可救況其所爲自多不正用人要當公天下之選而二子不唯其賢唯其附己故以鄭朋之傾邪而使之待詔至於華龍之污穢亦欲入其黨彼蓋有以召之也雖然未可以一失斷人之平生也昔更生經歷憂患晚歲氣象殊勝於前處王氏之際庶幾爲憂國敦篤者矣

龔勝王莽

司馬涑水曰王莽慕龔君賓之名而必欲致之君賓

班固薰膏之語

仲尼猶稱之曰仁

王莽刻心厲行

不勝逼迫絶食而死班固以薰膏之語譏焉過矣昔武王誅一亂政之獨夫夷齊深非之義不食周粟而死狷隘如此仲尼猶稱之曰仁況於王莽憑漢累世之恩乃飾詐僞而盜之又欲誣汙淸士期於必致不可以智免不可以義攘舍死何以全其道哉或者謂其不能黜芳棄明保其天年又責其不能詭辭曲對若薛方然蓋失節之徒排毀忠正以遂已非不察者者又從而和之耳

陳潛室曰王莽刻心厲行以著其節禮賢下士以鈞

天下謂伊周復出

其名分布黨與以承其意詭事母后以市其權延見吏民以致其恩意上下之勢成而皆知有莽矣於是力爲險異之行焜燿當時封邑不受位號不居視天下爵祿若將浼焉天下之人見其如此遂謂伊周復出故其避丁傅也天下莫不稱其賢其罷歸也天下莫不訟其寃一辭采女而詣闕上書者千數辭益封而吏民上書者八千人辭新野田而前後上書者四十八萬當時惟恐莽之一日棄漢舉國以授之應其不受夫斗筲之才賈孺之智兒曹之恩妾婦之行而

大臣號爲有正
論

乃掩竊大物豈非厄會然哉

總論

張南軒曰西漢末世風節不競居大臣位號爲有正論者不過王嘉何武師丹耳在波蕩風靡中比之光禹則有間矣其後哀帝之末董賢雖去而王氏鄉起漢之所以遂亡

東漢光武

張南軒曰光武不任功臣爲三公蓋鑒高帝之弊而欲保全之然非立賢無方之義矣高祖功臣如韓彭

高祖正犯此義

光武以吏事責三公

光武養得後來許多名節

黥布之徒雖有大功要皆天資小人在易之師開國承家小人勿用高祖正犯此義是以不能保功臣之終若光武之寇鄧賈復則又識明而行修量宏而器遠當亂定之後當與共圖紀綱以爲垂世長久之計乃執一槩之嫌廢大義之公秖以爲私意而已矣且所責於三公大臣者特以吏事其貽謀之不競亦宜矣

呂東萊曰光武治天下規模不及高祖其禮嚴光用卓茂所以養得後來許多名節

光武矯枉過正

十三歲識光武爲非常人鄧禹以數言定天下大計

吳朱終日欽欽如對陳

或問光武之失正在總攬史何以稱之陳潛室曰光武再造於僵仆之後如何不總攬權綱但末流之弊至不任三公乃矯枉過正非謂全不是

鄧禹吳漢

朱子曰鄧禹十三歲學於京師已識光武爲非常人後來杖策謁軍門只以數言定天下大計

朱子曰古之名將能立功者皆是謹厚周密吳漢朱然終日欽欽常如對陳此其可法者也如劉琨恃才傲物驕恣奢侈卒之父母妻子皆爲人所屠蓋未有

子陵言論風旨

子陵名高一世

助成東京風俗人才

二公精忠勁節

粗魯潤畧而不敢者

子陵李杜

張南軒曰考子陵之言論風旨亦非必欲長往者彼以爲當時之治當時人才固足辦之若欲進乎兩漢之事則又懼光武之未能信從者故寧不就之然而以子陵爲光武之故人名高一世而竟高臥不屈光武亦不敢屈之其所以激頑起懦扶植風化助成東京風俗之美人才之盛其爲力不已多乎

張南軒曰李杜二公精忠勁節不憚殺身百世之下

李固隱忍以待淸河王

凛乎有生氣其視胡廣趙戒輩眞不啻如糞土也但恨於幾會節目之間處之未盡要是於春秋提綱之法未之講耳李固方舉於朝即就梁商之辟此其失之於前也方質帝之弒也固爲首相不能發冀之奸而反聽命受制於賊此其失之於後也度固之意蓋欲隱忍以待淸河王之立庶幾可扶社稷而不知乃所以成冀之奸謀殺身不足道而社稷重受害矣杜喬在九卿中若懷是見必贊固爲之矣及繼固爲相已制命於冀相與就死悲夫

朱穆羔羊之節

不以朱穆爲過

光武明章之列

朱穆荀淑

楊龜山曰蔡邕謂朱穆貞而孤有羔羊之節其立朝議論有足稱然從梁冀之辟安在其爲貞孤哉第邕之從董卓無異於梁冀宜其不以朱穆爲過也○朱子曰溫公知黨錮諸賢趨死不避爲光武明章之烈而不知建安以後中州士大夫知有曹氏不知有漢室則以黨錮殺戮之禍毆之也且以荀氏一門論之荀淑正言於梁氏用事之日而其子爽濡迹於董卓專命之朝及其孫彧遂爲唐衡之壻曹操之臣蓋

自有一種議論文飾

善類賴以全活者甚衆

士君子行已立身自有法度

此處須見得分明

剛大正直之氣折於凶虐之餘故父兄師友間漸圖全身計亦自有一種議論文飾使聽者不覺其非而真以爲深謀奇計此孟子所謂邪說之害也

陳實

黃勉齋曰陳太丘送張讓父喪人以爲善類賴以全活者甚衆前輩亦以爲太丘道廣嘗竊疑之如此枉尺直尋而可爲歟士君子行已立身自有法度有義有命豈宜以此爲法便使東漢善類盡爲宦官所殺世亦何嘗無善類哉吾人於此等處須見得分明不

落塹

因迅風乃揚粰粃

張奐北州人豪

然未有不墮。坑。落。塹者也

竇武陳蕃何進

楊龜山曰桓靈之間昏弱相仍女后臨朝王甫曹節以壺斯便嬖之賤竊弄神器天下所同惡也竇武親爲元舅操國重柄招集名儒碩德布在王庭相與協謀勦絶凶類正猶因。迅。風。之勢以。揚。粰。粃且顧乃幾事不密身敗功頹方武之不受詔馳入軍營召會北軍五校士数千人勢猶足以有爲也張。奐。北。州。人。豪。可以義動也不能乘機决策收爲已用而乃遲回逵

◎

且使逆賊得與奐等合豈不惜哉何進親見竇氏之敗而不用陳琳鄭公業之諫躬蹈覆轍引奸凶而授之柄卒成移鼎之禍進實召之也

張南軒曰陳蕃竇武雖據權處位而事當至難主弱一也政在房闥二也宦官盤錯其勢已成三也武等雖漸引類於朝而植根未固上則太后之心未明禍亂之原下則中外之情未識朝廷之尊但欲速爲決誅小人之計夫當時宦者雖有罪豈無輕重先後之倫乃欲一槩施之使人人自危非天討矣且爲大臣

臣恐蓄深自

刻苦

一門三侯

陳蕃辭爵疏

趙苞王陵徐庶何如

者要當深自刻苦至誠惻怛舉動無失而後人有以孚信而趨向於我武於靈帝踐位之初一門三侯妄自封殖如此其誰心服乎故王甫後來得以藉口即張奐之賢猶且被紿而莫知順逆之所在則以武平日所爲未有以慰士大夫故也蕃雖辭爵而不能力止武之封是亦潔身之爲耳任天下之重顧止如此哉然而讀辭爵之疏亦足見忠義之氣也

趙苞臧洪

程子曰東漢趙苞爲邊郡守虜奪其母招以城降苞

遽戰而殺其母非也以君城降而求生其母固不可然亦當求所以生母之方奈何遽戰乎不得已身降之可也王陵母在楚而使楚質以招陵陵降可也徐庶得之矣庶薦諸葛亮於備及操獲其母謂備曰本欲與將軍圖事今失老母方寸亂矣遂辭歸操操然終身亦不為操謀

楊龜山曰臧洪初為張超功曹後遇袁紹以為青州刺史二人之遇洪其義均也而洪之報二人何其異哉方曹操圍超於雍丘也洪欲赴難而請兵於紹袁曹方睦而紹之與超素無一日之歡則雍丘之圍非

臧洪匹夫匹婦之諒

切於巳也欲其背好用師以濟不切之難紹之不聽未爲過而洪遂絶紹不屈而死也蓋亦匹夫匹婦之諒而巳

總論

或問甯武子邦有道則智邦無道則愚蘧伯玉邦有道則仕邦無道則可卷而懷之以伯玉律武子雖謂之愚不識時可也南容邦有道則仕邦無道免於刑戮武子之免亦幸矣然武子仕衛兩世其君信任之義不可棄之而去其幾於東漢王允乎允又不免被

武子幾於王允

◎

陳蕃漢代人豪以仁爲己任

逢萌掛冠浮海而去

陳蕃不能爲武子之愚

害陳蕃漢代人豪驅馳險阨之中以仁爲己任卒以謀疎見殺亦昧於夫子免刑戮之戒漢陳蕃王允猶是當時朝廷倚任身居鼎軸義當與國存亡若無官守言責則如東海逢萌掛冠浮海而去豈不謂識時哉朱子曰爲伯玉南容則易爲武子則難所以聖人有不可及之嘆蕃事未成而謀已泄允功未就而志已驕則又不能爲武子之愚此其所以取禍也然爲逢萌易爲二公難又不可以彼而責此

張南軒曰高祖起匹夫提三尺取天下光武則以帝

項籍亦蓋世之雄

光武有臣未必能用

貢符獻瑞成羣

室之胄因人心之思漢而復舊業其難易固有間而高祖之敵乃項籍亦蓋世之雄也光武所與周旋獨張步隗囂公孫述輩其於籍蓋萬萬相遠矣至如信越之徒皆泛駕之馬實難駕御盡在高祖掌握之中指揮使令無不如意使光武有臣如此未必能用也然高祖鄙薄儒生自叔孫通師弟子皆以利祿爲尚至公孫弘取相印封侯學士歆慕之其流如夏侯勝之剛果猶有明經取青紫之言宜乎王莽篡竊之日貢符獻瑞一朝成羣也至光武尊德義貴隱逸以變

一時維持之力

聖門仲由之科

太丘處張讓未中節

其風而人才輩出至於桓靈之後國勢奄奄羣狡並起睥睨神器未敢即取亦一時君子維持之力也視西漢獨勝耳

張南軒曰東漢黨錮諸君子當時如李膺杜密陳蕃輩卓然一時然未免發於意氣之所動而未循乎義理處之有未盡豈非學不足乎使其在聖門則當入於仲由之科聖人稱揚矯揉之必有道矣或以爲陳太丘得其中而所處張讓之事亦未中節蓋處困而亨豈無其方何至送宦者之喪此又矯失之過以此

郭有道嘗時人物之領袖

黃叔度聖門顏氏之科

先主經權俱失

免禍君子亦不貴也不然則如郭有道乎識高而量洪才優而慮遠足爲當時人物之領袖然收斂之功猶未之盡要亦於學有欠也不然則黃叔度乎言論風旨雖不盡見然其氣象溫厚圭角渾然見之者有所感於心其最高乎使在聖門作成之當居顏氏之科矣

三國昭烈

朱子曰先主見幾不明經權俱失當劉琮迎降之際不能取荊州至於狼狽失據乃不得巳而出於盜竊

權正初非二物

有王佐之心

孔明必求有成

聖人寧無成

孔明營五丈原

之討善用權者正不如此此若聲罪致討以義取之乃是用權之善蓋權不離正正自有權二者初非二物也

孔明

程子曰孔明有王佐之心道則未盡王者如天地之無私心行一不義而得天下不爲孔明必求有成而取劉璋聖人寧無成耳此不可爲也若劉表子琮將爲曹公所并取而興劉則可也　孔明營五丈原宣王言無能爲此僞言安三軍耳兵自高地來可勝先

英雄欺人

武侯有儒者氣象

蜀志在興漢室

武侯三代之佐

武侯之心可見

主嘗自觀五丈原百日地不可據英雄欺人不可盡信武侯有儒者氣象孫覺疑其保完一國而至於戮人之多者非也以天下之力誅天下之賊殺戮雖多亦何害哉曰三國之興孰爲正曰蜀志在興復漢室則正也

張南軒曰武侯明討賊之義不以强弱利害二其心蓋凜乎三代之佐也觀其言曰漢賊不兩立王業不偏安又曰鞠躬盡力死而後已至於成敗利鈍非臣之明所逆覩誦味斯言則侯之心可見矣曾子曰士

武侯可謂弘毅丈夫

孫劉不得不合

萬世相天下之法

孔明知爲相之體

不可以不弘毅孟子曰此之謂大丈夫若武侯者眞可謂弘毅丈夫矣

朱子曰孫權與劉備同禦曹操亦是其勢不得不合然此兩人終非好相識到利害處便不相顧劉備纔得荊州權便遣呂蒙去擒關羽

吳臨川曰開誠心布公道集衆思廣忠益謂有忠慮於國但勤攻吾之闕此孔明語也可以爲萬世相天下之法矣孔明豈不知爲相之體哉於主簿楊顒之諫又豈不知其言之忠哉然而罰二十以上皆親覽

萬里雲霄一羽毛
此詩字字有意
孔明不能盡善

食少事繁至爲敵國所窺非不知愛重其身也蓋以一木支大厦之傾盡瘁於國遑恤其他夫豈可已而不已者楊顒之諫謂之愛孔明則可知孔明則未也杜子美詩云三分割據紆籌策萬里雲霄一羽毛又云運移漢祚難恢復志決身殲軍務勞此詩字字有意庶乎知孔明之心而豈常情所能測度哉

朱子曰孔明天資甚美氣象宏大但所學亦不能盡善取劉璋一事或以爲先主之謀未必是孔明之意然在當時多有不可盡曉處如先主東征之類不見

孔明不能盡言

昭烈不肯棄民之意

孔明一語後來壞事卻追恨法孝直若在則能制主上東行孔明得君如此猶有不能盡言者乎

孔明失三郡非不欲盡徙其民意其倉卒之際力之所及止是而已若其心豈有窮哉以其所謂困於豺狼之吻者觀之則亦安知前日魏人之暴其邊境之民不若今之窮蹙哉孔明非急近功見小利詭衆而自欺者徙民而歸殆亦昭烈不肯棄民之意歟

孔明擇婦正得醜女奉身調度人所不堪彼其正大之氣經綸之蘊固已得於天資然竊意其智慮之所

寡慾養心之助爲多

奕棋二國手

以日益清明威望之所日益隆重者則寡慾養心之助爲多焉

劉元城曰淮陰武侯二人不同淮陰有乞食胯下之辱而武侯隱於隆中當時已謂之臥龍又淮陰既從項梁又事項羽又歸漢而武侯必待三聘而後起又楚漢用兵皆非淮陰之敵三國之時若司馬仲達輩乃武侯等輩人也又素畏孔明故淮陰能取勝武侯不能取勝也辟如奕棋有二國手一國手未有名而對之乃低棋不知其爲國手而嘗易之故狼狽大敗

不止漢唐人物

有一國手已有名對局者亦國手而差弱焉譁以待之故勝敗未分也孔明與司馬對壘不能取寸地人品高下不同而其功業反相去之遠者繇此

或云魯兩生謂禮樂必百年可興文中子輕許孔明何也陳潛室曰叔孫通人物汙下故兩生却之孔明人物正大故文中子許之若當昇平之時做出必須孔明不止漢唐人物

羅豫章曰西漢人才可與適道東漢人才可與立三國人才可與權杜欽谷永可與適道而不可與立故

孔明然後可與權

張良近太公之材

馬謖議論與孔明畧相似

溫公識破一事

附王氏陳蕃竇武可與立而不可與權故困於宦官至於孔明然後可與權張良近太公之材孔明有伊尹之出處然良佐高帝論其時則宜語其德則合亮處三國則材大任小惜哉

張南軒曰馬謖議論與孔明畧相似但置之幃幄則可孔明使之領衆爲前鋒於此小有差耳

曹操荀彧

劉元城謂馬永卿曰溫公云昨夕看三國志識破一事乃理會武帝遺令之意此乃操之微意也操身後

分香賣履無一語及禪代事

荀彧智勇兼人

之事有大於禪代者乎今遺令諄諄百言下至分香
賣履家人婢妾無不處置詳盡無一語及禪代事是
實陰以天下遺子孫而欲身享漢臣之名此意千百
年無人識得某偶窺破之因此歷觀操平生如夜臥
圓枕噉野葛至尺許飲鴆酒至一盞皆揚此聲以誑
使人無害己意遺令之意以誑後世耳
楊龜山曰荀彧行事可謂智勇兼人矣乃獨不知曹
氏之無君乎其拒董昭之議何也豈誠有忠貞之節
抑欲以晚節蓋之與縣前則不智縣後則不忠不忠

元帝自爲封殖之意

祖逖擊楫渡江

不知而求免於亂臣宜其難矣觀其臨大義決大謀操弄強敵於掌股之間輔成曹氏伯業至威加海內下陵上逼乃欲潛杜其不軌是猶揚瀾潰堤以成滔天之勢而後徐以一葦障之尚可得乎

晉元帝

張南軒曰元帝初以懷帝之命來臨江左考其規模蓋有自爲封殖之意而無慷慨謀國之誠懷帝蒙塵不聞勤王之舉愍帝之立增重寄委制詔深切而亦自若也祖逖擊楫渡江聊復以兵應其謀反從而制

規模不競

之懸再蒙塵懼天下之議已則陽為出師之勢遷延顒望終歸罪於運餉稽緩殺一無辜令史以塞責赤青之異亦深切矣夫受君父之委託而坐視其禍變因時事之艱難而覬幸以自利三綱淪矣所以建國規模亦復不競亂臣賊子如王敦輩不旋踵而起也樓其念國家之仇北向討賊安知中原無響應者以一祖逖猶强自立於羣雄之間猶幾以自振况肺腑之親總督之任數路之勢何所不濟哉唯不以大公為念而私意蔽之可嘆也

然須絕裾而行

三仁素位而行

矣真功名之士

溫嶠

張南軒曰溫太真忠義慷慨風節表著足爲晉室名臣獨所恨者太真奉劉琨之檄將命江左毋崔固止之不可絕裾而行噫太真有母此身固不得以許琨矣度其意不過僥倖以赴功名之會耳伯夷叔齊不受其國夫子以爲求仁得仁商之三仁微子不得不去箕子不得不奴比干不得不死皆素其位而行也就使太真能佐晉室克復神州豈足以塞其天性之傷也太真稱爲功名之士則可尚論古人則可憾矣

顧賀東晉人望

謝安方畧數定明於用人

顧榮賀循謝安

朱子曰東晉所用人才皆中州浮誕者之後唯顧榮賀循爲東晉人望不得已而用之

張南軒曰苻堅掃境入寇謝安乃從容應敵不過以江北軍付謝玄及劉牢之輩卒以成功蓋其方畧數定非僥倖苟然也安明於用人不以親疎而廢玄有謀慮善使人牢之勇銳出衆而安於處置各得其宜蓋兵以奇正相須使玄將重兵於後此正也使牢之將精兵擊於前此奇也秦兵旣近洛澗牢之擊其鋒

風聲鶴唳

謝安矯情鎮物

東晉人物傑出

直搏而勝之固以奪其心矣淝水之戰勝算已在目中故秦兵一退風聲鶴淚山川草木皆足以懼之安之矯情鎮物豈固爲是哉夫有所恃故耳若安者其在東晉人物中傑出者哉

或問殷浩謝安少有重名人皆以公輔期之及其既用謝安却苻堅安晉室而殷浩舉兵北伐師徒屢敗桓溫因朝野之怨而廢之如棄草芥何也陳潛室曰東晉諸賢大抵務養名節不務實用幸而成功則爲謝安如其無成則爲殷浩安能矯情鎮物浩則遇事

較是輪他一著

王儉自比謝安像是敗闕的謝安

眼中不識人

三秦豪傑

周章較是輪他一著

朱子曰謝安之待桓溫本無策溫廢一君幸而要討九錫要理資序未至太甚若做二十分賊如朱全忠亦無如之何王儉自比謝安王儉已敗闕底謝安安特幸未疎脫底王儉耳安比儉有些英氣符堅之來亦無措置前輩云非晉人之善符堅之不善耳

桓溫

朱子曰桓溫入三秦王猛來見眼中不識人却謂三秦豪傑未有至何也三秦豪傑非猛而誰

不知心胸面目爲何如人

能言之士莫能及

陶潛

吳臨川曰楚三閭大夫竭其忠志欲强宗國不忍見其亡遂沉江而死子房自以五世相韓韓爲秦滅不愛萬金之資爲韓報讐卒輔漢滅秦誅項道引辟穀千載之下聞風想像不知其心胸面目爲何如人孔明初見昭烈即勸昭烈跨有荆益圖霸業復帝室後卒償其言陶元亮自以晉宰輔陶侃後劉裕篡奪遂不肯仕雖功名不少槩見而其憤悶之情往往發見於詩即後世能言之士莫能及四賢之爲人不同而

四賢君臣之義重紀逡唐林之節

適足爲後人嗤笑之資

四公悠然自得之趣

君臣之義重則其心一也若紀逡唐林之節非不苦王維儲光羲之詩非不修然淸遠也而一失身於新莽祿山之朝則大倫已壞皆無足稱平生所辛勤而僅得以傳世者適足爲後人嗤笑資耳

魏鶴山曰世之稱陶公者曰榮利不足以易其守也聲味不足以累其眞也文詞不足以溺其志也是爲近之而公所以悠然自得之趣未之深識也有謝康樂之忠而勇退過之有阮嗣宗之達而不至於放有元次山之漫而不著其迹此非小小進退所能窺其

述酒荊軻等作

一身三綱無愧

崔浩自比子房

際者吳臨川云觀其述酒荊軻等作殆欲爲漢孔明之事而無其資責子有詩與子有疏志趣之同苦樂之安一家父子夫婦如此先生一身而三綱無愧焉誰謂漢魏以降而有斯人乎

崔浩

朱子曰崔浩亦愽洽人也雖自比子房然却學得子房獃了子房之辟穀姑以免禍耳他却真個要做

總論

陸象山曰燕昭之於樂毅漢高之於蕭何蜀先主之

這般處不可不理會

關雎麟趾之意安在

太宗有濟世之志

於孔明符堅之於王猛相知之深這般處不可不理會讀其書不知其人可乎

唐太宗

程子曰貞觀之治雖幾於三代然關雎麟趾之意安在

陳潛室曰豚隋之暴何止桀紂若欲行湯武之事但當正名弔伐惜乎太宗有濟世之志不當自陷於盜賊而脇父起兵不幾以亂易亂哉

中宗

五王誅此老嫗
唐祚有泰山之
步
人主用相必要
專一

張南軒曰五王當時復唐家社稷何必須立中宗中宗雖爲武后所黜然嘗欲傳位與后父是其得罪宗廟不可負荷已自著見五王若正大義於唐家見存子孫中公選一人以承天序告於宗廟誅此老嫗則義正理順唐祚有泰山之安矣

玄宗肅宗憲宗

馬永卿曰人主用相必要專一明皇用姚宋專故能成開元之治劉元城曰明皇仰面不對除吏雖是好事然其以情告宦官者非也使力士以誠告崇固可

君臣之情洞然無疑

功過不以相掩

蔡功唯斷乃成

君加以誕謾之語則崇何從質之曷若以語力士之言面諭崇則君臣之情洞然無疑矣至於知韓愈之忠乃速去之知蕭李之佞乃久任之欲天下不亂可乎

朱子曰肅宗之收復神京其功固可稱至不待父命而即位此皆裴冕諸人急於榮貴致此功過不以相掩可也

朱子曰退之云凡此蔡功唯斷乃成憲宗知蔡之不可不討裴度之不可不任非他胸中明白烏能若此

每事須開人主
一線路

引援一鷄

仁傑社稷之臣

仁傑議論未嘗
不正

馬周狄仁傑

楊龜山曰馬周言事每事須開人主一線路終是不
如魏徵之正如諫大宗避暑論事親之道甚善又云
鑾輿之出有日不可遽止若事非是即從而止之何
用如此此孟子所謂月攘一鷄者豈是以堯舜望其
君乎

楊龜山曰狄仁傑撥亂反正謂社稷之臣可也然亦
何嘗挾數任術觀史所載其議論未嘗不以正當時
但以母子天性之說告武后其瀕於死者屢矣卒至

論天下事當以
此爲法
杜門集古方書
武侯氣象剛大

武后怒曰還汝太子夫豈嘗姑務柔從以陰幸事之成乎

陸贄楊綰

楊龜山曰陸宣公當擾攘之餘說其君未嘗用數觀其奏議可見論天下事當以此爲法至於遷貶唯杜門集古方書而已

問陸宣公諸葛武侯如何朱子曰武侯氣象較大恐宣公不及如橋梁道路井竈圊溷無不修繕市無醉人更是密只是武侯密得太嚴其氣象剛大嚴毅

論治道皆有規模

又曰楊綰用而大臣損音樂減騶御則人豈可不以素養自重乎

呂東萊曰綰爲吏部欲去科舉惜其爲相十年而死志遂不及施唐時如陸贄楊綰論治道皆有規模

張巡

司馬涑水曰天授之謂才人從而成之之謂義發而著之事謂之功精敏辯博拳捷趫勇非才也驅市井數千之衆摧胡虜百萬之師戰則不可勝守則不可拔斯謂之才矣死黨友存孤兒非義也明君臣之大

張巡之才之義之功

漢高祖事事不能

太宗事事了得

分識天下之大義守死而不變斯謂之義矣攻城拔邑之衆斬首捕虜之多非功也控扼天下之咽喉蔽全天下之大半使其國家定於已傾存於既亡斯可謂之功矣以張巡之才之義之功而猶不免遺議耶

總論

陳潛室曰漢高祖事事不能只有一個帝王器度本不擬到此地位自是天人推出來所以規模比三代太宗事事了得本是唐第一君爲其必欲做帝王不待有天人安排所以只做得魏晉規模又曰光武太

千古英雄之將

光武太宗所以見容於漢高

文帝太宗功德何如

七制三宗

宗身經百戰眞千古英雄之將所以不似漢高者漢高不能爲將而善將將此光武太宗所以見容於漢高也

陳潛室曰文帝不是無功但當守文時不以征伐顯耳太宗只是削平盪定而德在人心少此可見太宗恭儉不若孝文而功烈過之也

問漢七制景帝昭帝何爲不與唐三宗宣宗武宗何爲不錄曰景帝天資刻薄無人君之度昭帝雖聰明早歲而享國不永所以不在七制之數唐三宗已不

所論可爲萬世鑑

如漢吏添宣武何爲
羅豫章曰漢武知汲黯之賢而不能用何益於知猶
愈於元帝知蕭望之之賢而反罪焉太宗知宇文士
及之佞而不去猶愈德宗知盧杞之姦而復用焉
石守道曰巍巍巨唐女后亂之於前姦臣壞之於中
宦官覆之於後其所論可爲萬世鑑人主欲懲三者
之患其本有二一以內則清心以外則知人請借明皇
一君論開元能清心矣知人矣武惠妃蕭嵩高楊思勉
豈能易其志及天寶之際不能知人矣清心矣而楊

人主致治之本

貴妃李林甫高力士遂亂其心然則清心知人其人主致治之本哉　人主欲明而不察仁而不懦蓋察常累明而懦反害仁漢昭帝明而不察章帝仁而不懦孝宣明矣而失之察孝元仁矣而失之懦若德宗則察而不明高宗則懦而不仁兼二者之長其唯漢文乎

李樂庵曰人讀書須是識字固有讀書而不識字者如漢之孔光不識進退字張禹不識剛正字唐之許敬宗不識忠孝字柳宗元不識節義字孔光諂諛新莽固寵持祿

兩漢明良屬意於邦本

天人交感之理

張爲姦誕妖異排斥正言許敬宗助立武后幾危唐室柳宗元任吊司馬黨附叔文

呂東萊曰兩漢以來明君良臣屬意於邦本者多矣賈誼治安之策言雖忠而道則疎義府承華之箴言雖切而心則詐元稹教本之書言雖華而要則寡用智囊爲家令則輔之非其人開博望延賓客則處之非其地無惑乎治效卑卑也

五代

胡致堂曰後唐明宗美善頗多其焚香祝天之言發於誠心天既厭亂遂生聖人用是觀之天人交感之

致治之本

此方是英雄手段

仁宗有意爲治

理不誣矣

朱子曰周世宗亦可謂有天下之量纔見元稹均田圖便慨然有意嘆曰此致治之本也詔頒其圖

宋太祖四宗

朱子曰太祖除五代弊法去其太甚大凡做事的人多是先其大綱其他節目可因則因此方是英雄手段太宗真宗之朝可以有爲而不爲仁宗有意爲治只是資質慈仁却不甚通曉用人驟進驟退終不曾做得事然百姓戴之如父母契丹初陵中國後來却

仁宗慈仁之效

神宗真不世出之主

一馬在殿庭不動

服仁宗之德也是慈仁之效處神宗極聰明於天下事無不通曉真不世出之主只是頭頭不中節如王介甫爲相亦是不世出之資只緣學術不正遂誤天下此亦氣數使然耳

孝宗寧宗

或問孝宗於內殿置御屏書天下監司帥臣郡守姓名作揭帖於其上果否朱子曰孝宗是甚次第英武劉恭甫奏事便殿常見一馬在殿庭不動問王公明公明曰此刻木爲之者上萬幾之暇卽御之以習據

帝王之學不在記誦

孝宗聞之有憂色

鞍騎射故也　孝宗小年紀極鈍高宗一日對廷臣云夜來不得睡小兒讀書念不得甚以爲憂其人進云帝王之學只要知興亡治亂初不在記誦上意方少解後來却恁的聰明

寧宗即位踰月晉揆以一二事忤旨特批逐之人方服其英斷朱子被召至上饒聞之有憂色曰大臣進退亦當存其體貌何不使其徒諭之以物論不佳恐丞相久勞幾務或欲均佚俟其請去而後去之則善矣幼主新立豈可輕逐大臣耶

向敏中號有度量

何不以溺自照照

八角磨盤

向敏中王隨楊億

程子曰向敏中號有度量至作相與張齊賢爭娶一妻爲其有十萬橐橐故也王隨亦有德行至作相蕭公欲得三路運使及退隨與堂中人曰何不以溺自照面看做得三路運使否皆無量故也

朱子曰楊億工於纖麗浮巧之文而釋子以爲知道者以其有八角磨盤之句耳既謂知道則於死生之際亦宜有大過人者而丁謂之逐寇萊公以他事召億至中書至於恐懼面無人色八角磨盤果安在

哉八角磨盤楊億謂人之稟於天者有死生窮達之殊乃分之定也猶麵之出於磨者有精粗巨細之異乃物之慣也

范仲淹

朱子曰周益公書論呂范解仇事曰初范公爲開封府作百官圖以獻曰某爲超遷某爲左遷如是爲公如是爲私意頗在呂相呂不樂由是落職出知饒州未幾呂亦罷相後呂公再入元昊方犯邉乃以公經畧西事公亦樂爲用嘗記呂公云相公有汾陽之心之德仲淹無臨淮之才之力後歐公爲范公神道碑

呂公補過之公

忠宣不知乃翁心事

文正以天下爲己任

振作士大夫之功爲多

有慊然相得戮力平賊之語正謂是也公子堯夫乃以爲不然遂刊去此語某謂呂公方寸隱微雖未可測然其補過之公則有不得而掩者范公平日胸襟豁達毅然以天下爲己任既爲呂公而出豈有匿怨之意况公嘗自謂平生無怨惡於人此言尤可驗忠宣（卽堯夫）意謂前日既排申公今日若與之解仇前後似不相應故諱言之却不知乃翁心事正不如此

文正公做秀才時便以天下爲己任無一事不理會過生平大勵名節故振作士大夫之功爲多

韓公可謂服義

韓琦

程子嘗與韓公范公泛舟於潁湖有屬吏欲見韓公求薦舉程子曰公爲州太守不能求之顧使人求君乎范公曰常事耳程子曰只爲有不求者則遺而不及知是以使之求也韓公無以語愧且悔者久之程子曰韓公可謂服義矣

朱子曰韓魏公爲相或謂公之德業無愧古人但文章有所不逮公曰某爲相歐陽永叔爲翰林學士天下文章莫大於是　溫公作魏公祠堂記說得魏公

見得魏公不可及處

魏公大功於社

君實能受盡言

事分明見得魏公不可及處記中所載魏公之言曰凡爲臣者盡力以事君死生以之顧事之是非何如耳至於成敗天也豈可豫憂其不成遂輟不爲哉公爲此言時乃仁宗之末英宗之初朝廷多故時也

張南軒曰韓公登第時唱名未終太史奏五色雲見未幾色暎殿廷此不偶然魏公後來果有大功於社稷

司馬光

程子曰君實能受盡言與之言必盡雖忤逆終不怒

二公出處爲優劣

温公可謂智仁勇

雖聖人不過如此說

或問司馬公辭副樞名冠一時天下無賢不肖浩然歸重呂申公亦以論新法不合罷歸熙寧末起申公知河陽又公自河陽乞在京宮祠神宗大喜召登樞府人以二公出處爲優劣程子曰呂公世臣不得不歸見上司馬公諍臣不得不退處

朱子曰温公可謂智仁勇也那活國救世處是甚次第其規模稍大又有學問其人嚴而正

張南軒曰司馬温公改新法或勸其防後患公曰天若祚宋必無此事更不慮一己利害雖聖人不過如

此說近於終條理

王安石如何人

此正王氏心術之蔽

此説近於終條理者矣

王安石

楊龜山曰神宗嘗問伯淳王安石如何人伯淳曰安石博學多聞則有之守約則未也又嘗問是聖人否伯淳曰詩稱周公公孫碩膚赤舄几几若安石剛褊自任恐聖人不然

荆公云利者陰也陰當隱伏義者陽也陽當宣著此説源流發於董仲舒然此正是王氏心術之蔽處

李樂菴曰荆公長處甚多亦不易得方其執政事豈

温公公論

此言正中荆公之病

金陵三不足之說爲萬世禍

堯夫寬大

有意壞亂天下第所見有不到處故温公曰介甫無他但執拗耳此言正中荆公之病可謂公論

劉元城謂馬永卿曰金陵有三不足之說以闢衆論進言於上曰天變不足懼祖宗不足法人言不足惜此非爲趙氏禍乃爲萬世禍也

范純仁

程子曰范堯夫之寬大也余昔過成都公時攝帥有言公於朝者朝廷遣中使降香峨眉遣公訪予欵語予曰中使在公何暇也已而中使果怒以鞭傷傳言

一事足以塞其謗

有過中求無過

愼重爲得大臣之體

庶幾前輩風流

者爲宫喜曰此一事足以塞其謗請聞於朝公旣不折言者之非又不奏中使之過其有量如此

鄒浩曾肇

浩以直諫得罪世疑其賣直程子曰君子之於人當於有過中求無過不當於無過中求有過楊龜山曰曾子開不以顔色語言假借人其愼重爲得大臣之體於今可以庶幾前輩風流者唯此一人耳

李綱趙鼎洪皓

李綱一世偉人

趙鼎中興名臣

五分宰相

忠宣無愧蘇武

朱子曰李綱知有君父而不知有身知有天下之安危而不知有禍福讒間竄斥九死不奪是亦可謂一世之偉人矣

趙鼎爲相中興名臣一人而已然當時知有伊洛之學又不大理會得故人皆以是欺之五峯云過江以來如趙忠簡公做得五分宰相若充之以學須做成十分

眞西山曰洪忠宣公之節無愧蘇武而高宗所以寵錫之者有過漢廷其褒表忠義皆有爲後世法然武

檜罪浮於傅陸

諫書與日月爭光

子部人物甚偉

不奉見抑於霍光公亦不幸逢怒秦檜武之見抑不過不爲公卿耳而公方逢陰山之北復貶瀨海之南檜之罪又浮於傅陸也

胡銓張九成

張南軒曰胡澹庵大節極好其諫書雖與日月爭光可也

朱子曰張子韶人物甚偉高廟時除講筵上嘗云朕對群臣只是個至誠張問居禁中如何上云亦只是個至誠又問對宮嬪時如何上方經營若語間張奏

忠厚之風聞於天下

恐司馬端明邵先生知

本朝超越古今五事

云即此便是不誠其盡言如此

總論

程子曰熙寧中以清德爲朝廷尊禮者大臣曰富韓公侍從曰司馬溫公曰申公邵先生隱居謝聘忠厚之風聞於天下里中後生皆知畏廉恥欲行一事必曰無爲不善恐司馬端明邵先生知

嘗觀自三代而下本朝有超越古今者五事如百年無內亂四聖受命之日市不易肆百年未嘗誅殺大臣至誠以待夷狄此皆大抵以忠厚廉恥爲之綱紀

睿王開基規模自別

聖賢事業未易到

百代殊絕人物

故能如此蓋睿王開基規模自別

胡武夷曰自熙寧元祐靖國間事變屢更固有名蓋天下致位廟堂得行其所學者然夷考其事猶有憾焉如張天祺朱光掞等可謂奮不顧身盡忠許國而議論亦多過矣理未易窮心未易盡聖賢事業未易到也

吳臨川曰張文成侯諸葛忠武侯狄文惠公范文正公四人之功業不盡同而其爲百代殊絕之人物則一文成身事漢而心在報韓狄文惠身事周而心在復

心事如青天白
日人易地皆然

唐祚常人莫能測知卒克遂其志故邵子稱其忠且智焉忠武扶漢於未造文正佐宋於盛際器局廣大精審詳密心事如青天白日易地皆然故朱子稱其磊磊落落無纖芥之可疑也

新鐫性理奧卷之九終

君道以至誠仁
爲本
主當防未萌
欲
道以悦服人
不
道稽古正學
君志定而天下
之治成

新鐫性理奥卷之十

始寧印趨丁進纂　顒哉權謨訂

男　君正樞訓

君道

程子曰君道以至誠仁愛爲本大要以正心窒欲求賢育材爲先又曰人主當防未萌之欲君道以悦服人心爲本君道稽古正學明善惡之歸辨忠邪之分曉然趨道之至正君志定而天下之治成矣　古之聖王所以能化姦究爲善良綏仇敵爲臣子者由弗之絶也苟無含弘之道而與巳異者一皆棄絶之不

聖人無棄物

朝廷四方之極

人君清心虛己中心無爲以守至正

幾乎棄天下以譬君子乎故聖人無棄物王者重絶人

范華陽曰天下之動貞夫一朝廷者四方之極也非至公無以絶天下之私非至正無以止天下之邪人君一不正其心則無以正萬事矣何以禁臣下之欺乎故人君清心虛己中心無爲以守至正

胡武夷曰人君崇高嚴恪常行于介胄爪牙之夫以折其驕悍難使之氣柔遜謙屈必施於林壑退藏之士以礪其廉靖無求之節乃能駕御人才表正風俗

貴勢則昌

王道至大至正

先天下而後天下之謂君

天下有三大

人君先於虛已

威有所當加以立威則强勢有所可屈以忘勢則昌

胡五峯曰天道至大至正者也王道至大至正奉行天道乃可謂天之子　養天下而享天下之謂君先天下而後天下之謂君天下有三大大本也大幾也大法也大本一心也大幾萬變也大法三綱也有大本然後可以有天下見大幾然後可以取天下行大法然後可以理天下

羅豫章曰人君納諫之本先於虛已禹拜昌言故能納諫德宗强明自任必能拒諫

人君莫先於窮理

天下有二難

人心服而天下安

天子至尊無上

胡五峯曰人君盡下則聰明開而萬里之遠親于衽席偏信則昏亂而父子夫婦之間有遠于萬里者矣人君欲救偏信之禍莫先於窮理莫要于寡欲 天下有二難以道義服人難難在我也以勢力服人難難在人也由道而不舍禁勢力而不行則人心服而天下安

朱子曰天子至尊無上其居處則內有六寢六宮外有三朝五門其嬪御侍從飲食衣服貨賄之官皆領於冢宰其冕弁車旗宗祝巫史卜筮瞽侑之官皆領

於宗伯有師以道之教訓有傳以傳其德義有保以保其身體有師氏以孅詔之有保氏以諫其惡前有凝後有丞左有輔右有弼侍御僕從罔非正人出入起居罔有不欽發號施令罔有不臧在輿有旅賁之規位宁有官師之典倚几有訓誦之諫居寢有暬御之箴臨事有瞽史之道宴居有工師之誦史爲書瞽爲詩工誦箴諫大夫規誨士傳言庶人謗商旅于市百工獻藝動則左史書之言則右史書之御瞽幾聲之上下不幸而有過則又有争臣七人面折廷争以

中心無爲以守至正

天無私奉三無私以勞于天下

天下事無一不出於正

正救之蓋所以養之之脩如此是以恭己南面中心無爲以守至正而貌之恭足以作肅言之從足以作乂視之明足以作哲聽之聰足以作謀思之睿足以作聖然後可以八柄馭羣臣八統馭萬民而賞無不慶刑無不威遠無不至邇無不服　天無私覆地無私載日月無私照故王者奉三無私以勞于天下則兼臨博愛廓然太公而天下之人莫不忻悅而誠服

朱子曰天下事無一不本於人主之心故人主之心正則天下事無一不出於正此大舜所以有惟精惟

正心爲天下萬事之本
人主當務聰明之實
知父母之心者可以知天心

一之戒孔子所以有克己復禮之示皆所以正吾此心而爲天下萬事之本也　人主當務聰明之實不可求聰明之名信任大臣日與圖事反覆論辨以求至當之歸此聰明之實也偏聽左右輕信其言此聰明之名也

眞西山曰知父母之心者可以知天心知人君之道者可以知天道葢父母之於子也鞠育而撫字之鞭朴而告戒之皆仁也君之於臣也爵賞以褒勸之刑罰以聳礪之亦皆仁也天佑民而作之君其愛之深

人君以天之心爲心

人君以天位爲至艱至危

人主所以養壽命之源

人主保身以保民

子孫千億自此始

望之切無異親之於子君之於臣也故君德無愧則天爲之喜而祥瑞生焉君德有闕則天示之譴而災異形焉天之愛君如此爲人君者可不以天之心爲心乎

魏鶴山曰古之人君以天位爲至艱至危是以自朝至夕兢兢業業居內之日常少居外之時常多蓋所以養壽命之源保身以保民也豈惟保民雖子孫千億亦自此始自秦人蕩滅古制爲人主者深居穆清而受事于婦寺出令于房闥四方文書非暬御之臣

盡心行已之要

力行七年而後成

宗社生靈長久之計

不得上聞千數百年以來相尋一轍凡傷生伐性者畢陳于前豈惟淫政事之源抑以傷壽命之本身不得康而嗣不得繁耳

許魯齋曰昔劉安世見司馬溫公問盡心行已之要溫公曰其誠乎問行之何先公曰自不妄語始劉公初甚易之及退而隱括于平日之所行與凡所言自相掣肘矛盾者多矣力行七年而後成况天下之大人君以一心酬酢之欲言無失豈易哉

程子曰爲宗社生靈長久之計惟是輔養上德而輔

人君動必有所畏

仁義者人主之術

三代所以享國長久

聖王以敬爲修身立政之本

養之道非徒涉書史覽古今也要使跬步不離正人乃可以涵養薰陶成就聖德

范華陽曰人君動必有所畏若一人肆於民上其何所不至哉

羅豫章曰仁義者人主之術也一於仁天下愛之而不知畏一於義天下畏之而不知愛三代之王仁義兼隆所以享國長久若漢文過於仁矣漢宣過於義矣

眞西山曰三代聖王以敬爲修身立政之本故伊尹

伊周召公所以
啟進其君

聖狂治亂所係

告太甲曰嗣王祗厥身念哉、又曰欽厥止率乃祖攸行周公戒成王曰嚴恭寅畏天命自度曰治民祗懼不敢荒寧曰克自抑畏曰皇自敬德而召公之誥曰嗚呼柰何弗敬曰王其疾敬德曰王敬作所不可不敬德曰惟不敬厥德乃早墜厥命伊周召公所以啟廸其君者如出一口　葢敬則爲堯舜爲禹湯爲文武不敬則爲有苗爲有扈爲獨夫受聖狂治亂所係豈淺鮮哉

聖學

帝王務得其要

人主之學當務知急

人君守成業而致盛治

終篇惟此一事

非君以務學爲急

聖學以正心爲要

程子曰帝王之學與儒士異尚儒士從事文義帝王務得其要盖聖人經世大法備在方册苟得其要舉而行之可也人主之學惟當務爲急歷觀古之君能守成業而致盛治者莫如成王其人臣能成就幼主而輔養君德者莫如周公攷之立政之書其言常伯常任之尊與綴衣虎賁之賤同以爲戒要在得人以爲知恤者鮮也終篇反覆惟此一事而已

胡武夷曰明君以務學爲急聖學以正心爲要心者事物之宗正心揆事宰物之本也六經所載古訓不

可不察若夫分章析句牽制文義無益於心術者非
帝王之學也
胡致堂曰古之人君既得賢才布之列位矣於是朝
以聽政則公卿在前史在左右諫諍七人訓告教誨
而無怠朝矣晝以訪問則監于成憲學于古訓多識
前言往行與萬民之疾苦物情之幽隱而無怠晝矣
夕以修令則思夫應違慮夫榮辱慎而後出奠而後
發不敢苟也而無怠夕矣而又無淫于觀于逸于遊
于畋于酒于樂而又盤有銘几有戒杖有詔器有箴

人君所以端拱無爲

人君之具法

明德以正心爲本

圖有規藝有諫夫所以寅畏祗懼不使放心邪氣得溺焉者如此夜而寢息又有雞鳴之賢妃卷耳之淑女警戒相成不懷宴安昧爽丕顯坐以待旦此乃憂勤之事人君所以端拱無爲也是故勤勞者非衡石程書衛士傳餐之謂也無爲者非遺棄萬務默然兀然之謂也稽無逸周公之言則人君之法具矣

朱子曰古先哲王欲明其德于天下莫不以正心爲本苟非講學之功有以開其心而不迷于邪正之所在亦何以得此心之正乎然學又有邪正之别焉味

講學爲正心之要

聖賢之言以求義理之當察古今之變以驗得失之幾而必反之身以踐其實者學之正也涉獵記誦而以雜博相高割裂裝綴而以華靡相勝反之身則無實措之行則無當者學之邪也故講學雖爲正心之要而學之邪正尤心之所以邪正不可不審者如此舜之戒禹曰人心惟危道心惟微惟精惟一允執厥中而必繼之曰無稽之言弗聽弗詢之謀勿庸愼乃有位敬修其可願四海困窮天祿永終孔子告顏子以克己而又申之曰非禮勿視聽言動告以損益四

千聖相傳心法之要

三者交致其力

聖心日明水清

養太子不可不慎

保國一天下

代之禮樂而又申之曰放鄭聲遠佞人鄭聲淫佞人殆嗚呼此千聖相傳心法之要也

眞西山曰惟學可以養此心惟敬可以存此心惟親近君子可以維持此心三者交致其力則聖心湛然如日之明如水之清義理爲之主而物欲不能奪矣

儲嗣

胡五峯曰養太子不可不慎也望太子不可以不仁也大本正然後可以保國一天下

朱子曰賈誼云天下之命繫於太子太子之善在於

子正而天下定
天下之至言
萬世不易之定論
三代有道之長

早諭教與選左右教得而左右正則太子正太子正而天下定矣此天下之至言萬世不可易之定論也至論所以教諭之方則必以仁孝禮義爲本而其條目之詳則至于容貌詞氣之微衣服器用之細纖悉曲折皆有法度此三代之君所以有道之長也降及近世其所教者不過記誦書札之工未嘗開以仁孝禮義之習至于朝夕所與出入起居親密無間者則不過宦官近習掃除趨走之流而已夫以帝王之世當傳付之統而所以輔養之疎如此是猶家有明月

剖珠夜璧

君以知人爲明君人如天運于上

人臣承天時行

之珠夜光之璧而委之衢路之側盜賊之衝也豈不危哉

臣道

范華陽曰君以知人爲明臣以任職爲良君人者如天運於上而四時寒暑各司其序則不勞而萬物生矣君不可以不逸也所治者大所司者要也臣不可以不勞也所治者寡所職者詳也

胡五峯曰人君剛健中正純粹首出庶物者也人臣柔順利貞順承乎天而時行者也寡欲之君然後可

王道王佐

君臣萬物之原

郭子儀再造社稷之功

近臣守和

與言王道無欲之臣可與言王佐夫君臣相與之際萬化之原也

程子曰人臣身居大位功蓋天下而民懷之則危疑之地也必也誠積於中動不違理威福不自己出人惟知有君而已然後位極而無逼上之嫌勢重而無專權之過周公孔明其人也郭子儀有再造社稷之功而主不疑亦其次與

張子曰近臣守和和平也和其心以備顧問不可狗其喜怒好惡尹和靖每赴經筵必沐浴更衣設香案

人君尊其如天

董生其庶幾

立朝以正直忠厚爲本

以來日所當講書置案上朝服再拜粘香又再拜學者問焉曰人君其尊如天欲以吾言感悟之必須盡吾之誠敬

胡五峯曰守身以仁以守身之道正其君者大臣也漢唐之盛忠臣烈士攻其君之惡禁其君之欲糾其政之謬彈其人之佞而已求其大正君心引之志於仁者吾未之見也惟董生其庶幾乎

羅豫章曰士之立朝要以正直忠厚爲本二者不可偏也一於正直而不忠厚則漸入於刻一於忠厚而

武帝賢臣獨此一人

立身要以名節忠義為本

不正直則流入於懦汲黯正直所以闢公孫弘之阿諛忠厚所以闢張湯之殘刻武帝享國五十五年其臣之賢獨此一人而已　立朝之士當愛君如愛父愛國如愛家愛民如愛子然三者未嘗不相賴也凡人愛君則必愛國愛國則必愛民未有以君為心而不以民為心者故范希文謂居廟廊之上則憂其民處江湖之遠則憂其君諒哉人之立身要以名節忠義為本有名節則不枉道以求進有忠義則不固寵以欺君矣

大臣之責可以無愧

宰相以得士爲功

士以不自失爲貴

某於世間無所愛慕

報君愛民之事在所當爲

朱子曰君子居大臣之任必志足以行道道足以濟時而於大臣之責可以無愧　宰相以得士爲功下士爲難而士之所守乃以不自失爲貴

張南軒曰古人未嘗不謙至周公方說謙蓋周公以天子叔父而又爲宰相猶且自處以謙若在吾人則亦合當爲也又曰某於世間無所愛慕亦無所享用惟有報君愛民之事在所當爲耳

陸象山曰古人不屑屑於間政適人而必務格心者蓋君心未格則一邪斥一邪登一弊去一弊興如循

[illegible]

四者武侯事業之本

藥石之戒

正人君子所深願

環然及君心既格則規模趨向有若燕越邪正是非有若蒼素大明既升羣陰畢伏耳

眞西山曰古人事業未嘗無所本開誠心布公道集衆思廣忠益四者乃武侯事業之本而誠之與公又其本也忠臣之心常欲君身之强固君德之清明故動以聲色遊畋爲藥石之戒周公是巳君身强固則必不倦於政機而威權在巳君德清明則必不謬於邪正而用舍合宜此正人君子所深願而僉夫壬人所甚不便也趙高仇良是巳而春秋名卿如管仲

愛君者以周公爲法

月與日相遠則光盛

月與日相近則光微

月星借日以爲光

此理殊可玩味

治貴識體

趙武者亦安視其君有六嬖四姬之惑而不能救焉良由不知古人保傅之職而以强兵制敵爲功也愛君者可不以周公爲法管仲趙武爲戒哉

許魯齋曰月陰魄也與日相遠則光盛猶臣遠于君則聲名大威權重與日相近則光微愈近愈微臣道陰道理當如此古人舉善荐賢不敢自名故月星借日以爲光及近日郤失其光此理殊可玩味

治道

程子曰論治者貴識體修身齊家以至平治者治之

道也建立綱紀分正百職順天揆事創制立度以盡天下之務治之法也法者道之用也聖王爲治修刑罰以齊衆明教化以善俗必井田必肉刑必封建而後天下可爲善治者放井田而行之而民不病放封建而臨之而民不勞放肉刑而用之而民不怨得聖人之意而不膠其迹者因一時之利而利者耳聖人能使天下順治惟止之各於其所而已

程子曰善爲政者必重民力力足則生養遂然後教化可行風俗可美聖人爲戒必於方盛之時至于既

法者道之用

聖王明教化以善俗

聖人因一時之利而利

聖人能使天下順治

善爲政者必重民力

聖人爲戒必於方盛之時

治道有從本從事

王者高拱于穆清之上

治亂之機係乎事始

先王以道治天下

聖人能通其變於未窮

衰而戒則無及矣治道有從本而言亦有從事而言從本而言格君心之非正心以正朝廷正朝廷以正百官若從事而言不救則已若須救之必須變大變則大益小變則小益王者高拱于穆清之上而化行禆海之外以純王之心行純王之政而已

程子曰安危之本在乎人情治亂之機繫乎事始先王之世以道治天下後世只以法把持天下天下之事無一定之理時窮理極道當必變惟聖人爲能通其變於未窮使不至于極堯舜時也三代忠質文因

堯舜禹文章氣象

聖人爲可久可繼之治

君相以父母天下爲王道

先王經綸之迹

時之當然也忠獘捄之以質質獘捄之以文如堯舜禹之相繼其文章氣象亦自小異聖人之捄難而定亂能爲可久可繼之治自漢以下禍亂既除不復有爲所以不能彷彿于三代焉

張子曰君相以父母天下爲王道不能推父母之心于百姓謂之王道可乎推之必不爲秦漢之少恩五伯之假仁

楊龜山曰天保以上治內采薇以下治外先王經綸之迹也然觀其作處豈嘗費力本之誠意而已

一正君心而天下定

堯舜所以爲聖

三代之治在道不在法

享國治安所以不同

胡五峯曰造車于室而可以通天下之險易鑄鑑于治而可以定天下之妍醜蓋得其道而握其要也治天下者觀乎此一正君心而天下定矣事成則極極則變物盈則傾傾則華聖人裁成其道百姓於變而不知此堯舜所以爲聖也　養民惟恐不足此世之所以治安也取民惟恐不足此世之所以敗亡也

羅豫章曰三代之治在道不在法三代之法貴實而不貴名後世反之此享國與治安所以不同教化者朝廷之先務廉耻者士人之美節風俗者天下之大

天下萬事有大根本

立政養民之要

天下國家之大

事天下之變不起于四方而起于朝廷譬如人傷氣則寒暑易侵木傷心則風雨易折故內有李林甫之奸則外有祿山之亂內有盧杞之邪則外有朱泚之變

朱子曰天下萬事有大根本而每事又各有切要處如論任賢相杜私門則立政之要也擇良吏輕賦役則養民之要也公選將帥不由近習則治軍之要也樂聞儆戒不喜導諛則聽言用人之要也然君心尤爲大本此平天下者必汲汲于正心也　天下國家

務

人君正心術以立紀綱

宰相以正君爲職

體統正而朝廷尊

天下之正出于一

公選天下直諒敢言之士

之大務莫大于恤民而恤民之實在省賦省賦之實在治軍若夫治軍省賦以爲恤民之本則又在人君正其心術以立紀綱而已

朱子曰人主以論相爲職宰相以正君爲職二者各得其職體統正而朝廷尊天下之政必出于一而無多門之弊論相者選之也選之以其能正己而可畏則必得自重之士而任之不得不重任之既重則彼得盡其獻可替否之志而行其經世宰物之心而又公選天下直諒敢言之士使爲臺諫給舍以參其議

二子之言明白
清切
二事儘有曲折

論使吾與衆心耳目之寄常在賢士大夫而不在羣小陟罰臧否之柄常在廟廊而不在私門則主威立而國勢强矣　管子曰禮義廉耻是謂四維四維不張國乃滅亡賈誼嘗為漢文誦之而曰使管子而愚人也則可使管子而少知治體是豈可不為之寒心也哉二子之言明白清切非虛語者　井田肉刑二事儘有曲折恐亦未可遽以為非

張南軒曰周家建國自后稷以農事為務歷世相傳其君子則重稼穡之事其室家則躬織紝之勤相與

王業之根本

帝王所傳心法之要

太王文武之德可知

咨嗟嘆息習服乎艱難歌詠其勞苦此實王業之根本也如周公告成王其見于詩有若七月皆言農桑之候也其見于書有若無逸則欲其知稼穡之艱難知小人之依也帝王所傳心法之要端在乎此美哉周之家法也后妃之賢見于簡編其若姜女太妊太姒邑姜皆助其君子集勞于内以成風化之美觀后妃則太王文武之德可知矣以此垂世其後猶有幽王者惑褒姒而廢正后以召犬戎之禍而詩人刺之曰婦無公事休其蠶織故誦服之無斁之章則知周

惟唐最有法度

吾人立個人樣

代國之斧斨

之所以興誦休其蚕織之章則知周之所以衰

陳潛室曰復古惟唐得之世業府兵六典建官分畫措置最有法度其不傳遠者非作法不善自是家法不正無訓子孫耳古人所以兢業寅畏左規右矩者正欲立個人樣以爲守法之地耳

眞西山曰或者患國勢未張而欲振以威刑患財用未豐而欲益以聚歛謂誠信不如權譎謂忠信不如深刻有一于兹皆伐國之斧斨蠹民之螟蟊也

許魯齋曰孔子曰政寬則民慢慢則糾之以猛猛則

不易之常道

理文若二而道

得意可以沿革

民殘殘則施之以寬寬以濟猛猛以濟寬政是以和斯不易之常道也

禮樂

程子曰禮者理也文也理者實也本也文者華也末也理文若二而一道也文過則奢實過則儉奢自文至儉自實生形影之類也學禮者考文以求先王之意得意乃可以沿革禮之本出于民之情聖人因而導之耳禮之器出于民之俗聖人因而節文之耳

樂臨風氣至韶則極備若堯之洪水方割四凶方去

以聖繼聖

禮所以持性

禮之原在心

進人之速無如禮樂

察要弘放

和有未至也及舜以聖繼聖治之極和之至故韶爲備

張子曰禮所以持性凡未成性能守禮巳不畔道矣蓋禮之原在心禮者聖人之成法也能答曾子之問能教孺悲之學斯可以言知禮矣進人之速無如禮樂文則要密察心則要弘放如天地自然從容中禮者盛德之至也　聲音之道與天地同和與政通蠶吐絲而商弦絶正與天地相應方蠶吐絲木氣盛商金之氣衰如木當盛時金氣却不衰便是不和不與

聖人之心與天合

六經之道同歸

周官禮之綱領

中和是禮樂之本

禮樂無所不在

天地之氣相應

朱子曰聖人之心與天合一故行出此禮無一不與天合六經之道同歸而禮樂之用爲急遭秦絶學竟無全書其僅存者三禮而已周官一書固爲禮之綱領至義法度數則儀禮乃其本經而禮記郊特牲冠義等篇乃其儀疏耳

陳潛室曰禮只是個中樂只是個和中和是禮樂之本禮樂無所不在所謂明則有禮樂幽則有鬼神如何離得如盜賊至無道亦須上下有統此便是禮的

聖人所以合內外之道
教人者必以是爲先
宗子有君道
朝廷之勢自尊
朝廷有有益

意纔有統屬便自聽從和睦這便是樂底意

魏鶴山曰人生莫不有仁義之性具乎其心禮儀三百威儀三千聖人所以合內外之道而節文乎仁義者也昔之教人者必以是爲先

宗法

程子曰宗子有君道宗子無法則朝廷無世臣宗子立則人知重本朝廷之勢自尊矣

張子曰宗子若立則人人各知來處朝廷大有益是何也公卿各保其家忠義豈有不立朝廷之本豈有

韋家會法

至正大公之舉
聖人所不諱

不圖

程子曰凡人家法須令每有族人遠來則爲一會以合族雖無事亦當每月一爲之古人有花樹韋家會法可取也然族人每有吉凶等事更須與禮使骨肉之意常相通骨肉日疏者只爲不相見情不相接耳

陳北溪曰神不歆非類民不祀非族古人繼嗣大宗無子則以族人之子續之取其一氣脈相爲感通可以嗣續無間此亦至正大公之舉而聖人所不諱也後世理義不明人家以無嗣爲諱不肯顯立同宗之

秦晉一類

二者爲政之大權

聖君賢相持此

子多是若有養異姓之兒陽若有繼而陰已絕矣春秋鄫子取莒公子爲後故聖人書曰莒人滅鄫非莒人滅之也以異姓主祭祀滅亡之道也秦以呂政絕晉以牛睿絕亦皆一類

謚法

程子曰勸得其道而天下樂爲善懲得其道而天下懼爲惡二者爲政之大權也然至要莫若謚法何則刑罰雖嚴可警于一時爵賞雖重不及于後世惟美惡之謚一定則榮辱之名不朽故歷代聖君賢相莫

◎

以勵世風

子厚欲復三代之禮

不特此以勵世風也

司馬涑水答程子書曰承問及張子厚謚倉卒奉對以漢魏以來此例甚多無不可者退而思之有所未盡竊惟子厚生平欲復三代之禮者也郊特牲曰古者生無爵死無謚爵謂大夫以上也檀弓記禮所由失以謂士之有誄自縣賁父始子厚官比諸侯之大夫則已貴宜有謚矣然曾子問曰賤不誄貴幼不誄長禮也惟天子稱天以誄之諸侯相誄猶爲非禮況弟子而誄其師乎孔子之沒哀公誄之不聞弟子復爲

君子愛人以禮

論非子厚之志

周公奉君父以天道

寫神必欲其肖

柳子厚窺測得分數

之謚也君子愛人以禮今關中諸君欲謚子厚而不合古禮非子厚之志與其以陳文範陶靖節王文中子孟貞曜爲比曷若以孔子爲比乎

胡五峯曰昔周公作謚法合天下之公奉君父以天道耳孝愛不亦深乎所以訓後世爲君父者以立身之本也今夫以筆寫神者必欲其肖奈何以謚立神而不肖之乎是故不正之謚忠孝臣子不忍爲也

封建

程子曰封建之法本出于不得已柳子厚有論亦窺

帝王公天下之大端大本聖人法天而不私也。

溯得分數秦法固不善亦有不可變者罷侯置守是也

胡五峯曰封建者帝王公天下之大端大本也聖人制四海之命法天而不私已盡制而不曲防分天下之地以與萬國而與英才共焉誠知興廢之無常不可以私守之也郡縣天下可以持承平不可支變故封建諸侯可以持承平可以支變故

朱子曰封建亦難膏粱子弟不學而居士民之上其爲害豈有涯哉且以漢諸王觀之荒縱淫虐豈可治

古人教養之故

學校禮義相先之地

改試爲課

民故主父偃勸武帝分王子弟而使吏治其國然積而至魏之諸王遂使人監守更存活不得及晉懲其弊諸王各使之典大藩總强兵相屠相戮沈淵云監防太密則有魏之傷恩若寬去維勒又有晉之禍亂恐皆是無古人教養之故爾

學校

程子曰國子監爲學校禮義相先之地而月試使之爭請改試爲課有所未至則學官召而教之更不攷定高下而又鐫解額以去利誘省繁文以專委任勵

◎

先王教化爲盛

學校選舉之法

治心養氣之助

行檢以厚風教乃可耳

朱子曰聖王作民君師教以五典然又慮其驕而不知無以久而不壞也則爲之擇其民之秀者羣之以學校聯之以師儒開之以詩書成之以禮樂是以其教易明其學易成無遠不暨此先王教化之澤所以爲盛也　古者學校選舉之法始於鄉黨而達於國都若夫三代之教藝爲最下然皆有實用而不可缺其爲法制之密又足以爲治心養氣之助而進于道德之歸此所以濟世務而興太平也

呂東萊曰學校之設非徒羣其類而習爲文辭也不農不商若何而爲士非老非釋若何而爲儒事親從兄當以何者爲法希聖慕賢當自何門而入道德性命之理當如何而明治亂興衰之故當何由而達故俾之講習立儒師之官以董正之此開設學校之本意士之所當用心也

真西山曰按古教法二十五家爲閭閭有塾民朝夕處焉四閭爲族則歲之讀法者十有四法者大司徒所頒之三物也士生斯時不待去桑梓而有學有師

古者作人之功

聖人求任輔相爲先

聖人任輔相之道

朝廷之務先于用人

明君無所用心

敬敏任恤則閭胥書之孝悌睦婣則族師書之古者作人之功如此

用人

程子曰自古聖王未有不以求任輔相爲先高宗得傅說而命之則曰濟川則舟楫歲旱作霖雨和羮惟鹽梅其相須倚賴如此此聖人任輔相之道也

劉元城曰朝廷之務莫先于用人然深居九重不能盡知臣下之邪正是以設諫官御史之職俾司耳目之任而採中外之公議故明君無所用心而賢不肖

郭君善善而惡惡

人君勞於求賢

明君恭己而成功

自辨知人則哲其道不過於此

齊桓公之郭問其父老曰郭何以亡父老曰以其善善而惡惡也桓公曰若子之言乃賢君也何至于亡父老曰不然郭君善善而不能用惡惡而不能去所以亡也

范華陽曰人君勞於求賢逸於任人古者疇咨僉諧然後用之苟得其人則任而勿疑乃可以責成功明君用人而不自用故恭己而成功多疑之君自用而不用人故勞心而敗事

名器之貴賤以其人

君子在朝則天下治

蓬生麻中

羅豫章曰名器之貴賤以其人何則授於君子則貴授於小人則賤名器之所貴則君子勇于行道而小人甘於下僚名器之所賤則小人勇于浮競而君子耻于求進名器可輕授哉君子在朝則天下必治

朱子曰蓬生麻中不扶而直白沙在泥不染而黑故賈誼之言曰習與正人居不能無正猶生長于齊之地不能不齊言也習與不正人居不能無不正猶生長于楚之地不能不楚言也

陸象山曰銖銖而稱之至石必謬寸寸而度之至丈

此節議論人之法

明君付大任于是人

天下事迎刃而解

必差石稱丈量經而寡失此可爲論人之法君較其節目而遺其大綱則小人或得爲欺君子反被猜疑邪正賢否未免倒置矣

呂東萊曰明君將欲付大任于是人必納之於膠擾繁劇之地以觀其材處之於閒暇寞寂之鄉以觀其量使之當險阻艱難以觀其操使之當盤根錯節以觀其斷投之州縣磨之歲月習之既久天下事迎刃而解易易矣

許魯齋曰奸邪之人其爲心險其用術巧一於迎合

城狐社鼠

治道以用人爲先務

用人自有[illegible]

王心竊其勢以立己之威濟其欲以結王之愛愛隆於上威擅於下大臣不敢議近親不敢言毒被天下此前人所謂城狐也社鼠也至是而求去之不亦難乎如宇文化及之佞太宗灼見其情而不能斥李林甫妬賢嫉能明皇洞見其奸而不能退邪之惑人如此可不畏哉　生民休戚繫于用人之當否用得其人則民賴其利失其人則民被其害自古論治道者必以用人爲先務

吳臨川曰治天下者在得人相天下者在用人用人

大學秦誓深切戒嚴

言治以成就人才爲急務

自好賢始周公大聖也一食三吐哺一沐三握髮遺文子賢大夫也所舉筦庫之士七十餘家好賢之臣能容人而天下治妬賢之臣不能容人而天下亂此大學引秦誓而深切戒嚴也

人才

程子曰善言治者必以成就人才爲急務故曰作新人才難變化人才易在君相用之耳

劉元城曰所謂長養成就人才非如今學校之類也但於人才愛惜保全之耳譬如富家養山林不旦旦

人主自爲社稷計
貴賤覩世衰盛
人才傑然可觀
聖人德性用事
聖人圓成不偏

伐之始可爲棟梁之具若非踦摧折之及至造屋無材可用也是愛惜人才乃人主自爲社稷計耳

楊龜山曰周之士貴非獨上貴之也士亦知自貴焉秦之士賤非獨上賤之也士亦輕自賤焉愚竊謂士之貴賤雖覩世衰盛然其所以貴賤者皆其自取也

許魯齋曰傳記中人才傑然可觀以道理觀之只是偏才聖人則圓融渾全百理皆具古今人才多是血氣用事故多偏聖人純是德性用事只是明明德便自能圓成不偏

聖王能致天下之治

先生終不言

三代兩漢人才風俗

求賢

程子曰古之聖王所以能致天下之治無他術也朝廷至于天下公卿大夫百職群吏皆稱其任而已

君實嘗問先生云欲除一人給事中誰可為者願為光說一人先生曰相公何為若此言也如當初泛論人才却可今既如此某雖有其人何可言君實曰出于公口入于光耳又何害先生終不言

楊龜山曰三代兩漢人才之盛風俗之美取士以行不專以言故也今之舉士隨衆牒試于有司糊名謄

三代兩漢取士官人之法

爲士不問志之所欲

人君聯爲天下以成其身

六禮七教八政

卷軸一日之長則所謂本其行者亦徒虛文而已謂宜别立一科稍倣三代兩漢取士官人之法斟酌損益要之無失古意而已

明道在鄠邑政聲流聞當路欲薦之朝而問其所欲對曰夫薦士者問才之所堪不問志之所欲

胡五峯曰人君聯爲天下以成其身者也內選九族之親禮其賢者表而用之外選五方之人禮其英傑引而進之　古者舉士于鄉自十年出就外傳學于家塾州序曰六禮也七教也八政也其資性近道才

尊主庇民之功

大臣以一身任天下之重

行合理者鄉老鄉吏會合鄉人于春秋之祭祀而書之三歲大比入其書于司徒謂之選士學于鄉較其書之如州序三歲大比入其書于樂正謂之俊士入國學三歲大比樂正升其精者于王謂之進士才之各當其職而後政事治風俗美也

朱子曰大臣以一身任天下之重非以其一耳目之聰明一手足之勤力爲能周天下之事也必有待于衆賢之助焉是以咨訪詢問取之于無事之時而參伍較量用之于有事之日此所以成尊主庇民之功

本原之地在乎朝廷

天下萬事備盡于此

人君欲稽古以正名

于一時而流風餘韻稱思後世也

論官

程子曰四海之利病係于斯民之休戚斯民之休戚繫於守令之賢否然而監司者守令之綱也朝廷者監司之本也欲斯民之得所本原之地在乎朝廷而已

范華陽曰天地之有四時如周官之有六職天下萬事備盡于此人君欲稽古以正名苟不於周公未見其可也

上令數全五者

民欺有三

爲政須是先平其心

吳臨川曰縣之於民最近令之禍患最大世固有廉者矣其見未明則爲吏所蔽雖廉何補亦有廉而且明者矣其心不明則自謂無取於民不眩於事而深刻嚴酷畧無惻隱之心亦不免於小疵或其心雖仁而短於剸裁而民不被其澤仁而不能故也或其才雖能而意之所向不無少偏能而未公故也

程子曰民之欺有三有爲利而欺者固可罪有畏罪而欺者在所恕事有類欺者在所察

南軒張曰爲政須是先平其心不平其心雖好事亦

問爲政寛猛如何

處事當如持衡若聖人之秤則常平

當官三事

此天下之要言

錯如抑强扶弱豈不是好事往往只這裏便錯　問

爲政寛猛如何曰若胸中着一寛字寛必有獘着一

猛字猛必有獘處事當如持衡若聖人之秤則常平

矣

吕東萊曰當官之法惟有三事曰清愼勤知此三者

則知所以持身矣然世之仕者臨事當財不能自克

常自以爲必不敢持必不敢之意則無不爲矣然事

常至於敗而不能自已司馬子微曰與其巧持于末

孰若拙戒於初此天下之要言當官者先以暴怒爲

只怕待

養誠心事君不欺之道

義命輕重之分

忍字衆妙之門

忍字敵災星

忍過事堪喜

戒事有不可當詳處之心無不中前輩嘗言凡事只怕待待者詳處之謂也　當官處事只務着實如塗擦文書追改日月重易押字萬一敗露得罪反重亦非所以養誠心事君不欺之道也　事有當死不死其詬有甚於死者後亦未必免死當去不去其禍有甚於去者後亦未必得安皆不知義命輕重之分也　忍之一字衆妙之門當官處事尤是先務君能清慎勤之外更行一忍何事不辦書曰必有忍其克有濟諺曰忍字敵災星少陵詩云忍過事堪喜此皆切於

利人之一端

兩字更無別法

人臣以忠信善道其君

事理爲世大法王沂公常說吃得三斗釅醋方做得宰相亦言恐受得事

彝齋許曰推勘公事已得大情適當其法不旁求深入是亦利人之一端也俗吏不達此理專以出罪爲陰德亦謬矣　居官臨事外有齟齬必內有窒礙內外相應毫髮不差只有反己兩字更無別法也

諫諍

程子曰人臣以忠信善道其君者須體納約自牖之意愛戚姬將易嫡庶是其所蔽也素重四老人之賢

教人者亦如此

古人齋戒告君

天下如人之一身

而不能致是其所明也留侯不攻其蔽而就其明高祖之所以從耳趙王太后愛其少子長君不使質齊是其蔽也愛之欲其富貴久長于齊是其所明也左師觸龍所以導之者亦因其明耳夫教人者亦如此而已夫鍾怒而擊之則武悲而擊之則哀誠意之感而入也告於人亦如此古人所以齋戒而告君也

范華陽曰天下如人之一身夫人必血氣周流無所壅底而後能存焉諫者使下情得以上通上意得以下逹如氣血之周流一身也故言路開則治言路塞

哲宗憑檻折柳

伊川之諫可爲後世法

對必先盟心

伏節死義于犯顏敢諫中求

則亂治亂者係乎言路而已

朱子曰伊川在經筵講罷未退哲宗忽起憑檻戲折柳枝進曰方春發生無故不可摧折伊川之諫其至誠惻怛防微慮遠旣發乎愛君之誠其培養善端維植治本又合乎告君之道皆可以爲後世法

張南軒曰其每登對必先自盟心曰切不可見上意便隨順將去恐一時隨順後來收拾不得上嘗曰仗節死義之臣難得其對曰陛下當于犯顏敢諫中求之君平時不能犯顏敢諫他日安望其仗節死義乎

須識綱目

諫之道有三難

周公致意之深

百代箴規之法

呂東萊曰大凡爲人須識綱目詞氣是綱言事是目言事雖正詞氣不和亦無益諫之道有三難焉遠則勢不接踈則情不通驟則理不究周公設官三百六十各掌一事事必寓意而師氏之官實居虎門之左而詔王以媺實周公致意之深者昔周太史辛甲命百王箴王闕而虞人之箴獨傳竊意師氏之所緘必反復紬繹辭順意篤足以爲百代箴規之法

眞西山曰欲諫其君者必先能受人之諫故大臣必以羣下有言爲救巳之過而不以爲形巳之短可稱

大臣可稱宰相之度

萬世不易之法

二千年來亦無一人識

宰相之度矣

法令

程子曰孔子告顏回乃通萬世不易之法此是于四代中舉一個大法使後人就上修之二千年亦無一人識者

劉元城曰善觀人之國者不觀其勢之盛衰而先察其令之弛張未論其政之醇疵而先審其令之繁簡惟其慮之既熟謀之已臧發之不妄而持以必行則堅如金石信如四時敷天之下莫不傾耳聽服此聖

聖人鼓舞万民之術

聖人慎重之意

法制非其人亦不行

人主制馭臣民之柄

人所恃以鼓舞萬民之術也書曰慎乃出令令出惟行弗惟反易曰渙汗其大號傳曰令重則君尊又曰國之安危在出令凡此皆聖人慎重之意

胡五峯曰法制者道德之顯耳有道德結於民心而無法制者為無用無用者亡（劉虞之類）有法制繫於民身而無道德者為無體無體者滅（暴秦之類）是故法立制定苟非其人亦不可行也

賞罰

劉元城曰人主制馭臣民之柄莫大於賞罰使賞必

處之中理能服其心

人主以天下爲度

君子長者之心

太平之功可立致

及於有功罰必加於有罪則四海竦然向風心服矣

范華陽曰人君賞一人而天下勸罰一人而天下懼豈其力足以勝哉處之中理而能服其心也

胡武夷曰人主以天下爲度者也所好當遵王道不可以私勞行賞所惡當遵王路不可以私怒用刑

呂本中曰賞必當功罰必當罪刻核之論也罪疑惟輕功疑惟重君子長者之心也以君子長者之心爲心則雖無刻核之論太平之功可立致矣芝草生甘露降醴泉出皆此等忠厚和氣薰蒸所生

王道本乎人情

二者在審其初

王道本乎誠意管仲亦有是處

王者純用公道孔孟規模自與人別

王霸

程子曰王道如砥本乎人情出乎禮義若履大路無復回曲霸者崎嶇反側於曲徑之中二者其道不同在審其初而已苟以霸者之心而求王道之誠是衒石以爲玉也

楊龜山曰王道本於誠意觀管仲亦有是處但其意別耳如伐楚責以包茅不貢其言則是若其意豈爲楚不勤王但欲楚尊齊耳苟王者純用公道孔孟規模自與人別

孔孟之意則同

利大而流長

文帝行王者之道

尹和靖曰孟子責管仲功烈之卑以不能行王道也孔子謂九合一匡以其功也孔孟之意則同含此皆穿鑿也

胡五峯曰三王正名興利者也故其利大而流長五霸假名爭利者也故其利小而流近

羅豫章曰王者富民三代之世是也霸者富國齊晋是也至漢文帝行王者之道欲富民而告戒不嚴民反至於奢武帝行霸者之道欲富國而費用無節國反至於耗

義信禮爲國之本

子犯之爲晉公謀

仁心立政之本

聖人均田之要法

三王政立仁施

眞西山曰義信禮爲國之本不可一日離古之王者動必由之非有所爲而爲也子犯之爲晉公謀必曰示之義示之信示之禮則皆有爲而爲之矣王霸純駁之異不以此哉

田賦

胡五峯曰仁心立政之本也均田爲政之先也井田者聖人均田之要法也恩意聯屬奸宄不容農賦既定軍制亦明矣三王之所以王者以其能制天下之田里政立仁施雖匹夫匹婦如解衣衣之如推食食

佐賛乾坤化育之功

取用各當于義

九賦之入各有所待

之其於萬物誠有調爕之法以佐賛乾坤化育之功

理財

楊龜山曰先王所謂理財者非盡籠天下之利而有之也取之以道用之有節各當於義之謂也周官以九職任之而後以九賦斂之取之可爲有道矣九賦之入各有所待如關市之賦以待王之膳服邦中之賦以待賓客之類是也邦之大用四府待之邦之小用外府受焉有司不得而侵紊之也下至工事芻秣之微冢宰以九式均節之雖人主不得而踰越也

仁宗恭儉出於天性

四十二年如一日

錦繡珠玉焚於前殿

堯湯備之有素

節儉

劉元城曰仁宗恭儉出於天性故四十二年如一日也明皇初節儉後奢侈相去遼絶此正是一個識見耳夫錦繡珠玉世之所有也而乃焚之於前殿此好名之心也好名之心衰則奢侈必至矣

賑恤

劉元城曰昔堯有九年之水湯遇七年之旱而國無捐瘠之民者蓋備之有素而已

朱子曰先王之世使民三年耕必有一年之蓄故積

萬世之良法

常平未嘗不善

救荒有兩說

賑饑無奇策

三事奪造化之功

之三十年則有十年之蓄而民不病于凶荒此可謂萬世之良法矣其次則漢之所謂常平者其法亦未嘗不善也　自古救荒有兩說第一是感召和氣以至豐穰其次只有蓄儲之計君待他饑時理會更有何策　賑饑無奇策不如講求水利到賑濟時成甚事

禎異

程子曰世有三事至難可以奪造化之功爲國而至於祈天永命養形而至於長生學而至於聖人此三

人謀與天地相終始

人君天命之主

事功夫一般分明人可以勝天故關朗有周能過曆秦止二世之說誠有此理關子明推步吉凶必言致之之由與處之之道曰大哉人謀其與天地相終始乎故雖天命可以人勝也

胡五峯曰變異見於天者理極而通數窮而更勢盡而反氣滋而息興者將廢成者將敗人君者天命之主所宜盡心也

朱子曰商中宗時有桑穀並生于朝能用巫咸之言恐懼修德而商道復興高宗祭成湯之廟有飛雉升

聖王變災爲祥

文景克承天心

兵陣先須立定家計

鼎耳而鳴用祖巳之言克正厥事不敢荒寧而享國亦久古之聖王遇災而懼故能變災爲祥其效如此

許魯齋曰三代而下稱盛治者無若漢文景然當時如日食地震山崩水潰長星慧星孛星之類未易遽數文景克承天心消弭變異今年下詔勸農桑也恐民生之不遂明年下詔減租稅也慮民用之或乏宜其民心得和氣應也

論兵

程子曰兵陣須先立定家計然後以遊騎旋旋量力

兵陣合內外之道

韓信只是分數明

亞夫亦未盡善

其收節制之嚴

王者之兵未嘗

以術勝人

分外面與敵人合此便是合內外之道若遊騎太遠則却歸不得至如聽金鼓聲亦不忘却自家如何符堅一敗便不可支持無本故也韓信多多益辦只是分數明而已亞夫軍中夜驚堅卧不起夫不起善矣猶夜驚何也亦是未盡善

楊龜山曰其誓云左不攻於左汝不恭命右不攻於右汝不恭命弗用命則孥戮之牧誓曰不愆于六步七步乃止齊焉不愆於四伐五伐六伐乃止齊焉其節制之嚴如此王者之兵未嘗以術勝人然亦不可

諸葛亮李靖爲知兵

釋將須是具大眼力

黄石公有一秘法在人間

以計敗後世惟諸葛亮李靖爲知兵如諸葛巳死司馬仲達觀其行軍營壘不覺嘆服而李靖惟以正出奇此爲得法制之意而不務僥倖者也

朱子曰釋將之術當無事之時須是具大眼力如蕭何識韓信方得

吕東萊曰後世用兵者以爲黄石公一書無與爲比不知黄石公未出之先三代之兵一舉而無敵天下兵書何在黄石公有一秘法在人間人自不識三代之得天下亦不過此道惟一仁字耳

馬燧練成精卒

馬隆立標揀試

人主得以養其仁心

天子以好生爲德

有司以執法爲公

眞西山曰古之用武者不急于治兵而急于擇將將之勇怯兵實係焉天下無必勝之兵而有不可敗之將其用兵也旣募之後有紀律焉馬燧之練成精卒是也方募之始有揀擇焉馬隆之立標揀試是也

論刑

楊龜山曰古者司寇以獄之成告于王王命三公參聽之三公以獄之成告于王王三宥然後致刑故人主得以養其仁心夫宥之者天子之德而刑之者有司之公天子以好生爲德有司以執法爲公則刑不

張徐以恕求情

典獄之官以有功爲法

治獄不得其平有數說

濫矣

羅豫章曰朝廷立法不可不嚴有司行法不可不恕漢張釋之唐徐有功以恕求情者也常衮一切用法四方奏請莫有獲者天下後世典獄之官當以有功爲法以衮爲戒

張南軒曰治獄所以不得其平者蓋有數說吏與利爲市固所不論而或矜巧智以爲聰明持姑息以惠奸慝上則視大官之趨向而重輕其手下則惑胥吏之浮言而二三其心不盡其情而一以威怵之不原

臯陶見道甚明羣聖所宗

此事正是學者用工處

孔子大舜寬仁之實

其初而一以法繩之如是而不得其平者抑多矣陸象山曰獄訟惟得情爲難唐虞之朝惟臯陶見道甚明羣聖所宗舜乃使之爲士易象曰君子以明庶政無敢折獄賁乃山下有火火爲至明然猶無敢折獄此事正是學者用工處噬嗑離在上則曰利用獄豐離在下則曰折獄致刑蓋貴其明也 夫五刑五用古人豈樂施于人哉天討有罪不得不然耳舜有四裔之罰孔有兩觀之誅蓋觀孔子大舜寬仁之實者于此見矣

三王禦四夷之上策
孔子所以答言偃之問

夷狄

胡五峯曰中原無中原之道然後夷狄入中原也中原復行中原之道則夷狄歸其地矣制井田所以制國也制侯國所以制王畿也王畿安彊萬國親附所以保衛中夏禁御四夷也先王建萬國親諸侯高城深池徧天下四夷雖虎猛狼貪安得肆其欲而逞其志乎此三王爲萬世禦四夷之上策也王公設險以守其國孔子所以書于習坎之象也城墎溝池以爲固孔子所以答言偃之問也

聖王制禦夷狄之道

四君未嘗事遠畧

朱子曰周之文武以天保治内采薇治外其後中微小雅盡廢四國交侵宣王側身修行任賢使能内修政事外攘夷狄而周道燦然復興然後知古先聖王所以制禦夷狄之道其本不在威强而在德業其備不在邊境而在朝廷其具不在兵食而在紀綱蓋灼然矣

許魯齋曰周之成康漢之文景四君者未嘗事遠畧也治吾所當治而已亦不爲夷狄所敗

眞西山曰中國有道夷狄雖盛不足憂内治未修夷

狄雖微有足畏蓋古者五胡之紛擾與單于爭立之事同而拓拔氏之東西與匈奴之分南北亦無以異然宣帝因呼韓之變而益強其國劉石符姚之變晉迄不能成寸功光武因南單于之歸拓地千里而侯景內附遂以召蕭梁之釁光武之政修而梁晉之政失也

詩賛銘

邵子觀物詩　地以靜而方天以動而圓既正方圓體還明動靜權靜久必成潤動極必成然潤則水體

體後用先

此日不再得

具然則火用全木體以氣受火用以薪傳體在天地
後用起天地先
楊龜山曰此日不再得頹波注扶桑躚躚黃小群毛
髮忽已蒼頹言媚學子共惜此日光術業貴及時勉
之在青陽行矣慎所之戒哉畏迷方舜跖善利間所
差亦毫芒富貴如浮雲苟得非所臧貧賤豈吾羞逐
物乃自戕胼胝奏艱食一瓢甘糟糠所逢義適然未
殊行與藏斯人已去沒簡編有遺芳睎顏亦顏徒要
在用心剛譬猶千里馬奮言勿徬徨驅馬曰云遠誰

與趣均亡年

人文宣朗

謂阻且長末流學多岐倚門誦韓莊出入四寸間雕鐫事詞章學成欲何用奔趨利名場挾策博塞遊與趣均亡年我懶心意衰撫事多遺忘念子方妙齡壯圖宜自強至寶在高深不憚勤梯航潜心定何求所得安能常萬物備吾身求得舍即亡鷄犬猶知尋自棄良可傷欲爲君子儒勿謂吾言狂

感興　朱子

崑崙大無外磅礴下深廣陰陽無停機寒暑互來往皇羲古聖神妙契一俯仰不待窺馬圖人文已宣朗

無極翁

凝冰焦火

澤媚山輝

渾然一理貫昭晰非象罔珎重無極翁爲我重指掌

此言天地運行有理以爲之王人心妙不測出入乘氣機凝冰亦焦

火淵淪復天飛至人秉元化動靜體無違珠藏澤自

媚玉韞山含輝神光燭九垓玄思徹萬微塵編今寥

落漢息將安歸此言人心出入之機溼舟膠楚澤周綱已淩夷

况復王風降故宮黍離離玄聖作春秋哀傷實在茲

祥麟一以踣反袂空漣洏漂淪又百年僭侯荷爵珪

王章久已喪何復嗟嘆爲溫公述孔業託始有餘悲

眷眷信忠厚無乃迷先幾梅帀胡氏曰致堂謂陰凝冰堅垂百載矣雖無王命

發空知幾之論

出師驚四方

狄張取日功

性理史 卷之一

夫誰與抗此知幾之論也東京失其御刑臣弄天綱西園植姦穢
五族況忠良青青千里草乘時起陸梁當塗轉凶悖
炎精遂無光桓桓左將軍仗鉞西南疆伏龍一奮躍
鳳雛亦飛翔祀漢配彼天出師驚四方天意竟莫回
王圖不偏昌晉史自帝魏後賢益更張世無彝連子
千載徒悲傷此言漢室君臣之失秉史筆者不能斥魏尊蜀晉陽啓唐祚王
明紹巢封番統巳如此繼體宜昏風塵聚潰天倫乖
晨司禍凶乾綱一以墜天樞復崇崇滔壽穢宸極虛
熠熠蒼穹向非狄張徒誰辦取日功云何歐陽子秉

萬古開群蒙一

太乙有常君

萬世立人紀

秋月寒冰

筆迷至公唐經亂周紀凡例孰此容侃侃范太史受說伊川翁春秋二三策萬古開群蒙此言唐君臣之失秉史筆者不能斥武后而尊唐　徵月墜西嶺爍然衆星光明河斜未落斗柄低復昴感此南北極樞軸遥相當太乙有常君仰瞻獨煌煌中天照萬國三辰環侍旁人心要如此寂感無邊方　放勳始欽明南面亦恭已大哉精一傳萬世立人紀猗與嘆日躋穆穆歌敬止戒熬光武烈待旦起周禮恭惟千載心秋月照寒冰魯叟何常師删述存聖軌　大易圖象隱詩書簡編訛禮樂缺交

瑤琴寶匣

龍門遺歌

一言挐褒領

刀圭入口

喪春秋魚豢多瑤琴空寶匣絃絕將如何與言理餘韻龍門有遺歌此言六經無傳惟伊川能繼之龍門伊川晚年架室于上以著書言龍門包濂溪明道矣顔彥生躬四勿曾子日三省中庸首謹獨衣錦思尚絅偉哉鄒孟氏雄辯極馳騁操存一言要爲爾挐褒領丹青著明訓今古垂煥炳何事千載餘無人踐斯境

飄飄學仙侶遺世在雲間盜啓玄命秘竊當生死關金鼎蟠龍虎三年養神丹刀圭一入口白日生羽翰我欲往從之脫屣諒非難但恐逆天理偷生詎能安此言仙學之失

西方論緣業卑卑論群愚流傳世

代久榛接夌空虛頑聽猜心性名言超有無捷徑一以開靡然世爭趨號空不踐實躋彼荆榛塗誰哉繼三聖爲我焚其書此言佛學之失

觀物 邵子

耳目聰明男子身洪鈞賦予不爲貧須探月窟方知物未躡天根豈識人乾遇巽時爲月窟地逢雷處見天根天根月窟閑來往三十六宮都是春以乾一兌二等筭之有三十六以乾三畫坤六畫八卦共筭之亦三十六

首尾吟

月梧風梆
月到天心處
壽斯民

堯夫非是要吟詩詩是堯夫可愛時寳鑑造形難隱髮鸞刀迎刃豈容絲風埃若不來侵路塵土何由得上衣欲論誠明是難事堯夫非是愛吟詩此借物形容本體人欲不能惑

月到梧桐上風來楊柳邊院深人後靜此景共誰言

月到天心處風來水面時一般清意味料得少人知此借物形容聖人本體清明

謝王佺寄丹

至誠通聖藥通靈遠寄衰翁濟病身我亦有丹君信否用時還解壽斯民

芭蕉　張子

芭蕉心盡展新枝新卷新心暗已隨願學新心養新德旋隨新葉起新知此借物形容人心生生之理無窮

仁術　邵子

在昔賢君子存心每欲仁求端從有術及物豈無因惻隱來何自虛明覺處真擴充從此念福澤遍斯民入井倉皇際牽牛觳觫辰向來看楚越今日備吾身

秋日　程子

閑來無事不從容睡覺東窗日已紅萬物靜觀皆自

高臥雲山

明珠良玉

得四時佳興與人同道通天地有形外思入風雲變態中富貴不淫貧賤樂男兒到此是豪雄

龍門道中 邵子

物理人情自可明何嘗戚戚向平生卷舒在我有成筭用舍隨時無定名滿目雲山俱是樂一毫榮辱不須驚侯門見說深如海三十年前掉臂行 下有黃泉上有天人人許住百來年還知虛過死萬遍却是不曾生一般要識明珠須巨海如求良玉必名山先能了盡人間事然後方言出世間

發軔高翔

觀身

一物其來有一身一身還有一乾坤能知萬物備于我肯把三才別立根天向一中分造化人從心上起經綸天人焉有兩般義道不虛行只在人　童蒙貴養正遜弟乃其方雞鳴咸盥櫛問訊謹暄凉奉水勤播洒擁篲周室堂進趨極虔恭退息常端莊劬書劇嗜炙見惡愈探湯肅言戒癡誕時行必安詳聖途雖云遠發軔且勿忙十五志于學及時起高翔此言小學之失

○哀哉牛山木斧斤日相尋豈無萌蘖生牛羊復來

保養窮林

奇功收一原

憑几揮戈

侵蔘惟皇上帝降此仁義心物欲互攻奪孫根孰能任反躬艮其背肅容正冠襟保養方自此何年秀窮林○玄天幽且默仲尼欲無言動植各生遂德容自溫清彼哉奄毗子呫囁徒啾喧但騁言辭好豈知神監昏日予昧前訓坐此枝葉繁發憤永刊落奇功收一原

天道吟　邵子

天道不難知人情未易窺雖聞言語處更看作爲時憑几工夫大揮戈事業卑春秋賴乘輿出用小車見

一點自分明

青山綠樹

垢盡明見

○忽忽閑拈筆時時樂性靈何嘗無對景未始便忘情句會飄然得詩因偶爾成天機難狀處一點自分明

水口行舟　朱子

昨夜扁舟雨一蓑滿江風浪夜如何今朝試揭孤蓬看依舊青山綠樹多

詠開窓

寶鑑當年照膽寒向來埋沒太無端祗今垢盡明全見還得當年寶鑑看

天光雲影　中流自在　無邊光景

觀書有感

半畝方塘一鑑開天光雲影共徘徊問渠那得清如許爲有源頭活水來　昨夜江邊春水生蒙衝巨艦一毛輕向來枉費推移力此日中流自在行

春日

勝日尋芳泗水濱無邊光景一時新等閑識得東風面萬紫千紅總是春

敬義堂

高臺巨牓意何如住此知非小丈夫浩氣擴充無內

心月同孤

親見伏羲

外肯誇心月夜同孤

答袁機仲論啓蒙

忽然夜半一聲雷萬户千門次第開若識無心含有象許君親見伏羲來

心經贊

舜禹授受十有六言萬世心學此其淵源人心伊何生於形氣有好有樂有忿有懥唯欲易流是之謂危須臾或放衆慝從之道心伊何根于性命曰義曰仁曰中曰正唯理無形是之謂微毫芒忽失其存幾希

一者之間曾弗容際察之必精如辯白黑知及仁守相爲始終唯精唯一唯一故中聖賢迭興體姚發姒禹姒姓舜姚姓持綱挈維昭示來世戒懼謹獨閑邪存誠曰忿曰慾必窒必懲上帝實臨其或敢貳屋漏雖隱寧使有愧四非當克如敵斯攻四端既發皆擴而充意必之萌雲捲席撤子諒之生春噓物茁雞犬之放欲知其求牛羊之牧濯濯是憂一指肩背孰貴孰賤簞食萬鍾辭受必辯克治存養交致其功舜何人哉期與之同維此道心萬善之主天之與我此其大者歟

奉珙璧

趨把廢持

疑獨難窮

之方寸太極在躬散之萬事其用弗窮若寶靈龜若
奉珙璧念茲在茲其可弗力有古先民以敬相傳操
約施博孰此爲先我來作州茅塞是懼爰輯格言以
滌肺腑明窗棐几清晝爐熏開卷肅然事我天君

志道齋銘 朱子

曰趨而把者孰廢而持曰饑而寒者誰食而衣故道
也者不可須臾離乎不志於道獨罔罔其何之

據德齋銘

語道術則無往而不通談性命則疑獨而難窮唯其

◎

厚于外而薄于内故無地以崇之

依仁齋銘

舉之莫能勝行之莫能至雖欲依之安得而依之爲仁繇已而繇人乎哉雖欲違之安得而違之

游藝齋銘

禮云樂云御射數書俯仰自得心安體舒是之謂游以游以居嗚呼游乎非有得内孰能如此其自得而有餘乎

性理奥卷之十終

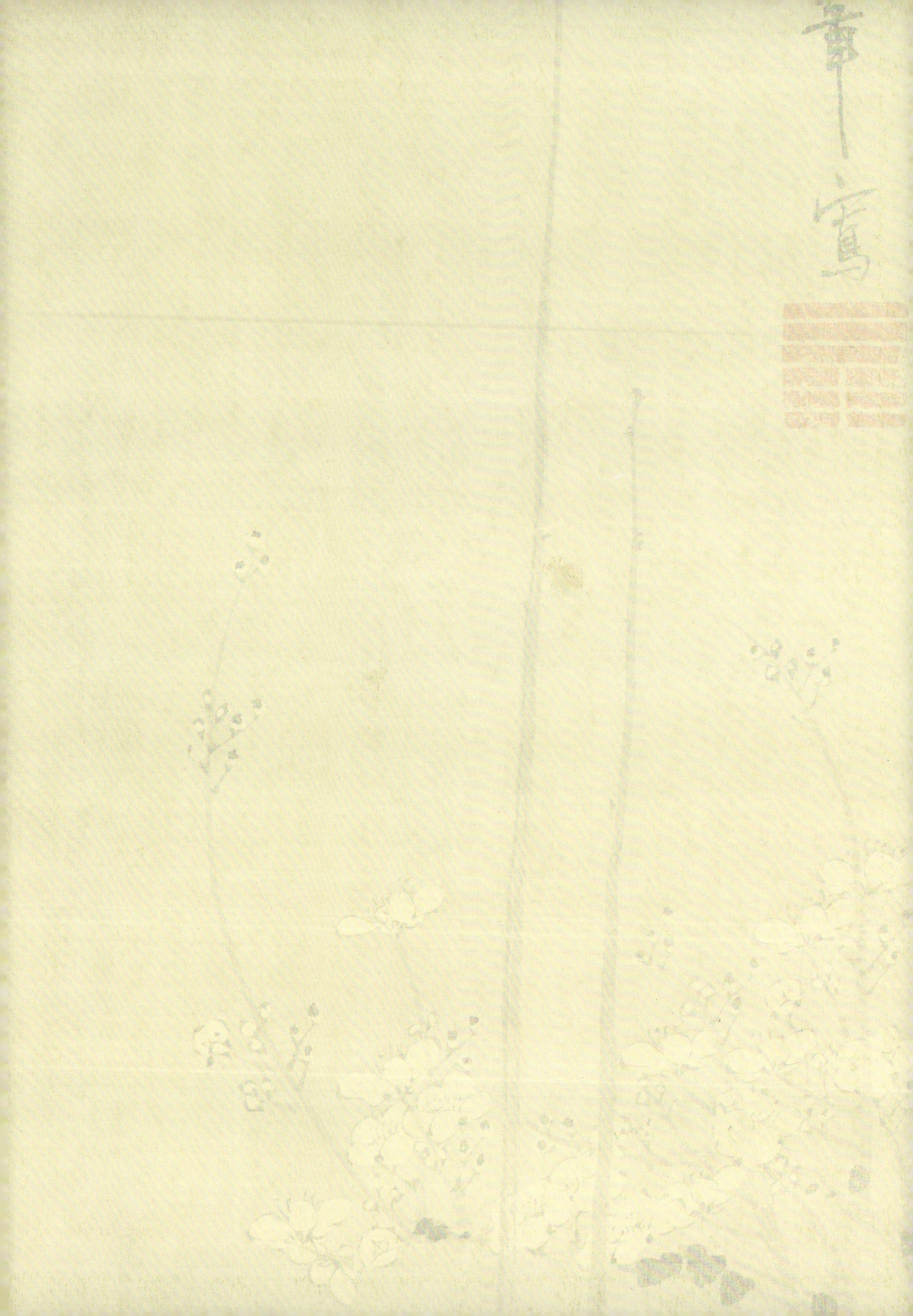

性理奥

〔明〕丁進輯　〔明〕天啓六年刊

上

江蘇大學出版社
JIANGSU UNIVERSITY PRESS
鎮江

圖書在版編目（CIP）數據

性理奧：全二册／（明）丁進輯．—影印本．—
鎮江：江蘇大學出版社，2018.5
ISBN 978-7-5684-0824-0

Ⅰ.①性… Ⅱ.①丁… Ⅲ.①理學—中國—宋代
Ⅳ.①B244.02

中國版本圖書館CIP數據核字（2018）第099632號

性理奧（全二册）

輯　　者／［明］丁　進
責任編輯／米小鴿
出版發行／江蘇大學出版社
地　　址／江蘇省鎮江市夢溪園巷30號（郵編：212003）
電　　話／0511-84446464（傳真）
網　　址／http://press.ujs.edu.cn
印　　刷／北京虎彩文化傳播有限公司
開　　本／850mm×1168mm　1/16
總 印 張／52.5
總 字 數／231千字
版　　次／2018年5月第1版　2018年5月第1次印刷
書　　號／ISBN 978-7-5684-0824-0
定　　價／1800.00元（全二册）

出版説明

人是一種會思想的動物，無論是爲了適應環境，克服生存的困難，抑或爲了生活得更有意義，思想皆不可或缺。在一般的中文習慣中，思想的含義比『哲學』更寬泛，這種語用習慣的差异，也影響到學者對學術視野的選擇。一般而論，思想史的範圍也較哲學史廣闊，雖然很少得到清晰的界定，但它不失爲一種有效的學術視野。

在近代中國學術史上，思想史研究的興起與哲學史大約同時。一九〇二年三月，梁任公在其創辦的《新民叢報》上連續發表了《論中國學術思想變遷之大勢》系列論文，這可能是最早由國人撰著發表的思想史論文。而第一本由國人撰寫的中国古代哲學通史，則爲一九一六年謝無量的《中國哲學史》。這兩本早期著述有其學術史的意義，但其中對學科的性質與研究方法等多無明確的説明。事實上，無論是學者的闡述，還是其實際的操作，在思想史與哲學史之間都不易劃出清晰的界限，直到當代也仍然如此。拋開細節不論，就語用習慣及有關實踐而言，思想史表徵一種對歷史文化廣闊而深入的觀照，其研究方法和關注的問題，都較哲學史爲多元，史料基礎也不可同日而語。尤其是在郭沫若、侯外廬等人建立起來的研究傳統中，思想史有明确的社會史取向，或因其與傳統的文史之學有親和性，以至于在今天，這種思路仍然很有生命力。

文獻發掘向來是思想史研究的基本環節。爲了促進有關研究，我們選輯多種文本編爲『中國古代思想史珍本文獻叢刊』。全叢刊選目包括經典文本，如儒、道二家的經解，重要思想家作品的早期刻本，以及某些并不廣泛受到關注的作家文集的舊刻本。本叢刊中也選録了數種反映古代民俗信仰的文獻，如《關聖帝君聖迹圖志》等。這些文本在傳統的學術視野中，多以爲不登大雅之堂，在今日視之，或者正因其反映了古代社會一般的信仰氛圍，而有重要的文本價值。此外，本叢刊也着意收録了數種通常被視爲藝術史史料的文本，如《寶綸堂集》《徐文長文集》等，我們認爲就思想史關注而言，範圍與深度同樣重要。

選輯本叢刊，也有文獻學上的意圖。中國古代有悠久的文獻學傳統，大量古籍文本的傳刻與整理造就了古代中國輝煌的古籍文化。本叢刊收録的這些刻本不僅是古代學術發生、衍變的物質證據，也是古代典籍文化的重要部分。本叢刊所收録的全部作品皆爲彩版影印，最大限度地保存了文獻的細節。其中有部分殘卷，視具體情况，或者補配，或者一仍其舊。本叢刊的選目受制於編者的認識與底本資源，或有不妥、不備之處，希望讀者不吝指正。

目録（十卷）

上册

性理奥叙

昔

成祖文皇帝諭學士等官纂

脩性理大全非徒以傳道

統實以傳治統也治身者讀是書有範民阜物之度量治世者讀是書有經天緯地之學術蓋習氣蒙隱

之後忽呼而醒之曰性曰理見家國天下凡禮樂兵刑等項莫不各有條理而要皆吾性之理也是性對

之以性而不對之以情其
理立見何也性其情適為
本乎人情之王道既謂之
性人生而有之何待於太

極西銘諸書諸書以助知
性者也非能爲性者也今
試取而玩咏之中國夷狄
之事有不了然於目前者

乎自謂學者目之為語錄

而性晦纂性理之悳亦晦

夫性也而豈空虗無用者

抑卽教人主靜、中之天

◎

地萬物隱隱自在雖然猶
是性理大全編觀者苦於
不得要領邇來選者徒為
論策捷徑不為性理金鍼

◎

丁太史嘉惠後學獸精乩而類纂之其明明德於天下之意乎嘗與余論用世者須變化氣質夫吾輩禀

氣有剛柔之偏賦質有淸濁之異於此縱變化僞爲生生之易以是知太史所得於性理者淺也吁性理

◎

迺六經之羽翼悟後六經
且無一字安得性理而筌
蹄之則讀者當作性理觀
不當作語錄觀吾亦名之

曰性理云性理云

豫章胡維霖題

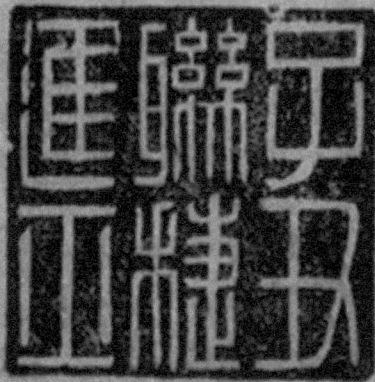

叙

推理一書之法原著者乃

文人手中之廣四書之語

推易之數詞四字理要

推演之心子聖淵源之統也

余讀太極圖東西銘皇
極經世律呂新書先天之道
統諸儒之大成以為後儒者
尚文字古訓之說考據之學
為務性既遠學者忽之矣

何意雕蟲自露其藻
繇一新綴霸韻以爲變
溯此波源既學而是豈甚
緣情弄翰寄然後之評
漢世紀士子且罷以八股

◎

示腕以腕法纖絲弦髮

儒不謂溺物喪心必者

深意保乘為氣度量

三子宰錡萬藝稀絲來

示敬孫親觀一孫福孫

◎

樸之不足偏見於物務得
強集多人之勞力搜纂而要
是分門以敘類能自顯為也
羣差爲功乎藝其學為當
而無言之理得廣後學矣

就其中度之稍未也
世不補前集以亡去家譜
真西園付梨集亦不云
親生題以與先君歷歷
民舉大字之興昆之存焉南

丙寅冬如亭丁逢之書

秘書樓

条四

性理奥目錄

性理奥目錄終

性理奥姓氏目錄

宋儒姓氏

周子 惇頤 濂溪 茂叔

程子 顥 伯淳 明道 頤 正叔 伊川

邵子 雍 康節 堯夫

張子 載 橫渠 子厚

胡安定 瑗 翼之

司馬涑水 光 君實

蘇子 軾 子瞻 轍 子由

黃山谷 庭堅 魯直

呂滎陽 希哲 原明

晁嵩山 以道 說之

王氏 巖叟 彥霖

劉元城 安世 器之

游廣平 酢 定夫

謝上蔡 良佐 顯道

李氏 籲 端伯　　劉氏 絢 質夫

呂藍田 大忠 進伯 大臨 與叔　　呂京兆 大鈞 和叔

蘇氏 昞 季明　　范氏 育 巽之

楊龜山 時 中立　　侯河東 仲良 師聖

張壽安 繹 思叔　　尹和靖 焞 彥明

范華陽 祖禹 淳夫　　劉河間 安禮 立之

劉永嘉 安節 元承　　朱河南 掞 光庭

馬東平 伸 時中　　邵氏 伯溫

邢河澗 恕 和叔　　胡武夷 安國 康侯 文定

◎

胡致堂 寅 明仲　胡五峯 宏 仁仲

陳氏 淵　馮氏 忠恕

呂氏 楷中　呂氏 本中

章氏 憲　張氏 嵴

歐陽氏 棐　羅豫章 從彥 仲素

李延平 侗 愿中　朱韋齋 松 喬年

劉屏山 子翬　朱子 熹 元晦 晦庵

李樂庵 衡 彥平　張南軒 栻 敬夫

陸象山 九淵 子靜　呂東萊 祖謙 伯恭

黃勉齋 幹 直卿　蔡西山 元定 季通
蔡節齋 淵 伯靜　蔡九峰 沈 仲默
陳北溪 淳 安卿　李果齋 方子 正叔
陳潛室 埴 器之　張范陽 九成 子韶
廖氏 德明 子晦　度山陽 正 性善
眞西山 德秀 景元　魏鶴山 了翁 華父
翁思齋 泳 永叔　蔡覺軒 模 仲覺
胡萍鄉 安之 叔器　葉平巖 采 仲圭
饒雙峰 魯 仲元　楊氏 復

李氏士英　臧氏格

許庸齋仲　謝氏方叔

胡玉齋方平　李吴郡鄒

陳氏協　周氏坦

元儒姓氏

黄氏瑞節　許魯齋衡平仲

吴臨川澄草廬　李氏希濂

姚牧庵燧　虞邵庵集伯生

揭氏傒斯　馬古洲

耶律氏有尚　歐陽圭齋玄元功

朱子門人

勉齋黃直卿榦　西山蔡季通元定

廖子晦德明　九峰蔡仲默沉

陳才卿　呂安卿

徐子融　余正叔

輔漢卿　李燔敬子

二程門人

廣平游定夫酢　上蔡謝顯道良佐

龜山楊中立　藍田呂進伯大忠

呂與叔大臨　京兆呂和叔

壽安張思叔繹　和靖尹彥明淳

華陽范淳夫　永嘉劉元城安節

河南朱光庭掞　東平馬時中

劉質夫絢　李瑞伯

范巽之育　楊應元國寶

蘇季明昞　邢明叔

王信伯蘋　侯師聖仲良

性理奧姓氏目

性理奧

周兼叔

郭沖晦

新鐫性理奧卷之首

始寧印趨丁進纂　男　顯哉樞謨　君正樞訓　訂

圖說略

圖何肇其肇自圖書乎羲文得之而列卦大禹得之而序疇天地間至理秘數洩矣周子之太極邵子之皇極宗乎卦者也楊氏之太玄蔡氏之皇極宗乎疇者也天文地理禮樂事物各有圖總之不離卦疇之數之理理非數不顯數非圖不明用是釆輯參訂列之編首以俟夫因數明理者焉

周子太極合易繫太極圖

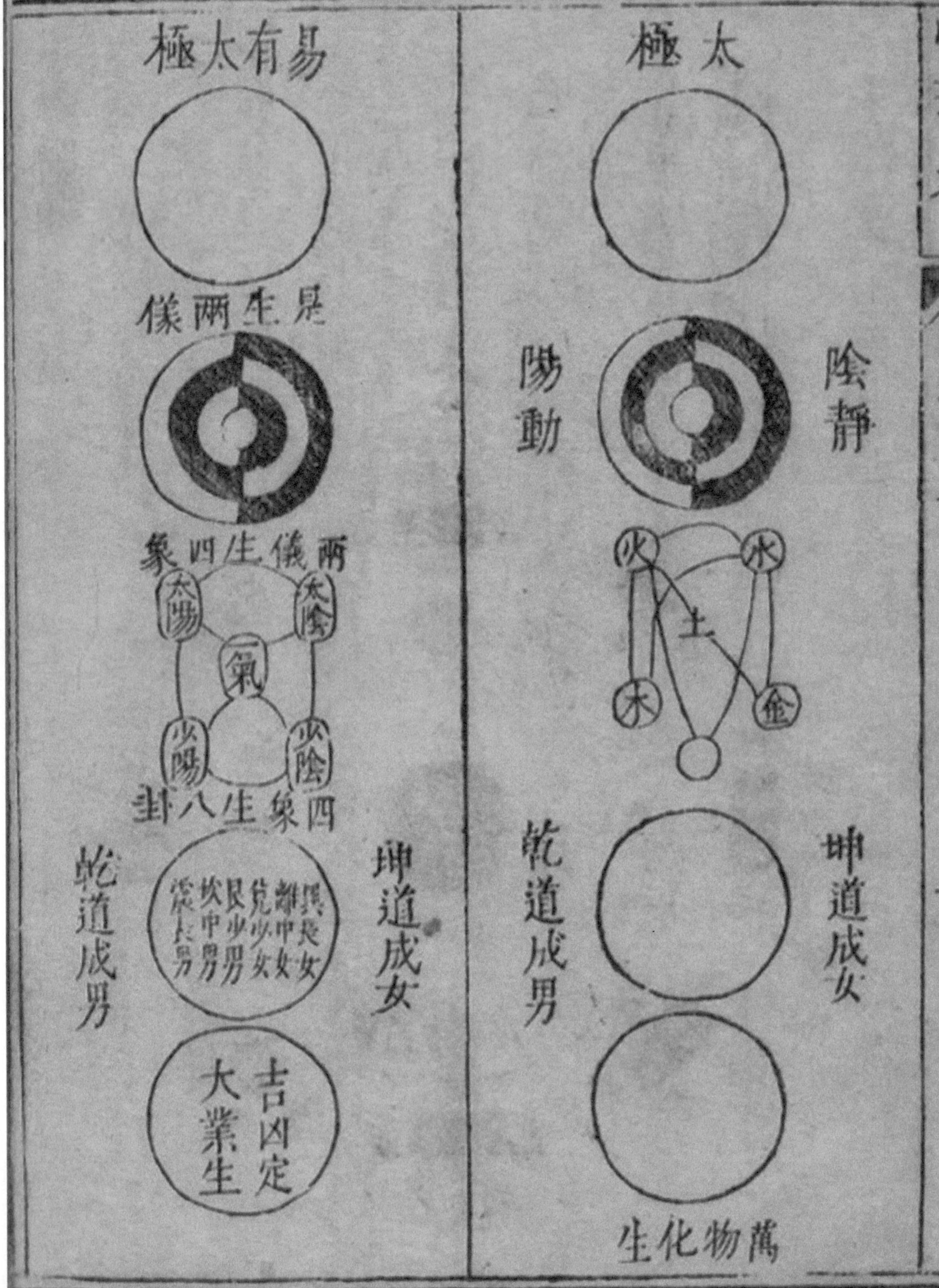
太極
陰靜
陽動
火
水
土
木
金
乾道成男
坤道成女
萬物化生
易有太極
是生兩儀
兩儀生四象
太陽
太陰
一氣
少陽
少陰
四象生八卦
巽長女
離中女
兌少女
艮少男
坎中男
震長男
乾道成男
坤道成女
吉凶定
大業生

五聲八音八風之圖

天地之間聲大者如雷霆小者如蠓蠛皆不得其和惟十二律定而後聲之大者不過宮小者不過羽聲始和矣以此被之八音則八音和奏之天地則八風和八風和而諸福之物可致之祥畢至矣聖人一天地贊化育之道莫善于此

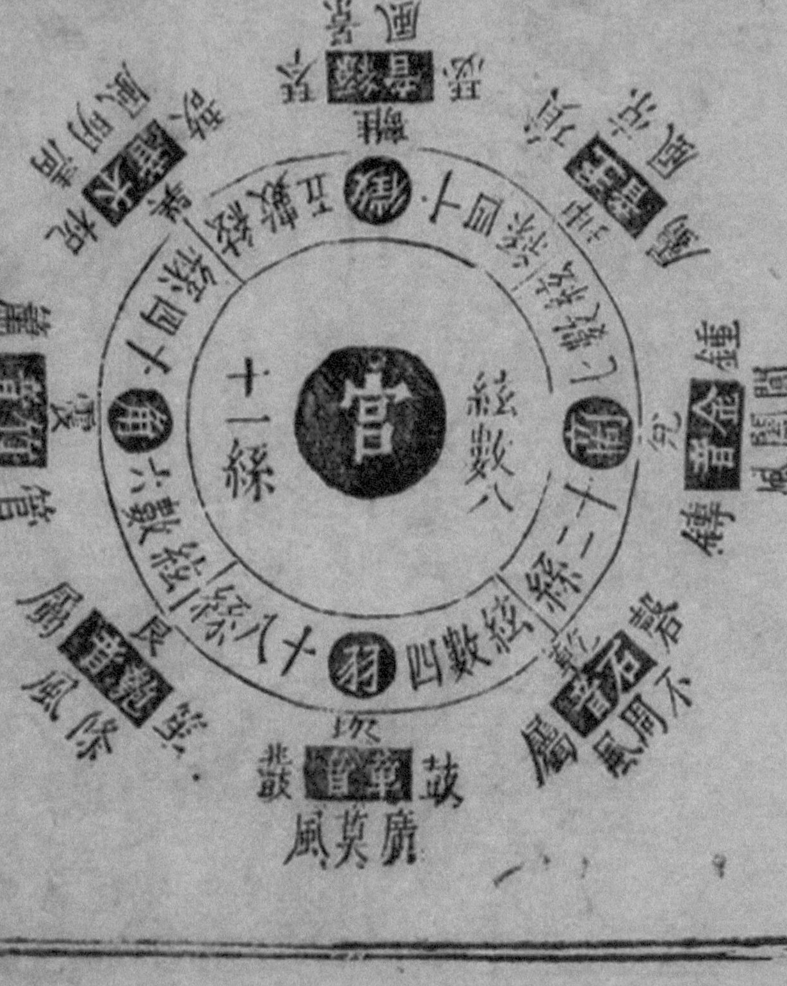

十二律相生應同心一統圖

漢前志曰黃鍾爲宫則太蔟姑洗林鍾南吕皆以正聲應無有忽微不復與他律爲役者同心一統之義也非黃鍾而他律雖當其月自宫者則其和應之律有空積忽微而不得其正此黃鍾至尊無與並也　前律吕相生圖以陽八爲次此則取其所生者比而次之六陽律當位自得六陰吕反居其衝如黃鍾隔八生林鍾林鍾在未今反而居丑焉餘五吕倣此正見同心一統之義君不爲臣役之意

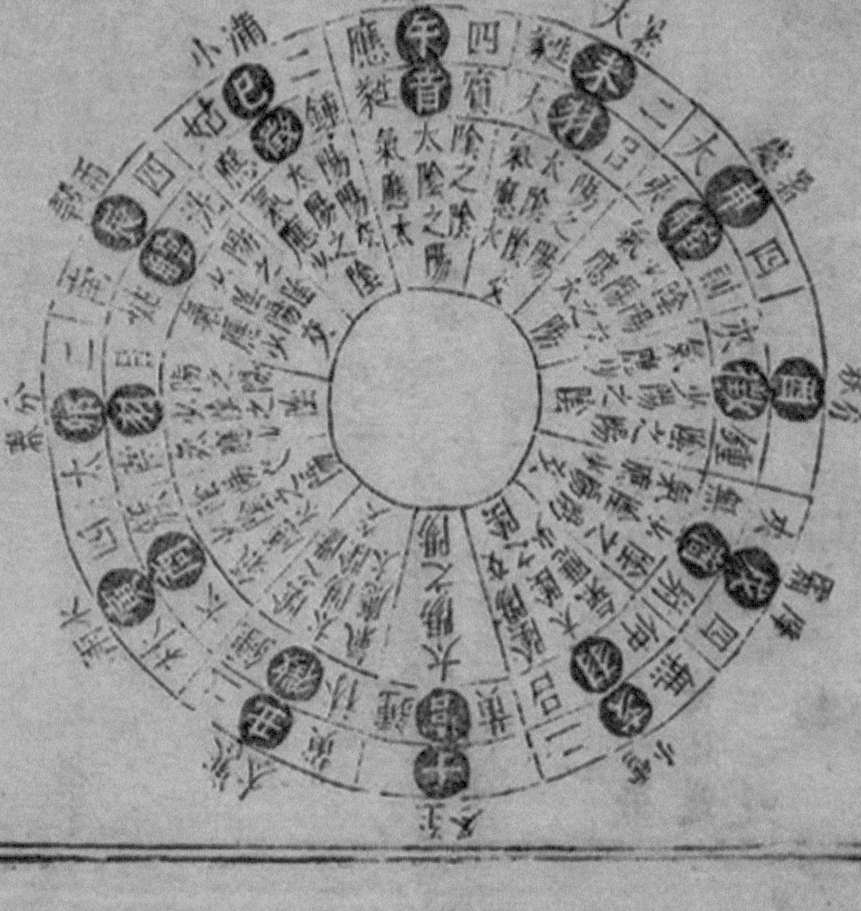

三分損益圖

宮 其數八十一

三分之每分 二十七 二十七 二十七

內損一分 併二分共得五十四爲徵

徵 其數五十四

三分之每分 十八 十八 十八

外益一分 十八

併四分共得七十二爲商

商 其數七十二

三分之每分 二十四 二十四 二十四

內損一分 併二分共得四十八爲羽

羽 其數四十八

三分之每分 十六 十六 十六

外益一分 十六

併四分共得六十三爲角

角 其數六十四

三分之每分 二十一 二十一 二十一

零一數

有奇零則不和不和則不生故音止于五

以三分損益之法正五音五音和矣然音止於五猶不足以盡其變由是截竹十二管爲十二律以應十二月而亦以三分損益之法正之焉

律呂隔八相生之圖

黃鍾之長九寸空圍九分積百一十分是爲律本十一律由是而損益焉　黃鍾大蔟姑洗蕤賓夷則無射六律爲陽皆三分損一隔八下生六吕大吕夾鍾仲吕林鍾南吕應鍾六吕爲陰皆三分損一隔八上生六律一說林鍾南吕應鍾在陰無所增損大吕夾鍾仲吕三吕在陽則用倍數方與十二月之氣相應又一說黃鍾大蔟姑洗大吕夾鍾仲吕屬前六辰爲陽皆三分損一隔八下生蕤賓夷則無射林鍾南吕應鍾屬後六辰爲陰皆三分益一隔八上生未知孰是

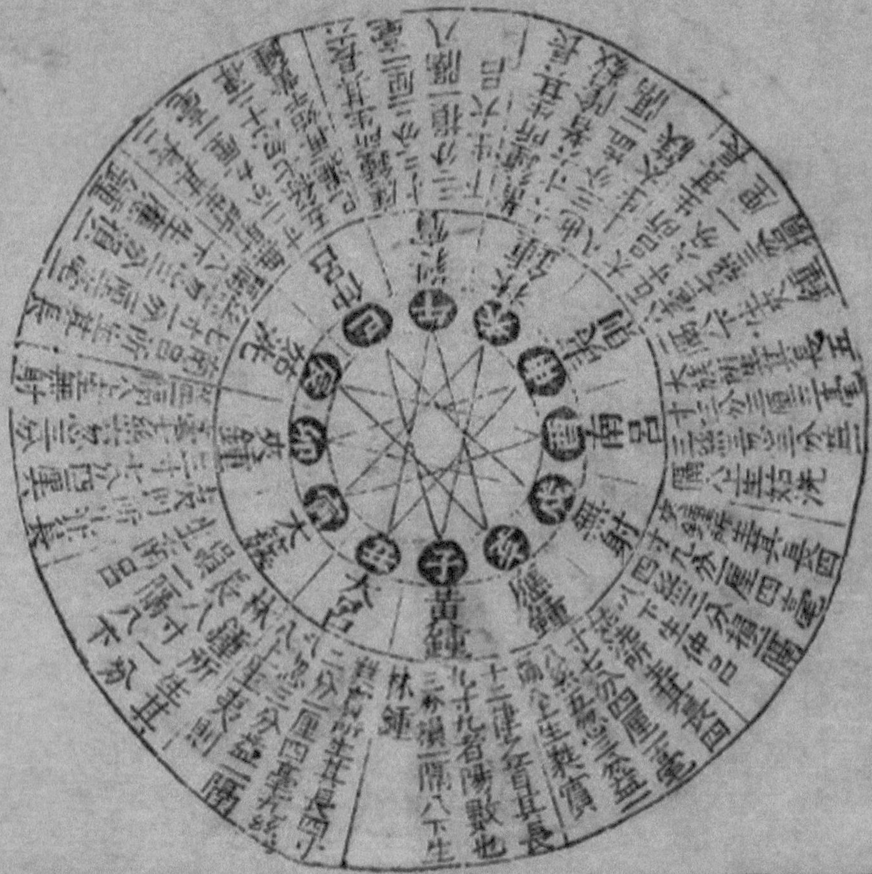

十二律旋相爲宫圖

記曰五聲六律十二管旋相爲宫謂如黄鍾爲宫則隔八生林鍾爲徵再隔八生大簇爲商三隔八生南吕爲羽四隔八生姑洗爲角餘律倣此焦延壽京房輩五音之外復有變宫變徵十二律之外復有六十調三百六十音以當一歲之日先儒謂考于經而無據施于樂而不和附會之説也今皆不取

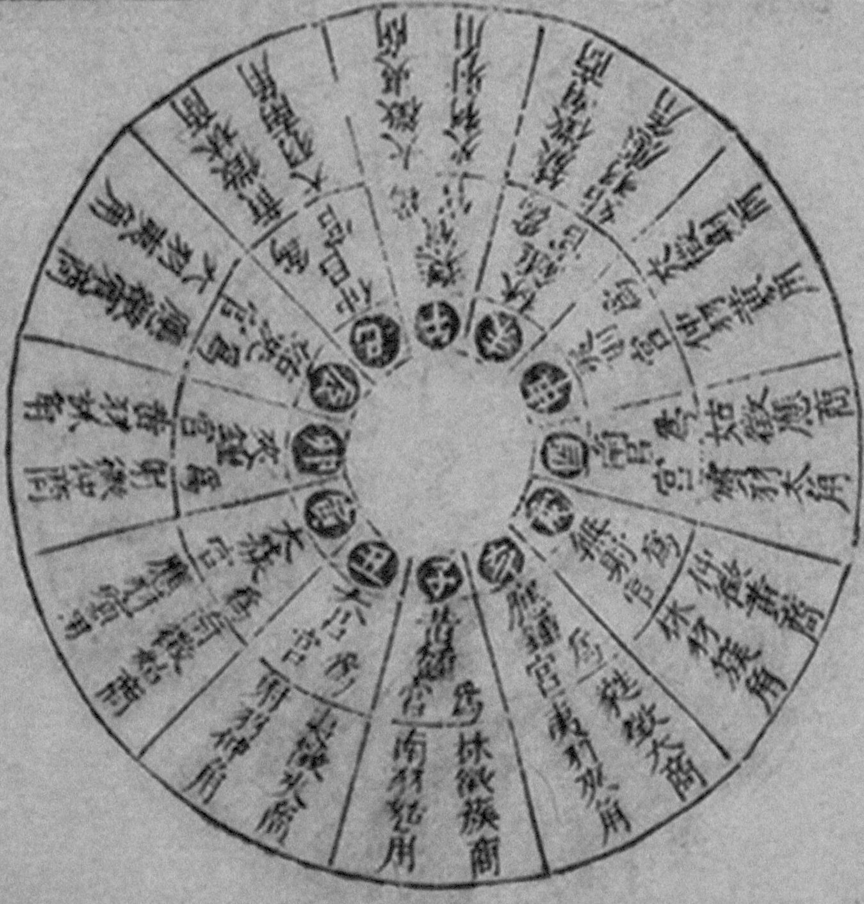

律呂配卦圖

自十一月一陽生其卦爲復黃鐘氣應積陽至四月而六陽已極其卦爲乾律應仲呂自五月一陰生其卦爲姤蕤賓氣應積陰至十月而陰已極其卦爲坤律應應鍾一律一呂逐月分配周而復始一義成焉

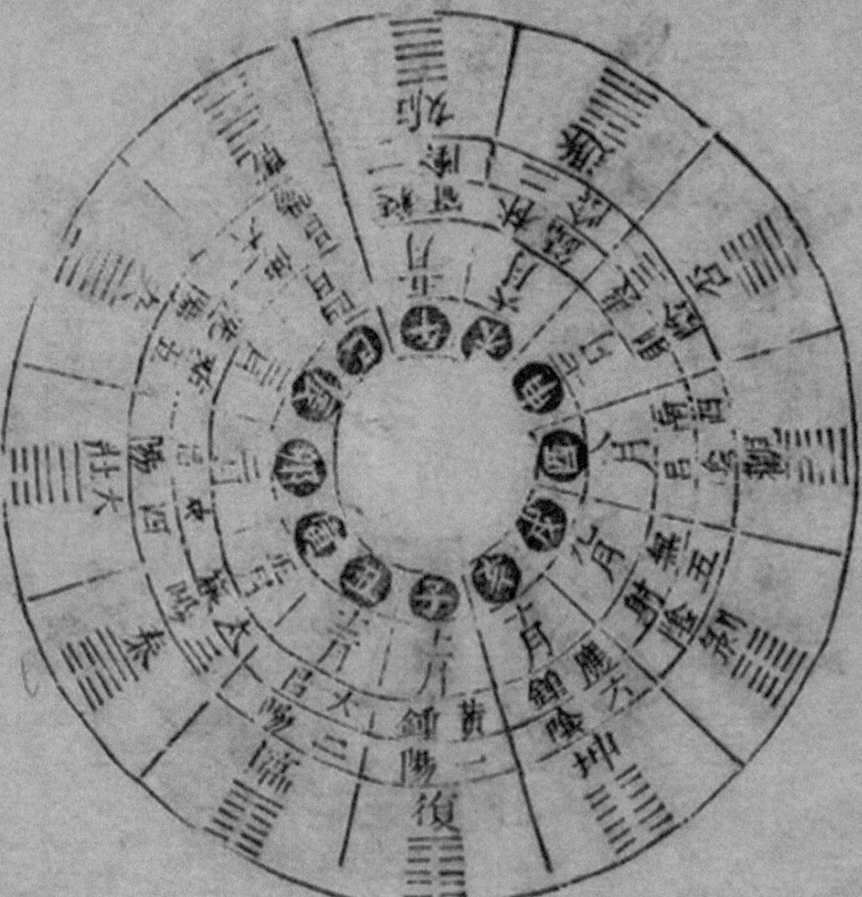

十二律同類娶妻隔八生子圖

律書有同類娶妻隔八生子之說謂如黄鍾子娶同類之大吕丑爲妻隔八生夷則申爲子夷則申娶同類之南吕酉爲妻隔八生姑洗辰爲子姑洗辰娶同類之仲吕巳爲妻隔八生黄鍾子爲子與前十二律相生圖不合說者謂以六十甲子之納音配十二律遇而復始循環不窮焉圖之以備參考

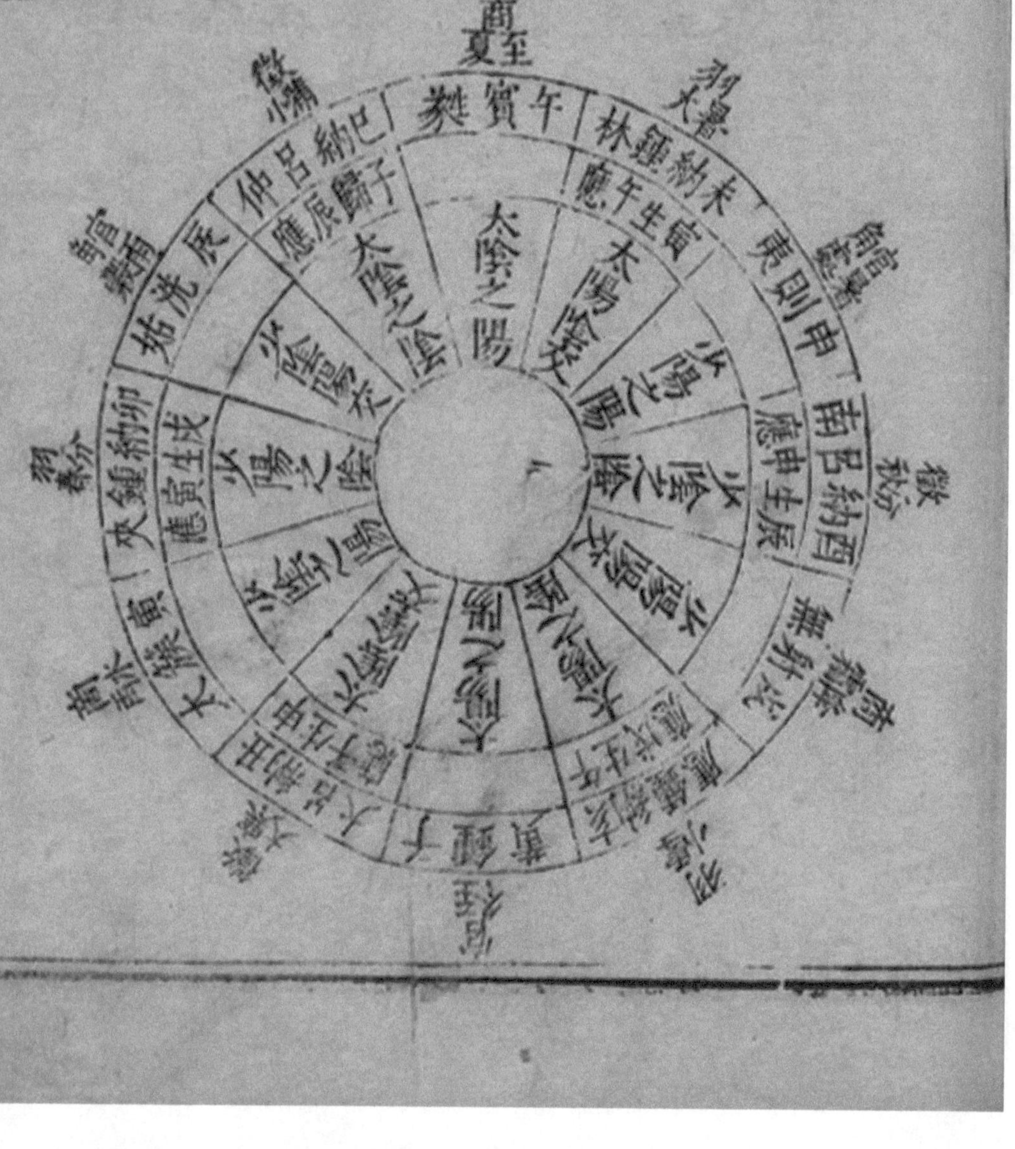

◎

黃鍾萬事根本圖

黃鍾生度

黃鍾之管其長積秬黍中者九十粒一粒爲一分十分爲寸十寸爲尺十尺爲丈十丈爲引

黃鍾生衡

黃鍾所容千二百黍爲勺重十二銖兩勺則廿四銖爲兩十六兩爲斤三十斤爲鈞四鈞爲石

黃鍾生量

黃鍾之管其長廣容秬黍中者一千二百粒爲一勺十勺爲合十合爲升十升爲斗十斗爲斛

邵子一元消長之圖

月元甲		運	世			
月	子一星	三十辰	三百六十年	一萬八百	復	
月	丑二星	六十辰	七百二十年	二萬一千六百	臨	
月	寅三星	九十辰	一千八十年	三萬二千四百	泰	開物 星之己七十六
月	卯四星	一百二十辰	一千四百四十年	四萬三千二百	大壯	
月	辰五星	一百五十辰	一千八百年	五萬四千	夬	
月	巳六星	一百八十辰	二千一百六十年	六萬四千八百	乾	唐堯始星之癸一百八十辰二千一百五十七
月	午七星	二百一十辰	二千五百二十年	七萬五千六百	姤	夏殷周秦兩漢兩晉十六國南北朝隋唐五代
月	未八星	二百四十辰	二千八百八十年	八萬六千四百	遯	
月	申九星	二百七十辰	三千二百四十年	九萬七千二百	否	
月	酉十星	三百辰	四千六百年	十萬八千	觀	
月	戌十一星	三百三十辰	三千九百六十年	十一萬八千八百	剝	閉物 星之戊三百一十五
月	亥十二星	三百六十辰	四千三百二十年	十二萬九千六百	坤	

洪範九疇圖

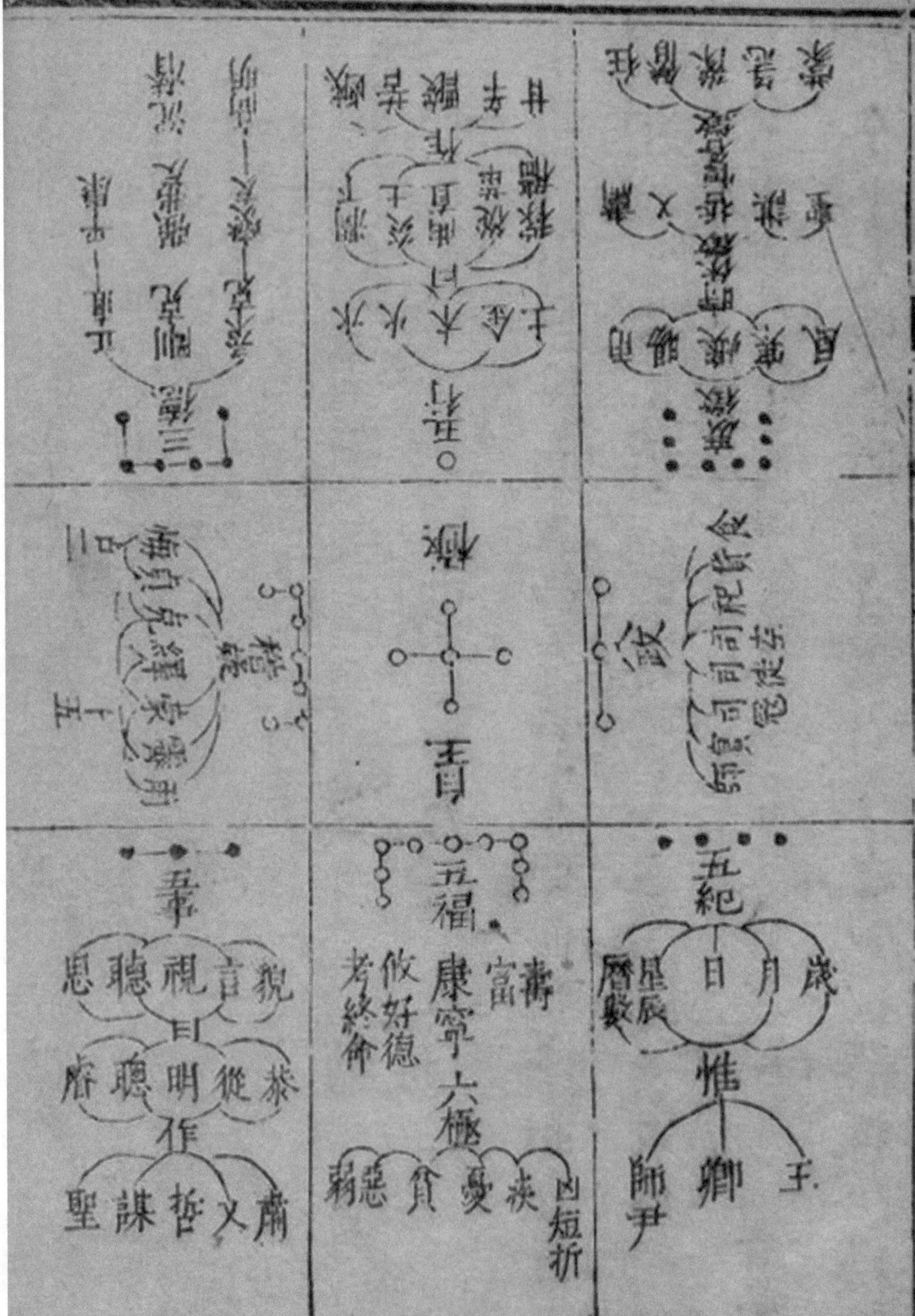
五紀
歲
月
日
星辰
曆數
惟
王
卿
師尹
五福
壽
富
康寧
攸好德
考終命
六極
凶短折
疾
憂
貧
惡
弱
五事
貌
言
視
聽
思
曰
恭
從
明
聰
睿
作
肅
乂
哲
謀
聖

論題

五行一陰陽

五殊二實

陰陽一太極

聖人全太極之體用

新鐫性理奧卷之一

始寧印邀丁進纂　弟君亨丁　邁訂

太極圖說　周子惇頤作字茂叔號濂溪

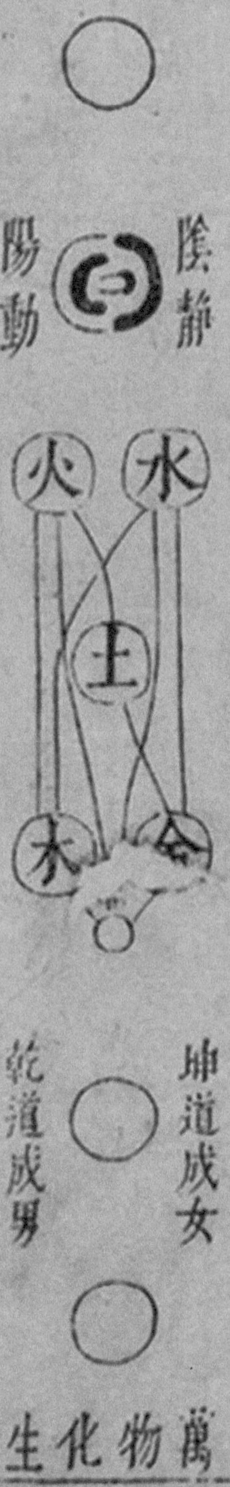

此所謂無極而太極也自太極而陰陽而五行五行一陰陽五殊二實無餘欠也陰陽一太極精粗本末無彼此也唯聖人者得夫秀之精一而有以全乎太極之體用者也君子之戒慎恐懼所以脩

君子脩此而吉
三極之道立
造化之樞紐
品彙之根柢

此而吉也小人之放僻邪侈所以悖此而凶也天地人之道各一太極也陽也剛也仁也所謂陽也物之始也陰也柔也義也所謂陰也物之終也此所謂易也而三極之道立焉故曰易有太極陰陽之謂也

無極而太極

上天之載無聲無臭而實造化之樞紐品彙之根柢也故曰無極而太極非太極之外復有無極也

太極動而生陽動極而靜靜而生陰靜極復動一動

動靜互爲其根

五行順布四時行

太極本無極

形生神知

聖人定之以中正仁義

聖人與天地合其德

一靜互爲其根分陰分陽兩儀立焉陽變陰合而生水火木金土五行順布四時行焉五行一陰陽也陰陽一太極也太極本無極也五行之生也各一其性無極之眞二五之精妙合而凝乾道成男坤道成女二氣交感化生萬物萬物生生而變化無極焉惟人也得其秀而最靈形既生矣神發知矣五性感動而善惡分萬事出矣聖人定之以中正仁義而立靜立人極焉故聖人與天地合其德日月合其明四時合其序鬼神合其吉凶君子脩之吉小人悖之凶故曰

◎

原始反終

五字添減不得

古今顛撲不破

立天之道曰陰與陽立地之道曰柔與剛立人之道曰仁與義又曰原始反終故知死生之說大哉易也斯其至矣

朱子曰無極而太極此五字添減一字不得又曰太極乃天地萬物自然之理亘古亘今顛撲不破太極之有動靜是天命之流行也所謂一陰一陽之謂道誠者聖人之本物之終始而命之道也其動也誠之通也繼之者善萬物之所資以始也其靜也誠之復也成之者性萬物各正其性命也動

太極本然之妙

動靜所乘之機

造化發育之具

問老子周子之言有無何如

問邵子謂道爲太極心爲太極何如

靜之互根命之所以流行而不已也蓋太極者本然之妙也動靜者所乘之機也五行具則造化發育之具無不備矣

周子謂無形而有理所謂無極而太極有理而無形所謂太極本無極此純以理言故曰以有無爲一老氏謂無能生有則無以理言有以氣言無形之理生有形之氣截有無爲二故曰以有無爲二

胡洊鄉曰文公云無極卽是無形太極卽是有理

邵子云道爲太極以流行言也心爲太極以統會

萬理同出一原
有二名無兩體
滿山青黃碧綠
伊川見得分明
太極不是會動
靜的物

言也流行者萬物各具一理統會者萬理同出一原

朱子曰語斯道之本體則謂之太極語太極之流行則謂之道雖有二名初無兩體邪箇滿山青黃碧綠無非是這太極　問伊川言形而上者謂之道形而下者謂之器須着如此說曰這是伊川見得分明故云云　總是說得道不離器器不離道處

黃勉齋曰太極動而生陽靜而生陰太極不是會動靜的物動靜陰陽也既是陰陽如何又說生陰

如蟻在磨盤上

蟻隨磨轉

弩弦乘機

月落萬川

生陽蓋太極隨陰陽而爲動靜陰陽則于動靜而見其生不是太極在這邊動陽在那邊生譬如蟻在磨盤上動一般磨動則蟻動磨止則蟻止蟻隨磨轉而因蟻之動靜可以見磨之動靜

吳臨川曰太極無動靜動靜者氣機也機猶弩牙機動則弦發機靜則弦不發氣動則太極亦動氣靜則太極亦靜太極之乘此氣猶弩弦之乘機也

陳北溪曰太極只是總天地萬物之理而言不可離天地萬物之外而別爲之論陳幾叟月落萬川

五物同出異名

萬物統體一太極

處處皆圓之譬亦正如此

黃勉齋曰金木水火土此五物者同出而異名者也四時之行即五氣之流通五氣之流通即一氣之妙用非截然一彼一此也

夫天下無性外之物性爲之主而陰陽五行爲之經緯錯綜各以類凝聚而成形陽而健者成男陰而順者成女男女各一其性而男女一太極也蓋合而言之萬物統體一太極分而言之一物各具一太極然五常之性感物而動善惡類分自非聖

聖人全體太極

聖人全動静之德

聖人所以成位乎中

盞底銀花

十分加澄治之功

人全體太極則欲動情勝人極不立而違禽獸不遠矣蓋聖人者全動静之德而常本之於静也静者誠之復而性之眞也苟非此心寂然無欲而静何以一天下之動哉故聖人中正仁義動静周流而其動也必主乎静此所以成位乎中耳

陳北溪曰聖人禀氣至清不隔蔽那義理便呈著昭明如銀盞滿貯清水自然透見盞底銀花自大賢而下或清濁相半或清少而濁多如盞底銀花看不見只緣昏蔽得多了須十分加澄治之功又

温公甚爲二程所不滿

立極之要領

問周子說靜程子說敬意義同異何如大抵以靜爲主

問周子不言禮智而言中正何如

有人質純粹而氣禀不清如温公力行好古亦是正大資質只少那至清氣二程屢將仁義發他一向偏執固滯再發不上甚爲二程所不滿

李果齋曰人生而靜性之本體湛然無欲斯能主靜此立極之要領也

眞西山曰程子怕人不得靜字便是入禪坐定故說敬字周子說無欲故靜其意大抵以靜爲主

饒雙峯曰中正仁義性之四德中即禮正即智也然不曰禮智而曰中正者蓋仁義禮智以未發言

二者中正之機括

幾與伏希畫卦同功

如孟子之所云而中正仁義以性之周流動静言若乾坤之元亨利貞也實則一太極之流行也然中者動而無過不及之名極之用也正者静而不偏不倚之謂極之體也仁主生育由静而應于動由體而達用也義主收歛動極而歸于静用畢而反體也二者中正之機括而極之妙用也先生生于聖道不傳之後一旦建圖屬書直指無極太極以爲體用幾與伏希畫卦同功

陰陽成象天道所以立也剛柔成質地道所以立

人道所以立

聖人作易不出此

未嘗明以此圖示人

程子必有微意

也仁義成德人道所以立也道一而已隨事著見故有三才之別而于其中又各有體用之分焉實則一太極也陽也剛也仁也物之始也陰也柔也義也物之終也能原其始而知所以生則反其終而知所以死矣聖人作易其大意蓋不出此易之爲書廣大悉備然語其至極則此圖盡之程子得周子之傳其言性與天道多出此然卒未嘗明以此圖示人是必有微意焉學者不可不知也

問伊川因何見道朱子曰他說求之六經但于濂

溪見得箇大道理

得一遺二

內外賓主之分

所謂道器之別

溪見得箇大道理占地位了

論曰或謂不當以繼善成性分陰陽或謂不當以太極陰陽分道器或謂不當以仁義中正分體用或謂不當謂一物各具一太極又有謂體用一原不可言體立而後用行又有謂仁爲統體不可偏指爲陽動又有謂仁義中正之分不當反其類者皆于聖賢之意得一遺二者也夫道體渾然一致而精粗本末內外賓主之分粲然于其中太極無象而陰陽有氣安得無上下之殊此正所謂道器

統宗會元
先後同條共貫
二字灼見道理
得千聖不傳之
秘
一圖之綱領
作史者于此為
有功

之别也萬物之生各一太極不相假借不相凌奪此所謂統之有宗會之有元也

伏羲文王未嘗言太極也而孔子言之孔子贊易未嘗言無極也而周子言之先聖後聖豈不同條共貫哉然無極二字最灼見道理得千聖不傳之秘雖先生之蘊因圖以發而其所謂無極而太極云者又一圖之綱領非太極之上復有無極也比見國史有濂溪程張等傳盡載太極圖說作史者于此為有功矣乃增其語曰自無極而為太極

蘇子容請刋史
草頭木脚之語
平當援此爲例
周子吃緊爲人
心極庶乎可立
聖門要旨
傳伯成書毫無
忘

加一爲字反啓後學之疑嘗請改之昔蘇子容特以爲父辨謗之故請刋史所記草頭木脚之語況此尤道術所係耶正當援此爲例蓋周子吃緊爲人特此一書耳

虞氏正曰太極無聲臭誠反而求之日用閒喜怒哀樂之未發極之體也感而遂通極之用也因已發以求未發庶太極之妙可得而心極庶乎可立矣然太極無極非淪於無負聖門要旨也遂寧傳耆嘗有書謝先生所寄姤同人說今傳之書毫無

萬世斯文之鼻
祖
周子作圖之本
意
與此圖相爲表
裏
太極得朱子表
章而益明
大有造于世

蓋而周子易說不可復見也

謝方叔曰伏希繼天立極因河圖以畫八卦此先天之易萬世斯文之鼻祖也周子於圖說之終斷之曰大哉易也斯其至矣此周子作圖之本意也至於易通又與此圖相爲表裏自伊洛道喪失其眞傳中興以來太極得朱子表章而益明可謂大有造於世矣

論其格局太極不如先天之大而詳論其義理先天不如太極之精而約蓋合下規模不同而太極

太極終在先天、範圍之內

燭臺中央簪處便是極

二先生未易窺測

分更分漏

讀是書者其知先生苦心

先覺相傳之秘

終在先天範圍之內劉子謂天地之中與周子之太極只一般中是恰好處極不是中極之爲物只是在中如燭臺中央簪處便是極從此致彼也恰好不曾加從彼到此也恰好不曾減蓋濂溪太極發明造化之原橫渠西銘揭示進爲之方二先生所造皆未易窺測也

黃瑞節曰先生于此圖講受一意分更分漏開示學者後之讀是書者其知先生苦心云

二程之于濂溪亦若橫渠之于范文正耳先覺相

吟風弄月以歸
後學亦不將作
第二義看

孔孟不傳之正
統

淵源因可槩見

易通與太極圖
說相表裏

傳之秘非後學所能窺測誦其詩讀其書則周范之造詣固殊而程張之契悟亦異如曰仲尼顏子所樂吟風弄月以歸皆是當時口傳心授的當親切處後來二先生舉示後學亦不將作第二義看

通書 亦周子作

濂溪夫子自少即以學行有聞于世而莫知其師傳之所自獨以河南兩程夫子嘗受學焉而得孔孟不傳之正統則其淵源因可槩見 此篇本號易通與太極圖說並出而其爲說實相表裏

誠者聖人之本

誠源誠立
純粹至善

通復性命之源

天德之別名

誠通誠復如何

二字尤爲緊要

誠上 此論天以實理賦于人而爲性命之本原也

誠者聖人之本大哉乾元萬物資始誠之源也乾道變化各正性命誠斯立焉純粹至善者也故曰一陰一陽之謂道繼之者善也成之者性也元亨誠之通利貞誠之復大哉易也性命之源乎

乾者純陽之卦其義爲健乃天德之別名也

張南軒問誠通誠復如何潔世榮曰此又太極圖解之要旨也通復二字尤爲緊要

誠下 此論聖人全此實理而爲五常百行之本源也

五常之本百行之源
靜無動有至正明達
誠則無事果確無難
誠無爲幾善惡
發微謂神
幾善惡所由分

聖誠而已矣誠五常之本百行之源也靜無而動有至正而明達也五常百行非誠非也邪暗塞也故誠則無事矣至易而行難果而確無難焉故曰克己復禮天下歸仁焉

誠幾德

誠無爲幾善惡德愛曰仁宜曰義理曰禮通曰智守曰信性焉安焉之謂聖復焉執焉之謂賢發微不可見克周不可窮之謂神

幾者動之微善惡所由分也朱子曰若于此分明

湍水火牛

此老此子活計

益知讀書之難

誠神幾曰聖人

動正用和

則物格而知至知至而意誠而心正而身脩而家齊國治天下平如激湍水自已不得如田单火牛自止不住　元來誠幾德便是太極二五此老此一子活計盡在裏許前後讀了幾過都不曾見此意思於此益知讀書之難也

聖　愼動　道

寂然不動者誠也感而遂通者神也動而未形有無之間者幾也誠精故明神應故妙幾微故幽誠神幾曰聖人　動而正曰道用而和曰德匪仁匪義匪禮

匪智匪信悉邪也邪動辱也甚焉害也故君子愼動

聖人之道仁義中正而已矣守之貴行之利廓之配

天地豈不易簡豈爲難知不守不行不廓耳

師

或問曰曷爲天下善曰師曰何爲也曰性者剛柔善

惡中而已矣不達曰剛善爲義爲直爲斷爲嚴毅爲

幹固惡爲猛爲隘爲强梁柔善爲慈爲順爲巽惡爲

懦弱爲無斷爲邪佞唯中也者和也中節也天下之

達道也聖人之事也故聖人立教俾人自易其惡自

師道立則善人多
朝廷正而天下治
可教可賢
思者聖功之本

至其中而已矣故先覺覺後覺闇者求于明而師道立矣師道立則善人多善人多則朝廷正而天下治矣

幸　思　志學　順化　治

人之生不幸不聞過大不幸無耻必有耻則可教聞過則可賢洪範曰思曰睿睿作聖無思本也思通用也幾動于彼誠動于此無思而無不通爲聖人不思則不能通微不睿則不能無不通是則無不通生于通微通微生于思故思者聖功之本而吉凶之機也

以義正萬民

聖德脩而萬民化

大順大化

天下本在一人

易曰君子見機而作不俟終日又曰知幾其神乎聖希天賢希聖士希賢伊尹顏淵大賢也伊尹耻其君不爲堯舜一夫不得其所若撻于市顏淵不遷怒不貳過三月不違仁志伊尹之所志學顏子之所學過則聖及則賢不及則亦不失于令名　天以陽生萬物以陰成萬物生仁也成義也故聖人在上以仁育萬物以義正萬民天道行而萬物順聖德脩而萬民化大順大化不見其迹莫知其然之謂神故天下之衆本在一人道豈遠乎哉術豈多乎哉　十室之邑

心純則賢才輔

純心用賢

禮理樂和

禮先樂後

君子務實勝

學一勸二

人人耳提而教且不及況天下之廣兆民之衆哉曰純其心而已矣仁義禮智四者動靜言貌視聽無違之謂純心純則賢才輔賢才輔則天下治純心要矣用賢急焉

禮樂　務實　愛敬　動靜

禮理也樂和也陰陽理而後和君君臣臣父父子子兄兄弟弟夫夫婦婦萬物各得其理然後和故禮先而樂後　實勝善也名勝耻也故君子進德脩業孳孳不息務實勝也德業有未著則恐恐然畏人知遠

君子悉有衆善
無弗愛且敬

妙萬物

恥也小人則僞而已故君子日休小人日憂　有善
不及曰不及則學焉問曰有不善曰不善則告之不
善且勸曰庶幾有改乎斯爲君子有善一不善二則
學其一而勸其二故君子悉有衆善無弗愛且敬焉
動而無靜靜而無動物也動而無動靜而無靜神也
動而無動靜而無靜非不動不靜也物則不通神妙
萬物水陰根陽火陽根陰五行陰陽陰陽太極四時
運行萬物終始混兮闢兮其無窮兮

樂

聖人作樂達于天地

古者聖人制禮法脩教化三綱正九疇叙百姓泰和萬物咸若乃作樂以宣八風之氣以平天下之情故樂聲淡而不傷和而不淫入其耳感其心莫不淡且和焉淡則欲心平和則躁心釋優柔平中德之盛也天下化中治之至也是謂道配天地　樂者本于政也政善民安則天下之心和聖人作樂以宣暢其和心達於天地天地之氣感而大和焉天地和則萬物順故神祇格鳥獸馴樂聲淡則聽心平樂辭善則歌者慕故風移而俗易矣妖聲豔辭之化也亦然

聖人作樂功化之盛

後人得聲氣之元

天人交相感

聖學一爲要

此章最爲切要

朱子曰欲心平故平中躁心釋故優游言聖人作樂功化之盛如此聖人之樂既非無因強作而其制作之妙又能真得其聲氣之元故其志氣天人交相感動而其效如此

聖學

聖可學乎曰可曰有要乎曰一爲要一者無欲也無欲則靜虛動直靜虛則明明則通動直則公公則溥明通公溥庶矣乎

此章之旨最爲切要學者能深玩而力行之則有

日用間自無別用力處

纔說起貫串許多道理

公己公人

明無疑

明與疑正相南北

以知無極之眞兩儀四象之本皆不外于此心而日用間自無別用力處矣朱子曰一卽所謂大極静虚卽陰静動直卽陽動明通公溥卽是五行大抵周子之書纔說起都串貫太極許多道理

公明

公于己者公于人未有不公于己而能公于人也明不至則疑生明無疑也謂能疑爲明何啻千里明與疑正相南北不相及也

理性命

一實萬分

顏子不愛不求

厥彰厥微匪靈弗瑩剛善剛惡柔亦如之中焉止矣二氣五行化生萬物五殊二實二本則一是萬爲一一實萬分萬一各正大小有定

問此章何以下分字朱子曰不是割成片去只如月映萬川相似

顏子

顏子簞瓢陋巷人不堪其憂而不改其樂夫富貴人所愛也顏子不愛不求而樂乎貧者獨何心哉天地間有至貴至富可愛可求而異乎彼者見其大而忘

顔子胸中自有樂地
自是改他不得

至尊至貴

其大焉耳

朱子曰顔子不改其樂是他工夫到後胸中自有樂地與富貴貧賤了不相干自是改他不得或問顔子之樂與浩然之氣如何曰也是此意但浩然之氣說得較粗故顔子處一化齊亞聖也

師友

天地間至尊者道至貴者德而已矣至難得者人人而至難得者道德有於身而已矣人生而蒙長無師友則愚是道德由師友有之由師友而得其貴且尊

其義不亦重乎其聚不亦樂乎是以君子必隆師而親友

勢

天下勢而已矣勢輕重也極重不可返識其重而亟反之可也反之力也識不蚤力不易也力而不競天也不識不力人也天乎人也何尤

文辭

文所以載道也輪轅飾而人弗庸徒飾也況虛車乎

文詞藝也道德實也篤其實而藝者書之美則愛愛

賢者得以學而致之

呂與叔此詩甚好

則傳焉賢者得以學而致之是爲教故曰言之無文行之不遠然不賢者雖父兄臨之師保勉之不學也强之不從也不知務道德而第以文詞爲能者藝焉而已噫獘也久矣

或問作文害道否程子曰害也凡爲文不專意不工若專意則志局於此又安能與天地同其大也呂與叔詩云學如元凱方成癖文似相如始類俳獨立孔門無一事只輸顔子作心齋此詩甚好古之學者惟養性情今人專務章句悅人耳目非俳

學人攄發胸中之蘊　游夏何嘗秉筆爲詞

顏子發聖人之蘊教萬世無窮

仲尼無迹

學者惟顏子得其全

優而何人見六經便謂聖人亦作文不知聖人只攄發胸中之蘊自成文也所謂有德者必有言且如游夏文學亦何嘗秉筆爲詞章耶

聖蘊

聖人之蘊微顏子殆不可見發聖人之蘊教萬世無窮者顏子也聖同天不亦深乎常人急求人知淺矣

仲尼無迹顏子微有迹故聖人之教既不輕發又未嘗自言其道之蘊而學者惟顏子得其全如天不言而四時行耳

聖人之精蘊

天地鬼神之奧

噫作不是精不得

濂溪看易看得活

聖人之精畫卦以示聖人之蘊因卦以發卦不畫聖人之精不可得而見微卦聖人之蘊殆不可悉得而聞易何止五經之原其天地鬼神之奧乎

朱子曰易有太極是生兩儀兩儀生四象四象生八卦便是易之精即如序卦中亦見消長進退之義噫作不是精不得此正是事事夾雜有在裏面正是蘊須是一個生出來以至無窮便是精唯濂溪看易看得活

乾損益動

君子乾乾不息于誠

損益之大莫是過

四者一善而三惡

推山填壑風速電決

君子乾乾不息於誠然必懲忿窒慾遷善改過而後至乾之用其善是損益之大莫是過聖人之旨深哉吉凶悔吝生乎動噫吉一而已矣動可不慎乎

乾乾不息者體也去惡遷善者用也無體則用無所行無用則體無所措故以三卦合而言之四者一善而三惡（三惡以懲忿窒慾改過言）故人生福少而禍常多

朱子曰懲忿如摧山窒慾如填壑遷善如風之速改過如電之決

家人睽復无妄

治天下有本
本端則善

治天下觀于家

先王以茂對時
育萬物

治天下有本身之謂也治天下有則家之謂也本必端端本誠心而已矣則必善善則和親和親而已矣家難而天下易家親而天下疎也家人離必起於婦人故睽次家人以二女同居而志不同行也堯所以釐降二女於媯汭舜可禪乎吾兹試矣是治天下觀於家治家觀身而已矣身端心誠之謂也誠心復其不善之動而已矣不善之動妄也妄復則無妄矣無妄則誠矣故無妄次復而曰先王以茂對時育萬物深哉

富貴

君子以道充爲貴

擬議以成其變化

君子以道充爲貴身安爲富故常泰無不足而銖視軒冕塵視金玉其重無加焉耳

陋

聖人之道入乎耳存乎心蘊之爲德行行之爲事業彼以文辭而已者陋矣

擬議

至誠則動動則變變則化故曰擬之而後言議之而後動擬議以成其變化

刑

聖人法天養萬民

主刑者民之司命

二者自有先後

天以春生萬物止之以秋物之生也既成矣不止則過焉故得秋以成聖人之法天以政養萬民肅之以刑民之盛也欲動情勝利害相攻不止則寂滅無倫焉故得刑以治情偽徼贋其變千狀苟非中正明達果斷者不能治也訟曰利見大人以剛中也噬嗑曰利用獄以動而明也嗚呼天下之廣主刑者民之司命也任用可不慎乎

朱子曰中正本也明斷用也然非明則斷無所施非斷則明無所用二者又自有先後也

聖人之道至公

天地至公

孔子爲後世王者而脩

萬世王祀夫子報德報功之無盡

天地參而四時同

公

聖人之道至公而已矣或曰何謂也曰天地至公而已矣

孔子

春秋正王道明大法也孔子爲後世王者而修也亂臣賊子誅死者于前所以懼生者于後也宜乎萬世無窮王祀夫子報德報功之無盡焉道德高厚教化無窮實與天地參而四時同其惟孔子乎

道高如天者陽也德厚如地者陰也教化無窮如

山下出泉

愼哉時中

四時者五行也孔子其太極乎

蒙艮集考皆明主静之義亦聖人之蘊也

童蒙求我我正果行如筮焉筮叩神也再三則瀆矣瀆則不告也山下出泉静而清也汨則亂亂不決也愼哉其惟時中乎艮其背背非見也静則止止非爲也爲不止矣其道也深乎

通書後錄

先生名張宗範之亭曰養心而爲之説曰孟子言養心莫善于寡欲予謂不止於寡蓋寡焉以至於無無

聖賢養心而至
荀子原不識誠

光風霽月

吟風弄月以歸
有吾與點也之
意

復見獵有喜心

與自家意思一
般子厚觀驢鳴

則誠立明通誠立賢也明通聖也是聖賢非性生必養心而至之荀子曰養心莫善於誠周子曰荀子原不識誠明道曰既誠矣心安用養耶

明道曰昔受學周茂叔其人品如光風霽月又曰自見茂叔後吟風弄月以歸有吾與點也之意又曰吾年十六七好田獵既見茂叔則自謂已無此好矣茂叔曰何言之易也但此心潛隱未發一日萌動復如初矣後十二年復見獵者不覺有喜心乃知果未也

又曰周茂叔窻前草不除去問之云與自家意思一

天地安在何處

聖人所由惟一理人須要復其初

周子功在孔孟之間

近世學道之源

般子厚觀驢鳴亦謂如此伊川見康節指食卓而問曰此卓安在地上不知天地安在何處康節爲之極論其理以至六合之外伊川嘆曰平生惟見周茂叔論至此

明道曰二氣五行剛柔萬殊聖人所由惟一理人須要復其初胡五峯曰人謂孟子功不在禹下今周子啓程氏兄弟以千古不傳之妙其功蓋在孔孟之間矣

朱子曰周子通書近世道學之源也其高極乎無極

濂溪莞爾而笑

吾身自有太極

吾心即乾元

太極之妙而其實不離乎日用之間幽探乎二五陰陽之微而其實不離乎仁義禮智剛柔善惡之間蓋皆六經論語大中之所傳也故通書太極之旨更宜虛心熟玩乃見一字不可易處設使濂溪復生亦必莞爾而笑

真西山曰周子因羣書之已言而推其所未言于圖發無極二五之妙于書闡誠源誠立之旨昔也太極自爲太極今知吾身自有太極矣昔也乾元自有乾元今知吾心即乾元矣有一性則有五常有五常則

朱子之解是書如解經然

周子上承孔孟二書與語孟並行

有百善循源而流不假人力道之全體煥然復明者周子之力也

黃瑞節曰周子二書與　謂叶詞爲經者朱子之解是書也如解經然朱子嘗曰不由師傳黙契道體蓋周子上承孔孟之說而二書亦與語孟並行矣

按宋鑑周惇頤爲分寧主簿有疑獄久不決惇頤至一訊立辨邑人驚嘆曰老吏不如也後知南昌縣邑人咸曰是能辨分寧獄者吾屬得所矣

性理奥卷之一終

為關中士子宗
師
砭愚
訂頑
乾父坤母
混然中處
民胞物與
大君父母宗子
大臣宗子家相

新鐫性理與卷之二

始寧印趨丁進纂　弟朗如丁暹訂

西銘 張橫渠作名載字子厚此篇論乾坤大父母人物皆己兄弟盡事親之道以事天也

朱子曰橫渠學古力行為關中士子宗師嘗於學堂雙牖左書砭愚右書訂頑伊川先生見之曰是啓事端改曰東銘西銘

乾稱父坤稱母予茲藐焉乃混然中處故天地之塞吾其體天地之帥吾其性民吾同胞物吾與也大君者吾父母宗子其大臣宗子之家相也尊高年所以

聖其合德
子翼純孝
賤形惟肖
知化窮神
崇伯子顧養
穎封人錫類
申生其恭
體受歸全

長其長慈孤弱所以幼其幼聖其合德賢其秀也凡天下疲癃殘疾惸獨鰥寡皆吾兄弟之顛連而無告者也於時保之子之翼也樂且不憂純乎孝者也違曰悖德害仁曰賊濟惡者不才其踐形惟肖者也知化則善述其事窮神則善繼其志不愧屋漏爲無忝存心養性爲匪懈惡旨酒崇伯子之顧養育英才潁封人之錫類不施勞而底豫舜其功也無所逃而待烹申生其恭也體其受而歸全者參乎勇於從而順令者伯奇也富貴福澤將厚吾之生也貧賤憂戚庸

玉女于成
存順歿寧

天地所以爲天
地

人物共爲父母

仁人事天如事
親

西銘之要旨

儒者功用之全

聖人知變化之
道

通神明之德

玉女於成也存吾順事歿吾寧也

不曰天地而曰乾坤者天地形體乾坤性情乾者健而無息萬物所以資始也坤者順而有常萬物所以資生也正天地之所以爲天地故指言之朱子曰父母者一身之父母也天地者人物共爲父母也仁人事親如事天事天如事親此西銘之要旨也儒者之道必至於參天地贊化育然後爲功用之全聖人知變化之道則所行者無非天地之事矣通神明之德則所存者無非天地之心矣孝

此二者畏天之事
性者萬物之源
一句皆存兩義
楊時也未釋然

經引詩曰無忝爾所生又曰夙夜匪懈故事天者不愧不怍則無忝所生矣存心養性則事天匪懈矣此二者畏天之事也性者萬物之一源非我所得私故育英才如頴考叔之及莊公則所以永錫爾類者廣矣

朱子曰惡旨酒育英才是事天顧養及錫類則是事親每一句皆存兩義楊時荅伊川論西銘書有釋然無疑之語先生曰楊時也未釋然乃知所疑第二書之說先生亦未許也

天之舜天之申生

天之曾子

天之伯奇

舜盡事親之道而瞽瞍底豫其功大矣事天者盡其道而天心豫焉則亦天之舜也申生無所逃而待烹其恭至矣事天者夭壽不二修身以俟之則亦天之申生也曾子啓手啓足體其所受於親者而歸全矣事天者能體其受於天而全歸之則亦天之曾子也子之於父母東西南北唯令之從若伯奇之履霜中野投河而死是勇於從而順令也況天之所以命我者吉凶禍福非有人欲之私事天者能勇於從而順受其正則亦天之伯奇矣曰

西銘借彼以明此

曾舜之孝優劣如何

曾子亦有道此之失處

舜曰申曰曾子曰伯奇西銘大率借彼以明此不可着迹論也

問曾舜之孝優劣如何黃巖孫曰家語載曾子耘瓜誤斬其根曾晳建大杖以擊其背曾子仆地良久而蘇欣然起進曰大人用力教參得毋疾乎乃退援琴而歌使知體康孔子聞而怒曾子亦有道此之失處若舜以百順事父母只殺他不得如申生待烹舜亦須逃也

天下理一而已然乾道成男坤道成女二氣交感

合異反同
程子一言以蔽
之

西銘之大指
西銘擴先聖所
未發
與孟子性善養
氣之論同功
理一本二

化生萬物故大小親疎十百千萬也不有聖賢孰能合其異而反其同哉程子曰西銘明理一而分殊可謂一言以蔽之矣一統而萬殊則雖天下一家中國一人而不流於兼愛之蔽萬殊而一貫則雖親疎異情貴賤異等而不牿於爲我之私此西銘之大指也

程子曰西銘擴先聖所未發與孟子性善養氣之論同功豈墨氏之比哉西銘明理一而分殊墨氏則二本而無分老幼及人理一也愛無差等本二

秦漢以來學者未到

訂頑可達天德

西銘原道之宗祖

充得盡時曰聖人

也

程子曰訂頑之言極純無雜秦漢以來學者所未到訂頑立心便可達天德

程子曰西銘一書仁孝之理備乎此須臾而不於此則便不仁不孝也孟子之後只有原道一篇其間言語固多病然大要儘近理若西銘則是原道之宗祖也原道但言率性之謂道西銘連天命之謂性說了自孟子之後未見此書文之至粹者也

曰充得盡時如何曰聖人也問橫渠能盡充否曰

賢人說聖人事
管窺見北斗
子厚能養浩然之氣
人與天地一般大
西銘備載此意
顏子能盡此道

言有兩有有德之言說自巳事如聖人言聖人事也有造道之言則知足以及此如賢人說聖人事也西銘一篇誰說得到此今以管窺天固是見北斗別處雖不得見不可謂不是也弘而不毅則難立毅而不弘則無以居之觀子厚西銘能養浩然之氣者也

尹和靖曰人本與天地一般大只爲人自小了若能自處以天地之心便是與天地同體西銘備載此意顏子克巳便是能盡此道

西銘發明事天道理

杜順作法界觀樣

棊盤

下棊

直劈橫截

事天樣子

西銘名虛理實

龜山曰西銘只是發明一箇事天底道理所謂事
天者循天理而已西銘會古人用心要處爲文正
如杜順作法界觀樣萬物大父母猶之十方世界
之驗也時保子翼猶之戒定
苦空之說也窮神知化猶之智慧虛極之論也顧
養錫類猶之慈悲樂施之意也
朱子曰西銘自乾稱父一段是棊盤白子之異也
以下一段如人下棊西銘有箇直劈下底道理又
有箇橫截斷底道理他將許多孝來形容這仁事
親底道理便是事天底樣子所論西銘名虛而理
實此語甚善名雖假借然其理未嘗少異也若本

西銘一書大指

天地爲大父母

六經之所未載

無此理如何而可假借耶

饒雙峰曰西銘一書其大指不過中分爲兩節前一節明人爲天地之子後一節言人事天地當如子事父母弟人知父母而不知天地爲大父母故不能全天地之本然耳

正蒙 亦張子作

范育序曰夫子之爲是書也有六經之所未載聖人之所未言蓋道一而已語上極于高明語下涉于形跡語大至于無間語小入于無朕一有窒而

大中至正之矩

睟盤示兒

宋有四篇文字

野馬絪緼

知道見易

不通則于理爲妄正蒙之言蓋大中至正之矩道之至精妙者也先生嘗曰吾作是書譬如睟盤示兒百物具在太極圖西銘易傳序春秋傳序此宋有四篇文字也

太和所謂道中涵浮沉升降動靜相感之性是生絪緼相盪勝負屈伸之始其來也幾微易簡其究也廣大堅固起知于易者乾乎效法于簡者坤乎散殊而可象爲氣清通而不可象爲神不如野馬絪緼不足爲太和語道者知此謂之知道學易者見此謂之見

動靜相感之理

問張子太和太虛之旨何如

太虛氣體
太和氣用

易不如是雖有周公才美其知不足稱也已
太和陰陽會合冲和之氣也氣本不可言道以道
無形指陰陽而狀其本體爲言耳即易所謂一陰
一陽之謂道也其中涵蓄浮沉升降動靜相感之
理此以體而言也乃生二氣絪緼摩盪屈伸之端
此以用而言也野馬日中紅塵也不如田間之野
馬絪緼交密上下東西飛揚無息豈足謂之太和
哉又太虛爲氣之體其理謂之神又謂之性所以
狀道之體太和爲氣之用其理謂之化又謂之命

本體淵源

客感客形
無感無形

神化本無形

太虛落在一邊

所謂狀道之用

太虛無形氣之本體其聚其散變化之客形耳至靜無感性之淵源有識有知物交之客感耳已上言道體已下言體道客感客形與無感無形唯盡性者一之

張子言太虛無形之中有神化之理至其聚其散方見神化之妙神化本無形也朱子曰張子太虛本是說無極却又只說得無字無極落在中間太虛字落在一邊了又曰客感客形與無感無形未免分作兩截聖人不如此說只說形而上形而下

聖人盡道其間
聖人兼體不累

而已

天地之氣雖聚散攻取百塗然其爲理也順而不妄氣之爲物散入無形適得吾體聚爲有象不失吾常太虛不能無氣氣不能不聚而爲萬物萬物不能不散而爲太虛循是出入是皆不得已而然也然則聖人盡道其間兼體而不累者存神其至矣彼語寂滅者往而不反徇生執有者物而不化二者雖有間矣以言失道則均焉聚亦吾體散亦吾體知死之不亡者可與言性矣

聖人盡天地之道
有無混一之常

聖人盡天地之道是謂兼體陰陽之理而又不累於陰陽之氣仁之至智之盡也豈不存神之至哉彼佛氏徒知散入無形語寂滅者也往而不反老氏徒知聚爲有象徇生執有者也物而不化各陷於一偏而同爲失道矣

知虛空卽氣則有無隱顯神化性命通一無二顧聚散出入形不形能推本所自來則深于易者也若謂虛能生氣則虛無窮氣有限入老氏有生于無自然之論不識所謂有無混一之常若謂萬象爲太虛中

浮屠以山河大地爲見病

三極大中之矩

儒佛老莊混一途

所見之物則物與虛不相資形自形性自性天人不相待而有陷于浮屠以山河大地爲見病之說此道不明正由懵者略知體空虛爲性不知本天道爲用反以人見之小因緣天地明有不盡則誣世界乾坤爲幻化幽明不能舉其要遂躐等妄意而然不悟一陰一陽範圍天地通乎晝夜三極大中之矩遂使儒佛老莊混然一途語天道性命者不罔于恍惚夢幻佛則定以有生于無老爲窮高極微之論入德之途不知擇術而求多見其蔽于詖而陷于淫矣

天下萬物生于有

虛實動靜之機

陰陽剛柔之始

老子曰天下萬物生于有有生于無又曰人法地地法天天法道道法自然浮屠以山河大地爲幻妄見病爲癃贅也體虛空爲性以太虛爲理也本天道爲用此理根本氣化以流行非二物也因緣推測之意

氣坱然太虛升降飛揚未嘗止息易所謂絪緼莊生所謂生物以息相吹野馬者歟此虛實動靜之機陰陽剛柔之始浮而上者陽之清降而下者陰之濁其感遇聚散爲風雨爲雪霜萬品之流行山川之融結

聖人仰觀俯察
聖人知幽明之
故

問正蒙發明理
氣二字先儒謂
當離合看其旨
何如

糟粕煨燼無非教也

氣聚則離明得施而有形氣不聚則離明不得施而無形方其聚也安得不謂之客方其散也安得遽謂之無故聖人仰觀俯察但云知幽明之故不云知有無之故盈天地之間者法象而已文理密察非離不相覩也方其形也有以知幽之因方其不形也有以知明之故

曰理寓于氣而不離故當合看理主乎氣而不雜故當離看張子于泰和謂道一章先合言而後離

氷凝釋水

諸子有無之分

說太虛無形一章先離說而後合言天地之氣一章則言其不雜於氣者知空虛卽氣一章則言其不離於氣者氣坱然太虛一章則再言不離氣聚離明一章則再言不雜終首篇之旨

氣之聚散於太虛猶氷凝釋于水（水凝爲氷如氣聚爲萬物氷什爲水）如氣散爲太虛知太虛卽氣則無無無故聖語性與天道之極盡於參伍之神變易而已諸子淺妄有有無之分非窮理之學也太虛爲淸淸則無礙無礙故神反淸爲濁濁則礙礙則形凡氣淸則通昏則壅淸極則神故

風行而聲聞具達

濁者何獨非神

舉風以爲淸通之証

聚而有間則風行而聲聞具達淸之驗與不行而至通之極與

程子曰一氣相涵周而無餘謂氣外有神神外有氣是兩之也淸者爲神濁者何獨非神乎陽氣過陰氣凝結閒隔而不得入則周旋不舍爲風而聲聞具達此由其氣之淸故其行之通如此故曰淸之驗淸之驗通也通之極神也此特舉風一端以爲淸通之証然氣之濁者不獨風然也

由太虛有天之名由氣化有道之名合虛與氣有性

心統性情
本是一個太虛

四者本是一理

太虛妙應之目
神化糟粕
鬼神不越二端

之名合性與知覺有心之名

心統性情者也故合與知覺有心之名朱子曰本只是一箇太虛漸細分得密耳陳潛室曰天道性心四者本是一理但所由之名異耳

鬼神者二氣之良能也聖者至誠得天之謂神者太虛妙應之目凡天地法象皆神化之糟粕耳天道不窮寒暑已衆動不窮屈伸已鬼神之實不越二端而已兩不立則一不可見一不可見則兩之用息兩體者虛實也動靜也聚散也清濁也其究一而已兩指陰陽

聖人以剛柔立本

立天地之大義

麵磨相似

四邊層層撒出

神易無方體

一指太極太極者神也

總之一神往來而已

感而後有通不有兩則無一故聖人以剛柔立本乾坤毀則無以見易游氣紛擾合而成質者生人物之萬殊其陰陽兩端循環不已者立天地之大義

朱子曰此一段專說氣未及言理游氣紛擾氣之用也動靜兩端氣之本也譬如麵磨相似陰陽循環如磨游氣紛擾如麵在四邊只管層層撒出

日月相推而明生寒暑相推而歲成神易無方體一陰一陽陰陽不測皆所謂通乎晝夜之道也晝夜者

寤寐而魂交

愛惡之情同出于太虛

倏生忽成

天之一息乎寒暑者天之晝夜乎天道春秋分而氣易猶人一寤寐而魂交魂交成夢百感紛紜對寤而言一身之晝夜也氣交爲春萬物糅錯對秋而言天之晝夜也氣本之虛則湛本無形感而生則聚而有象有象斯有對對必反其爲有反斯有仇仇必和而解故愛惡之情同出於太虛而卒歸於物欲倏而生忽而成不容有毫髮之間其神矣夫

仇惡也解愛也是愛惡之情其始同出於太虛而其卒乃歸於物欲非外乎太虛而有是亦非非稟乎

善惡皆天理

天地變化兩端

一萬物之妙

天人有交勝之理

太虛而有是也此以性本善有不善者物欲之累也程子所謂善惡皆天理亦此意

造化所成無一物相肖以是知萬物雖多其實無一物無陰陽者以是知天地變化兩端而已萬物形色神之糟粕性與天道云者易而已矣心所以萬殊者感外物爲不一也天大無外其爲感者絪緼二端而已物之所以相感者利用出入莫知其鄉一萬物之妙者與

氣與志天與人有交勝之理聖人在上而下民咨氣

參天兩地之義何如

一物兩體

一神兩化

參地之常體

一之動志也鳳凰儀志一之動氣也地所以分兩剛柔男女而效之法也天所以參一太極兩儀而象之性也此釋易參天兩地之義兩儀天之氣太極天之神剛柔男女氣之化神之著也效之法有形之質也象之性無形之理也剛柔男女分之皆兩地所以兩者效法于此也太極兩儀合之則三天所以參者象理於是也

一物兩體一太極兩兩儀氣也一故神兩故化此天之所以參也地純陰凝聚於中天浮陽運旋於外此天地之

常。體。也恒星不動純繫乎天與浮陽運旋而不窮者也日月五星逆天而行并包乎地者也地在氣中雖順天左旋其所繫辰象隨之稍遲則反移徙而右爾間有緩速不齊者七政之殊性也月陰精反乎陽者也故其右行最速日爲陽精然其質本陰故其右行雖緩亦不純繫乎天如恒星不動金水附日前後進退而行者其理精深存乎物感可知矣鎮星地類然根本五行雖其行最緩亦不純繫乎地也火者亦陰質爲陽萃焉然其氣比日而微故其遲倍日唯木乃

日月一交之次

運在氣之中間

日月五星之性情不同

物無踰神之理

歲一盛衰故歲歷一辰辰者日月一交之次有歲之象也恒星二十八宿也

天浮于外地在氣之中間故日月五星雖順天左旋所係十二辰之象亦隨之而行但稍遲則反移徙而右旋矣非實左旋也其緩速不齊則日月五星之情性不同而然耳

地物也天神也物無踰神之理顧有地斯有天若其配然耳地有升降日有修短地雖凝聚不散之物然一氣升降其間相從而不已也陽日上地日降而下

海水潮汐驗之爲信

日質月魄

者虛也陽日降地日進而上者盈也此一歲寒暑之候也至於一晝夜之盈虛升降則以海水潮汐驗之爲信然間有小大之差則係日月朔望以精相感日質本陰月質本陽故於朔望之際精魄反交則光爲之食矣

陽氣上升故地虛而爲暑陽氣下降故地盈而爲寒地降於下則日長地升而上則日短而潮汐因之地下降則水溢上而潮汐至地上升則水縮下而潮汐退其間潮汐小大之差則係朔望日月相

朔望之潮皆大

感之故也朔則月與日合望則月與日對月精得
乎陽而陰氣方盛與水精相感故朔望之潮皆大
餘日則小矣春秋之中陰陽之氣和故潮亦大也
又日月何以有朔望交食精者日之質魄者月之
質朔而日月之合同道同度則月魄交於日精而
日光爲之食望而日月之對同道同度則日精交
於月魄而月光爲之食若同道不同度同度不同
道不正相合不正相對則皆不食矣
虧盈法月於人爲近日遠在外故月受日光常在於

中天半壁

此虧盈之驗

銀丸彈丸

兩鏡相照

外人視其終初如鈎之曲及其中天也如半壁然此虧盈之驗也

沈括曰月本無光猶一銀丸日耀之乃光耳光之初生日在其旁故光側而所見纔如鈎日漸遠則斜照而光稍滿朱子曰大抵如一彈丸以粉塗其半側視之則粉處如鈎正視之則正圓也蓋日月在天如兩鏡相照故月中微黑處乃鏡中大地之影略有形似而非真有物

月所位者陽故受日之光不受日之精相望中弦則

精之不可以二

陰陽互藏其宅

相兼相制

交食法與回異術世儒之誤

光爲之食精之不可以二也光者用精者體用可兼外而體之精則不二也

陰陽之精互藏其宅則各得其所安故日月之形萬古不變若陰陽之氣則循環迭至聚散相盪升降相求絪緼相揉蓋相兼相制欲一之而不能此其所以屈伸無方運行不息莫或使之不曰性命之理謂之何哉

周天三百六十五度四分度之一日行日不及天一度積三百六十五日四分日之一而一周天月行日不及天十三度十九分度之七積二十七日

◎

侌遂陽閉

雲物班布太虛

有奇巳一周天又二日而與日會一年十二會交
食日月交相食也月行十四日九時有奇而與日
對則月食月行二十九日有奇而與日會則日食
其法正與閩同世云異者非也
陽之德主于遂陰之德主于閉陰性凝聚陽性發散
陰聚之陽必散之其勢均散陽爲陰累則相持爲雨
而降陰爲陽得則飄揚爲雲而升故雲物班布太虛
者陰爲風驅斂聚而未散者也凡陰氣凝聚陽在內
者不得出則奮激而爲雷霆陽在外者不得入則周

木金土之華實

神形天地之道

旋不舍而爲風其聚有遠近虛實故雷風有小大暴緩和而散則爲霜雪雨露不和而散則爲戾氣曀霾陰常散緩受交于陽則風雨調寒暑正

火日外光能直而施金水内光能闢而受受者隨材各得施者所應無窮神與形天與地之道與木曰曲直能旣曲而反伸也金曰從革一從革而不能自反也水火氣也故炎上潤下與陰陽升降土不得而制焉木金者土之華實也其性有水火之雜故木之爲物水漬則生火然而不離也蓋得土之浮華于水火

物之所以成終成始

五行唯土最後

法密理透

至教至德

猶仁體事無不在

之交也金之爲物得火之精於土之燥得水之精於土之濡故水火相待而不相害鑠之反流而不耗蓄得土之精實於水火之際也土者物之所以成終而成始也地之質也化之終也

五行之生惟土最後故曰化之終　朱子曰陰陽五行康節說得法密橫渠說得理透

天道行生無非至教聖人之動無非至德

天體物不遺猶仁體事無不在也禮儀三百威儀三千無一物而非仁也昊天曰明及爾出王昊天曰旦

聖人得爲而爲

從赤心片片說出來

物物有箇大理

帝天之命主於民心

學者常存德性

谷神有限
聖人之神難穴

及爾游衍無一物之不體也上天之載有感必通聖人之爲得爲而爲之也

朱子曰此數句從赤心片片說出來荀楊豈能到

體物言物物有箇天理體之而無所遺

天之知物不以耳目心思然知之之理過於耳目心思天視聽以民明威以民故詩書所謂帝天之命主於民心而已神而明之存乎其人不知上天之載當存文王黙而成之存乎德行學者常存德性則自然黙成而信矣谷之神也有限故不能通天下之聲聖

正明正觀

體用一于氣

神化之事備

人君所以爲法于天下

一氣渾淪之妙

人之神唯天故能周萬物而知矣

正明不爲日月所眩正觀不爲天地所遷神天德化天道德其體道其用一於氣而已聖人知義利用則神化之事備矣

易曰天地之道貞觀者也日月之道貞明者也正與貞同觀示也人君所以爲法於天下者也神者一氣渾淪之妙天之心也化者二氣迭運之機天之事也即所謂維天之命於穆不已也聖人窮神而達天德則知固不足道體化而知天道則義不

聖人之神化
鬼神常不死
神化天之良能
不驕不吝
聖位天德
義明用利
身安德滋

是云此則聖人之神化也

鬼神常不死故誠不可揜人有是心在隱微必乘閒而見故君子雖處幽獨防亦不懈神化者天之良能非人能故大而位天德然後能窮神知化大可化也化不可爲也大則不驕化則不吝無我而後大大成性而後聖聖位天德不可致知爲神故神也者聖而不可知

見幾則義明動而不括則用利屈伸順理則身安而德滋窮神知化與天爲一豈有我所能勉哉乃德盛

非[illegible]而人

[illegible]

[illegible]

物生身生

陰陽變化之妙

忘物累而順性命

而自致耳聖不可知謂神莊生謬妄又謂有神人焉
唯神為能變化以其一天下之動也見易則神其幾
矣知神而後能饗帝饗親見易而後知神是故不聞
性與天道而能制禮作樂者末矣
帝者物之所以生親者身之所以生饗帝饗親報
本反始禮樂之大者神則至誠莫測而生物之原
天地之心也然欲知神則又在乎見陰陽變化之
妙耳
狥物喪心人化物而滅天理者乎存神過化忘物累

仁知一而聖人之事備

存神妙應物之感

範圍天地之化

義以反經爲本仁以敦化爲深

動物本諸天

而順性命者乎敦厚而不化有體而無用也化而自失焉猶物而喪巳也大德敦化然後仁知一而聖人之事備性性爲能存神物物爲能過化無我然後得正巳之盡存神然後妙應物之感範圍天地之化而不過過則溺於空淪於靜旣不能存夫神又不能知夫化矣

義以反經爲本經正則精仁以敦化爲深化行則顯

義入神動一靜也仁敦化靜一動也

動物本諸天以呼吸爲聚散之漸植物本諸地以陰

求才漚性

推是足以究死生之說

海水喻天地之元氣

根天根地

陽升降爲聚散之漸物之初生氣日至而滋息物生既盈氣日反而游散至之謂神以其申也反之謂鬼以其歸也海水凝則水浮則漚然水之才漚之性其存其亡海不得而與焉推是足以究死生之說

海水喻天地之元氣氷凝釋於水漚浮滅於水有存有亡喻人之生死於氣也海不與氷漚之存亡天地豈有心於人物之死生哉氣聚爲人物散則爲氣此死生之說也才性以氣質言

有息者根於天不息者根於地根於天者不滯於用

動植之分

天序天秩

此動植體用之所以皆異

物無孤立之理

陰陽之異

根於地者滯於方此動植之分也生有先後所以爲天序小大高下相並而相形焉是謂天秩天之生物也有序物之既形也有秩知序則經正知秩則禮行

息喘息根本根也天氣也而有息地形也而無息

天氣常運故動物本於天者不滯地形常靜故植物本於地者必滯此動植體用之所以皆異也

物無孤立之理非同異屈伸始終以發明之則雖物非物也獨見獨聞雖小異怪也出於疾與妄也共見共聞雖大異誠也出陰陽之正也賢才出國將昌子

水月內光

孫才族將大寤形開而志交諸外也夢形閉而氣專于內也寤所以知新于耳目夢所以緣舊於習心醫謂饑夢取飽夢與凡寤夢所感專語氣於五藏之變容有取焉耳小異如觸射嘯粱之說大異如日食地震之類疾戾氣非理之正

人動則魄交於魂而寤陽外陰內知新於耳目知之分明如火日之外影也靜則魂交於魄而寐陰外陽內緣舊於習染知之疑似如水月之內光也

內經云甚饑夢取甚飽夢與又云脾氣虛則夢斬血藉藉得時則夢兵戰腎氣虛則夢舟船溺人得

◎

氣與五臟之變

形氣相軋而成

浮鼓羽扇

物感之良能

六者有五形之別

帝則之察

時則夢伏水中肝氣虛則夢芝之香生草得時則夢伏樹下心氣虛則夢救火陽物得時則夢燔灼脾氣虛則夢飲食不足得時則夢築垣蓋墻此氣與五臟之變也

聲者形氣相軋而成兩氣者谷響雷聲之類兩形者桴鼓扣擊之類形軋氣羽扇敲矢之類氣軋形人聲笙簧之類是皆物感之良能人皆習知而不察者耳形也聲也臭也味也溫良也動靜也六者莫不有五行之別同異之變皆帝則之必察者與

天人異用不足以言誠

仁知合一存乎聖

陰陽合一存乎道

性與天道合一存乎誠

本末一理

天人一源

天所以長久不已之道

天人異用不足以言誠天人異知不足以言明所謂誠明者性與天道不見乎小大之異也義命合一存乎理仁知合一存乎聖動靜合一存乎神陰陽合一存乎道性與天道合一存乎誠

義命合一以人事散殊言仁知合一以人事統歸言動靜合一以造化之體言陰陽合一為造化之用言末自總承上文四句大要是自末以緣本由人以知天本末一理天人一源者也

天所以長久不已之道乃所謂誠仁人孝子所以事

仁人孝子所以事天誠身

性者萬物之一源

唯大人爲能盡其道

西銘之根本

橫渠之教以禮爲先

大人以人謀爲能

天誠身不過不已于仁孝而已故君子誠之爲貴性者萬物之一源非有我之得私也唯大人爲能盡其性道是故立必俱立知必周知愛必兼愛成不獨成彼自蔽塞而不知順吾理者則亦未如之何矣

盡性成物此即大學明德之旨中庸兼成之道蓋西銘之根本也或曰立者禮之幹知者智之發愛者仁之施成者義之遂橫渠之教以禮爲先故云然

天能爲性人謀爲能大人盡性不以天能爲能而以

盡性然後能至命

水性在冰

照納不二

人謀爲能故曰天地設位聖人成能天所性者通極於道氣之昏明不足以蔽之天所命者通極于性遇之吉凶不足以戕之不免乎蔽之戕之者未之學也性通乎氣之外命行乎氣之內氣無內外假有形而言耳故思知人不可不知天盡其性然後能至于命天性在人正猶水性之在冰凝釋雖異爲物一也受光有小大昏明其照納不二也

性其總合兩也命其受有則也不極總之要則不至受之分盡性窮理而不可變乃吾則也天所自不能

聖人不以所可憂而同其無憂有相之道存乎我

知德者屬厭

善反則天地之性存

君子弗性氣質之性

已者謂命不能無感者謂性雖然聖人猶不以所可憂而同其無憂者有相之道存乎我也湛一氣之本攻取氣之欲口腹于飲食鼻舌于臭味皆攻取之性也知德者屬厭而已不以嗜欲累其心不以小害大末喪本焉耳

形而後有氣質之性善反之則天地之性存焉故氣質之性君子有弗性者焉人之剛柔緩急有才與不才氣之偏也天本參和不偏養其氣反之本而不偏則盡性而天矣性未成則善惡混故亹亹而繼善者

此大德所以必受命

所乘所遇之不同

斯爲善矣惡盡去則善因以亡故舍曰善而曰成之者性

德不勝氣性命於氣德勝其氣性命于德窮理盡性則性天德命天理氣之不可變者獨死生修夭而已故論死生則曰有命以言其氣也論富貴則曰在天以言其理也此大德所以必受命易簡理得而成位乎天地之中也理也者能悅諸心能通天下之志也故天下必歸焉不歸焉者所乘所遇之不同如仲尼與繼世之君也

◎

君子與天地同流與行

和樂道之端

天地之性久大

領惡全好

造化一理默運

至誠則順理而利

不識不知順帝之則有思慮知識則喪其天矣君子所性與天地同流與行而已焉和樂道之端乎和則可大樂則可久天地之性久大而已矣莫非天也陽明勝則德性用陰濁勝則物欲行領惡而全好其必由學乎

造化一理默運君子亦一理應酬皆無思慮本由一源所謂同流也但造化隱微而人事顯著一上一下而與行耳

至誠則順理而利僞則不循理而害順性命之理則

大其心能體天下之物

聖人視天下無一非我

由象識心

存象之心亦象

心體本極其大

所爲吉凶莫非正也逆理則凶爲自取吉其險幸也

大其心則能體天下之物物有未體則心爲有外世人之心止於見聞之狹聖人盡性不以見聞梏其心其視天下無一物非我孟子謂盡心則知性知天以此天大無外故有外之心不足以合天心見聞之知乃物交而知非德性所知德性所知不萌于見聞

由象識心狥象喪心知象者心存象之心亦象而已謂之心可乎

心體本極其大唯不以見聞牿之而小則能體天

只是置心在物中

廓之莫究其極

盡心必知心所從來而後能

今天功爲已力

下之物朱子曰體只是置心在物中究見其理如格物致知之意與體用之體不同

天之明莫大于日故有目接之不知其幾萬里之高也天之聲莫大于雷霆故有耳屬之不知其幾萬里之遠也天之不禦莫大于太虛故心知廓之莫究其極也人病以其耳目見聞累其心而不務盡其心故思盡其心者必知心所從來而後能

成吾身者天之神也不知以性成身而自謂因身發知貪天功爲已力吾不知其智也民何知哉因物同

貪天功爲已知

體物體身

成心忘可與進道

君子大于道

向明顧影

釋氏以心法起滅天地

異相形萬變相感耳目内外之合貪天功而自謂己知耳體物體身道之本也身而體道其爲人也大矣成心忘可與進於道化則無成心矣成心者意之謂與無成心者時中而已矣以我視物則我大以道體物我則道大故君子之大也大於道大於我者容不免狂而已

燭天理如向明萬象無所隱窮人欲如專顧影間區區於一物之中耳釋氏不知天命而以心法起滅天地以小緣大以末緣本其不能窮而謂之幻妄眞所

凝冰
天性天用
六根因緣天地
六合 一微塵芥子
夢幻泡影

謂凝冰者與釋氏妄意天性而不知範圍天用反以六根之微因緣天地明不能盡則誣天地日月爲幻妄蔽其用于一身之小溺其志于虛空之大此所以語大語小流遁失中其過于大也塵芥六合其蔽于小也夢幻人世謂之窮理可乎不知窮理而謂盡性可乎謂之無不知可乎塵芥六合謂天地爲有窮也夢幻人世明不能究所從也

葉氏曰釋氏謂六合在虛空中特一微塵芥子耳所以言虛空之大一切有爲法如夢幻泡影所以

中正貫天下之道

居正所以大居正

顏子獨未至聖人之止

學者中道而立

顏子必欲用其極

仲尼賢其進

大中至正之極

言人世之微此皆不能窮理盡性之過幻妄謂莫
知所從來也

中正然後貫天下之道此君子之所以大居正也得正則得所止而可至于大顏子樂正子知欲仁矣正子不致其學足爲善信人而已顏子好學不倦合仁與仁其體聖人獨未至聖人之止耳

學者中道而立則有位以弘之無中道而弘則窮大而失其居矣此顏子所以克己研幾必欲用其極也未至聖而不已故仲尼賢其進大中至正之極文必

君子成身成性以爲功

大亦聖之任

仲尼竭兩端之教

能致其用約必能感其通未至于此其視聖人恍惚前後不可爲像此顏子之嘆乎君子之道成身成性以爲功者也未至于聖皆行而未成之地耳

大亦聖之任雖非清和一體之偏猶未忘于勉而大爾若聖人則性與天道無所勉焉不得已當爲而爲之雖教人義也有心爲之雖善皆意也有意爲善利之也假之也無意爲善性之也由之也有意爲善且爲未善況有意于未善耶仲尼絕四自始學至成德竭兩端之教也四者有一則與天地不相似盡去則

始學者當禁其無意

集義正經

一以貫天下之道

仲尼惜顏子與互鄉

學者四失

直養而無害矣

此節深言人不可有意也仲尼絕四正是無私意始學者當禁其無意成德者則自能無意是夫子之無意爲始學成德兩端之指示盡于此而無餘故曰竭以此傳示于人故曰教

慱文以集義集義以正經正經然後能一以貫天下之道爲山平地此仲尼所以惜顏同未至蓋與互鄉之進也學者四失爲人則失多好高則失寡不察則易苦難則止此四失也有不知則有知無不知則無知是

聖人一言盡天下之道

聖人有感通之妙

君子達善達不善

以鄙夫有問仲尼竭兩端而空空易無思無爲受命乃如響聖人一言盡于天下之道雖鄙夫必告然問者隨才分各足未必能兩端之盡也

聖人有感通之妙所以空空中兩端必竭感而遂通如易無思無爲受命如響耳

君子于天下達善達不善無物我之私循理者共悅之不循理者共改之改之者過雖在人如在己不忘自訟共悅者善雖在己必以與人焉善以天下不善以天下是謂達善達不善惡不仁故不善未嘗不知

好惡盡仁義之道

天下國家無皆非之理

仲尼問同而荅異

徒好仁而不惡不仁則習不察行不著是故徒善未必盡義徒是未必盡仁好仁而惡不仁然後盡仁義之道責己者當知天下國家無皆非之理故學至於不尤人學之至也

教人者必知至學之難易知人之美惡知至學之難易知德也知其美惡知人也知其人且知德故能教人使入德仲尼所以問同而荅異以此洪鐘未嘗有聲由扣乃有聲聖人未嘗有知由問乃有知有扣時雨化之者當其可乘其間而施之不待彼有求有爲

君子有三術

大人以天下爲度

孚化翼飛

而後教之以責人之心責己則盡道以愛己之心愛人則盡仁以衆人望人則易從此君子所以責己望人愛人之三術也大人所存蓋必以天下爲度故孟子教人雖貨色之欲親長之私達諸天下而後已子而孚化之衆善而翼飛之總是引他爲善則吾道行矣

至當之謂德百順之爲福德者福之基福者德之致無入而非百順故君子樂得其道禮器則藏諸身禮運則用無不利禮運云者語其達也禮器云者語其成也達與成體與用之道合體與用大人之事備矣

易簡理得則知幾

利用安身之要
靜安動变
大海無潤
至仁無恩

制行以己非所以同乎人必物之同者己則異矣必物之是者己則非矣能通天下之志者爲能感人心聖人同乎人而無我故和平天下莫盛于感人心易簡理得則知幾知幾然後經可正天下之達道五其生民之大經乎經正則道前定事豫立不疑其所行利用安身之要莫先焉仁通極其性故能致養而靜以安義致行其知故能盡文而動以變大海無潤因暍者有潤至仁無恩因不足者有恩樂天安土所居而安不累於物也

聖人所以成于天

君子之道達諸天

聖人天聰明之盡

代天理物

金和玉節

道所以可久可

不知來物不足以利用不通晝夜未足以樂天聖人成其德不私其身故乾乾自强所以成之于天耳言君子法聖人而成德于天君子之道達諸天故聖人有所不能夫婦之智淯諸物故大人有所不與匹夫匹婦非天之聰明不成其爲人聖人天聰明之盡者爾大人者有容物無去物有愛物無徇物天之道然天以直養萬物代天而理物者曲成而不害其直斯盡道矣金和而玉節之則不過知運而貞一之則不流道所以可久可大以其肖天地而不離也與天地不相似

不伸而伸

君子知几于屈伸之感

勝兵之勝在至柔

君子立多凶多懼之地

不少懈于趍時

七人制法興王之道

其違道也遠矣君子無所爭彼伸則我屈知也彼屈則吾不伸而伸矣又何爭無不容然後盡屈伸之道至虛則無所不伸矣君子無爭知幾于屈伸之感而已精義入神交伸于不爭之地順莫甚焉利莫大焉勝兵之勝勝在至柔明屈伸之神耳將致用者幾不可緩思進德者徙義必精此君子所以立多凶多懼之地乾乾德業不少懈于趍時也作者七人伏羲神農黃帝堯舜禹湯制法興王之道非有述于人者也以知人爲難故不輕去未彰之罪以安民爲難故不

厚終虞始

湯公天下而不疑

文王多助于四友之臣

子產猶衆人之母

困內困外

輕變未厭之君罪如四凶君如二苗及舜而去之堯君德故得以厚吾終舜臣德故不敢不虞其始立賢無方此湯所以公天下而不疑以杞包瓜文王事紂之道也虞芮質厥成訟獄者不之紂而之文王文王之生所以縻縶于天下由多助于四友之臣耳使民義不害不能教愛猶衆人之母不害使之義禮樂不興僑之病與言子產不學之病

困之進人也爲德辨爲感速孟子謂人有德慧術知存乎疢疾自古困于內無如舜困于外無如孔子以

仲尼夢寐不忘爲東周之意

聖人于物無畔援

顏子龍德而隱與聖者同

顏子欲一朝而至

聖人合内外而成其仁

孔子之聖而下學于困則其蒙難正志聖德日躋必有人所不及知而天獨知之者故曰莫我知也夫知我者其天乎仲尼生于周從周禮故公旦法壞夢寐不忘爲東周之意使其繼周而王則其損益可知矣聖人于物無畔援雖佛肸南子苟以是心至教之在我耳顏子龍德而隱故遯世不見知而不悔與聖者同龍德聖修之極也顏子之進則欲一朝而至焉可謂好學也已仲由樂善故車馬衣裘喜與賢者共敝顏子樂進故願無伐善施勞聖人樂天故合内外而

顏子所以潛見不同
君子不狥人以禮之恭

成其仁顏子從師進德於孔子之門孟子命世修業於戰國之際此所以潛見之不同君子寧言之不顧不規規於非義之信寧身被困辱不狥人以非禮之恭寧孤立無助不失親于可賤之人三者知和而能以禮節之也德主天下之善善原天下之一善同歸治故王心一言必主德故王言大

蔡氏曰德兼衆善不主于善則無以得一本萬殊之理善原于一不協于一則無以達一本萬殊之妙合而求之於不一之善約而會之於至一之理

聖賢終條理之序
息養瞬存
君子不大望于愚者
禮樂進反以爲文
君子重夫剛
聚百順以事君親

此聖賢始終條理之序與夫子一貫者幾矣

言有教動有法晝有爲宵有得息有養瞬有存言君子無往無時而非學

君子於民導使爲德而禁其爲非不大望於愚者之道與禮謂道民以言禁民以行斯之謂與節

禮樂不使流離相勝能進反以爲文也禮主于減有退讓撙節收斂樂主于盈有舒揚發越意禮減而進以進爲文樂盈而反以反爲文

膚受陽也憩方起而未行其行陰也象生法必效故君子重夫剛者非剛者不能不行聚百順以事君親故曰孝者畜也

又曰畜君者好君也困辱非憂取困辱爲憂榮利非

君子偶困辱之中非所憂

聖賢心之所至有差

為士清濁淹速之殊

士必慤而後智能者

豺狼不可近

君子公物利于治

樂忘樂利爲樂言君子偶居困辱之中非所憂也非道而得困辱此可憂也已克己行法爲賢樂己可法爲聖聖與賢迹相近而心之所至有差焉辟世者依乎中庸沒世不遇而無憮辟地者不懷居以害仁辟色者遠恥于將形辟言者免害于禍辱此爲士清濁淹速之殊弓調而後求勁焉馬服而後求良焉士必慤而後智能者不慤而多能譬之豺狼不可近此四句孔子荅哀公取人之問

報者天下之利率德而致善有勸不善有沮皆天下之利也小人私己利於不治君子公物利於治大易

吳易不言有無

使君子樂取之爲貴

一物兩體

不言有無言有無諸子之陋也異端以道爲無器爲有易語天地陰陽情僞至隱賾而不可惡也諸子馳騁詞說窮高極幽而知德者厭其言故言爲非難使君子樂取之爲貴一物而兩體其大極之謂與陰陽天道象之成也剛柔地道法之效也仁義人道性之立也三才兩之莫不有乾坤之道陽徧體衆陰衆陰共事一陽理也是故二君共一民民事二君上與下皆小人之道也一君而體二民二民而宗一君上與下皆君子之道也開物於幾先故曰知來明患而弭其故故曰藏往

君子措于民者遠

四德終始萬物

而隨不見首尾

仁統天下之善

聖人用中之極

大人德施者溥

極數知來前知也前知其變有道術以通之君子所以措于民者遠矣乾之四德終始萬物迎之隨之不見其首尾然後推本而言嘗父母萬物仁統天下之善禮嘉天下之會義公天下之利信一天下之動聖人用中之極不勉而中有大之極不爲其大大人望之所爲絕塵而奔峻極于天不可階而升者也奔軼絕塵見莊子

庸言庸行盇天下經德達道大人之德施于是者溥矣天下之文明于是者著矣然非窮變化之神以時

顔子求能德正中

顔子思慮其極

臨文不可不察

聖人有相之道贊化育之端

兄弟之見本諸誠

周公愛人之至

周公感人于和平

措之宜則或陷于非禮之禮非義之義此顔子所以求能德正中乾乾進德思慮其極未敢以方體之常安吾止也往之爲義有已往有方往臨文者不可不察方往如勿用有攸往已往如往吝往吉之類讀易者所當知

幽贊天地之道非聖人而能哉詩人謂后稷之穡有相之道贊化育之端也鄂不韡韡兄弟之見不致文於初本諸誠也破我斧缺我斨言四國首亂烏能有爲徒破缺我斧斨而已周公征而安之愛人之至也狼跋美周公不失其聖卒能感人心於和平也

九疇次序

求大中不可不知權

統上統下之義

九疇次序民資以生莫先天材故首曰五行君天下必先正己故次五事己正然後邦得而治故次八政政不時舉必昏故次五紀五紀明然後時措得中故次建皇極求大中不可不知權故次三德權必有疑故次稽疑可徵然後疑決故次庶徵福極徵然後可不勞而治故九以嚮勸終焉五爲數中故皇極處之權過中而合義者也故三德處六

天子因生以賜姓諸侯以字爲謚蓋以尊統上卑統下之義天子統諸侯故因生以爲賜姓卽喪服大宗之尊統領百世遠祖之義諸侯統大夫故以

人心所自來

性通極于無

行同報異

大學當先知天德

字爲諡因以爲族卽喪服小宗之卑唯緦五服近親之義

有無一內外合此人心之所自來也若聖人則不專以聞見爲心故能不專以聞見爲用至虛之實實而不固至靜之動動而不窮實而不固則一而散動而不窮則往且來

性通極于無氣其一物耳命禀同于性遇乃適然焉人一巳百人十巳千然有不至猶難語性可以言氣行同報異可以言遇猶難語命大學當先知天德知天德則知聖人知鬼神今浮屠極論要歸必謂死生

儒者未容聖學門墻

師世儒宗尚之言

人倫所以不察

轉流非得道不免謂之悟道可乎自其說熾傳中國儒者未容窺聖學門墻已爲引取淪胥其間持爲大道其俗達之天下人人著信使英才間氣生則溺耳目恬習之事長則師世儒宗尚之言遂冥然被驅因謂聖人可不修而至大道可不學而知故未識聖人心已謂不必求其迹未見君子志已謂不必事其文此人倫所以不察上無禮以防其僞下無學以稽其弊自古詖謠邪遁之詞翕然並與一出于佛氏之門者千五百年自非獨立不懼精一自信有大過人之

實際

疣贅陰濁

儒者因明致誠
務學可以成聖

二本殊歸

知晝夜陰陽則
能知性命

之才者何以正立其間與之較是非計得失釋氏語
實際乃知道者所謂誠也天德也其語到實際則以
人生爲幻妄有爲爲疣贅以世界爲蔭濁遂厭而不
有遺而弗存就使得之乃誠而惡明者也儒者則因
明致誠因誠致明故天人合一致學而可以成聖得
天而未始遺人易所謂不遺不流不過者也彼語雖
似是觀其發本要歸與吾儒二本殊歸矣其言流遁
失守窮大則淫推行則詖致曲則邪求之一卷之中
此弊數數有之大率知晝夜陰陽則能一性命能知

實際未始心解

聖人能是

彌陀經五濁

致學可以成聖

性命則能知聖人知鬼神彼欲直語太虛不以晝夜陰陽累其心則是未始見易雖欲免陰陽晝夜之累未由也已易且不見又烏能更語實際而談鬼神妄也所謂實際彼徒能語之未始心解也

知天德自然之誠明人倫行仁義也知聖人知周萬物道濟天下樂天知命安土敦仁聖人能是也疣贅結肉即瘤也陰濁彌陀經曰見濁煩惱濁衆生濁命濁陰濁此五濁也夫人唯致學而可以成聖人之道成則天道又未始遺棄人事如易範圍

天地聖賢之道

道則兼體而無累

一物異名

老氏譬况諸谷

天地曲成萬物是也安有所謂幻妄蔭濁哉天地聖賢之道一而已矣若吾儒之是則釋氏之非不可同日語明矣况未能心解實際乎

體不偏滯乃可謂無方無體偏滯于晝夜陰陽者物也若道則兼體而無累也以其兼體故曰一陰一陽又曰陰陽不測語其推行曰道語其不測曰神語其生生曰易其實一物指事異名耳大率天之爲德虚而善應非思慮聰明可求故謂之神老氏譬况諸谷以此老氏謂谷神不死也

太虚者氣之體氣有陰陽屈伸相感

非如螢雀之化
張子以人物皆太虛之氣
形容天地萬物爲一體
先儒亦求道之故

之無窮散則萬殊人莫知其一也合則混然人不見其殊也形聚爲物形潰反原反原者其游魂爲變乎所爲變者對聚散存亡爲義非如螢雀之化指前後身而爲說也

前後身爲草化爲螢雀化爲蛤螢有前身雀有後身也張子以人物皆太虛之氣所生故死則依舊是太虛之氣如氷之什而復爲水者相似此正形容天地萬物爲一體之意先儒數辨其非亦求道之故也

自益且益人

修己必先厚重

尚友急賢

楊雄未造其藩籬

正蒙之旨不外是

益物必誠如天之生物日進日息自益必誠如川之方至日增日得施之妄學之不勤欲自益且益人難哉易曰益長裕而不設信夫　將修己必先厚重以自持厚重知學德乃進而不固矣忠信進德惟尚友而急賢欲勝己者親無如改過之不吝

楊龜山曰西銘用意之深性命之說雖楊雄猶未能造其藩籬況他人乎朱子曰道之極致物我固爲一矣豈特物我之間驗之蓋天地神鬼幽明隱顯本末精粗無不貫通爲一也正蒙之旨不外是

戲言出於思

歸咎其不出汝

東銘

戲言出於思也戲動作於謀也發乎聲見乎四肢謂非己心不明也欲人無己疑不能也過言非心也過動非誠也失於聲繆迷其四體謂己當然自誣也欲他人己從誣人也或者以出於心者歸咎為己戲失於思者自誣為己誠不知戒其出汝者歸咎其不出汝者長傲且遂非不知孰甚焉

先生曰戲謔不唯害事志亦為氣所流不戲謔亦是持氣之一端又曰吾之作是書也譬之枯株根

充榮在人

大槩有苦心極力之象

須兼清濁虛實乃可

本枝葉莫不悉備充榮之者其在人功而已

程子曰所論大槩有苦心極力之象無寬裕溫柔之意又曰橫渠立清虛一大爲萬物之原恐未妥須兼清濁虛實乃可

性理奧卷之二終

以天時驗人事

以人事驗天時

大中至正之道

新鐫性理奥卷之三

始寧印趨丁進纂　男　顯我樞謨　君正樞訓　訂

皇極經世書

此書凡十二篇一之二則總元會運世之數易所謂天地之數也三之四以會經運天時而驗人事也五之六以運經世人事而驗天時也七之十則窮律呂聲音之數十一二則論皇極經世所以爲書以明大中至正之道謂之經世篇謂之觀物焉蔡西山曰楊氏之太玄關氏之洞極司馬之潛虛

◎

秦漢以來一人

各相因而爲十六

象相因之數

皆不知而作者也康節之書以日月星辰水火土石盡天地之體用以寒暑晝夜風雨露雷盡天地之變化以性情形體走飛草木盡萬物之感應以元會運世歲月日辰盡天地之始終以皇帝王霸易書詩春秋盡聖賢之事業眞秦漢以來一人也

又曰元會運世有春夏秋冬爲生長收藏皇帝王霸有易書詩春秋爲道德功力兩者皆各相因而爲十六十六十六者四象相因之數也凡天地之變化萬物之感應古今之因革損益皆不出乎十六十

天地之至妙

數學至康節方及理

堯得天地之中數

六而天地之道畢矣故其說曰一動一靜天地之至妙與一動一靜之間者非動非靜而主乎動靜所謂太極也伊川先生曰數學至康節方及理正謂此也

邵伯溫曰唐堯起於月之巳星之癸一百八十辰之二千一百五十七推而上之堯得天地之中數也蔡西山曰一元之數即一歲之數也一元有十二會三百六十運四千三百二十世猶一歲十二月三百六十日四千三百二十辰也其一元有十

聖人所以見天地之心
聖人範圍天地曲成萬物

善觀物者必以自

二萬九千六百歲一會有十二萬九千六百月一運有十二萬九千六百日一世有十二萬九千六百辰乃必始於日甲月子星甲辰子者是一陽初動萬物未生聖人所以見天地之心又以範圍天地曲成萬物者也

邵伯溫系述曰至大之謂皇至中之謂極至正之謂經至變之謂世大中至正應變無方者道也以道明道道非可名以物明道道斯見矣善觀道者必以物善觀物者必以道物之大莫如天地天地

天地安從生
天地萬物以一
爲本
聖人以天地爲
一體
以萬物爲一身
萬物莫不以類
而有得

安從生道也道一太極也天地萬物莫不以一爲本原於一而衍之爲萬窮天下之數而復歸於一一者何也天地之心也道化之原也聖人以天地爲一體萬物爲一身善救而不棄曲成而不遺故成位於中耳然萬物莫不以類而有得焉天有至粹地有至精人類得之則爲明哲飛類得之則爲鸞鳳走類得之則爲麒麟介類得之則爲龜龍草類得之則爲芝蘭木類得之則爲松栢石類得之則爲金玉天有至戾地有至幽人類得之則爲妖

治世賢人衆多

聖人自昭明德

天人之際安可忽

聖人不能違物

孽飛類得之則爲梟鴞走類得之則爲虎狼介類得之則爲虺蜴草類得之則爲至毒木類得之則爲不材石類得之則爲礓礫萬物固得於天地之類也天地之氣亦由人心感之也致治之世則賢人衆多順氣應之衰亂之世則反此故逆氣應之古之聖人自昭明德協和萬邦天人之際安可忽哉大哉時之與事乎時不能違天物不能違時聖人不能違物總之順時而起事者也時有消息而後有春夏秋冬時有治亂而後有皇帝王霸唐虞

堯舜中天而興
堯舜應運而生

四時四維

天地不自以爲大

動靜交而天地之道盡

者其中天而興乎堯舜者其應運而生乎道之盛

時之盛也

觀物內篇之一

物之大者無如天地然而亦有所盡也天之大陰陽盡之矣地之大剛柔盡之矣陰陽盡而四時成焉剛柔盡而四維成焉夫四時四維者天地至大之謂也然天地不自以爲大故能成其大也天生於動者也地生於靜者也一動一靜交而天地之道盡之矣太陽爲日太陰爲月少陽爲星少陰爲辰日月星辰交

人靈萬物

而天之體盡矣太柔爲水太剛爲火少柔爲土少剛爲石水火土石交而地之體盡矣日爲暑月爲寒星爲晝辰爲夜暑寒晝夜交而天之變盡矣水爲雨火爲風土爲露石爲雷雨風露雷交而地之化盡之矣暑變物之性寒變物之情晝變物之形夜變物之體性情形體交而動植之感盡之矣雨化物之走風化物之飛露化物之草雷化物之木走飛草木交而動植之應盡之矣夫人也變化感應五官具之靈於萬物不亦宜乎

四象四體

八者天地之體備

先天後天之所自出

本體致用

或曰皇極經世不用金木水火土而用水火土石何也曰日月星辰天之四象也水火土石地之四體也八者天地之體備矣金木水火土五行也後天也四象四體先天也先天後天之所自出也金出於石而木生於土水火土石本體也皇極用之金木水火土致用也洪範用之或曰先天圖八卦次序與所爲之物與周易不同何也曰先天圖八卦次序始於乾而終於坤此先天也伏羲八卦也周易自帝出乎震至成言乎艮此文王八卦也非

聖人立法不同

體用交而人物之道備

獨八卦如此六十四卦亦不同也伏羲易無文字獨有卦圖消長而已孔子於繫辭亦嘗言之矣聖人立法不同其道則相爲先後終始而未嘗不同也蓋天地巨物也分而爲萬物萬物各得天地之一端能備天地兼萬物者人之謂也故並立而爲三

內篇之二

聲色氣味者萬物之體也目耳鼻口者萬人之用也體無定用唯變是用用無定體唯化是體體用交而

聖者人之至

一心觀萬心

心代天意

上識天時

出入造化

聖人亦可以理知

人物之道備矣然則人亦物也聖亦人也聖也者人之至者也何哉謂其能以一心觀萬心一身觀萬身一物觀萬物一世觀萬世者焉謂其能以心代天意口代天言手代天工身代天事者焉謂其能以上識天時下盡地利中盡物情通照人事者焉又謂其能以彌綸天地出入造化進退古今表裏人物者焉噫聖人者非世世而效聖焉吾不得而目見之也雖然吾不得而目見之察其心觀其迹探其體潛其用雖億萬千年亦可以理知之也人或告我曰天地之外

妄知妄言

道爲天地之本

天地爲萬物之

別有天地萬物與乎此天地萬物則吾不得而知之非惟吾不得而知之也聖人亦不得而知之也凡言知者謂其心得而知之也言言者謂其口得而言之也以心不可得知而知之是妄知也以口不可得言而言之是妄言也吾又安能從妄人而行妄知妄言者乎

內篇之三

道爲天地之本天地爲萬物之本以天地觀萬物則萬物爲物以道觀天地則天地亦爲萬物道之道盡

道之道盡於天
天地萬物之道盡於人
聖人與昊天爲一道
天人四府
昊天以時授人
聖人以經法天

之於天矣天之道盡之於人矣天地之道盡之於物矣天地萬物之道盡之於人矣能知天地萬物之道盡於人者然後能盡民也聖人與昊天爲一道則萬物與萬民亦可爲一道也然昊天之盡物聖人之盡民皆有四府焉昊天之四府春夏秋冬是也陰陽升降於其間矣聖人之四府易書詩春秋是也禮樂汚隆於其間矣昊天以時授人聖人以經法天天人之事當何如哉

內篇之四

觀春則知易之所存乎觀夏則知書之所存乎觀秋
則知詩之所存乎觀冬則知春秋之所存乎修夫意
者三皇之謂也修夫言者五帝之謂也修夫象者三
王之謂也修夫數者五霸之謂也修夫仁者有虞之
謂也修夫禮者有夏之謂也修夫義者有商之謂也
修夫智者有周之謂也修夫性者文王之謂也修夫
情者武王之謂也修夫形者周公之謂也修夫體者
召公之謂也修夫聖者秦穆之謂也修夫賢者晉文
之謂也修夫才者齊桓之謂也修夫術者楚莊之謂

三皇同意而異化

三皇以道化民

無爲而民自化

也皇帝王霸者易之體也虞夏商周者書之體也文武周召者詩之體也秦晉齊楚者春秋之體也意言象數者易之用也仁義禮智者書之用也性情形體者詩之用也聖賢才術者春秋之用也用也者心也體也者迹也心迹之同有權存焉者聖人之事也三皇同意而異化五帝同言而異教三王同象而異勸五霸同數而異率同意異化者以道化民民亦以道歸之故尚自然夫自然者無爲無有之謂也聖人曰我無爲而民自化我無事而民自富我好靜而民自

◎

五帝同禮而異教

五帝以德教民

三王同形而異勸

三王以功勸民

天下之正莫如利民

正我無欲而民自朴三皇是也三皇同仁而異化五帝同禮而異教三皇同義而異勸五霸同智而異率同禮異教者以德教民民亦以德歸之故尚讓以天下受人而不爲輕受人之天下而不爲重其唯五帝乎聖人曰垂衣裳而天下治蓋取諸乾坤其斯之謂與三皇同性而異化五帝同情而異教三王同形而異勸五霸同體而異率同形異勸者以功勸民民亦以功歸之故尚政政者正夫不正之謂也天下之正莫如利民焉能以功正天下之不正者天下亦以功

五霸同術而異率

大爭交以兵

養人成務之具

五霸借名之力

歸焉聖人有言曰天地革而四時成湯武革命順乎天而應乎人其斯之謂與三皇同聖而異化五帝同賢而異教三王同才而異勸五霸同術而異率同術異率者必以力民亦以力歸之故尚爭爭也者爭夫利也小爭交以言大爭交以兵然猶借夫名焉名者命物正事之稱也利者養人成務之具也五霸者借虛名以爭實利者也然周之東遷王室不絕如綫夷狄不敢屠害中原者猶五霸借名之力居多耳道德功力者存乎體者也化教勸率者存乎用者也體用

體用之間有變
存
運人生萬民
三皇之時如春
五帝之時如夏
四者始終隨乎
天地
之後得聖人之
仲尼以春秋正

之間有變存焉者聖人之業也夫變也者昊天生萬物之謂也權也者聖人生萬民之謂也非生物非生民而得謂之權變乎

易者三皇之事業也三皇之時如春書者五帝之事業也五帝之時如夏詩者三王之事業也三王之時如[redacted]秋春秋者五霸之事業也五霸之時如冬四者始終隨乎天地者也泰穆改過自誓得聖人之事而已仲尼以春秋正名分春秋皆五霸之事也故秦晉齊楚者春秋之體也　意言象數言

◎

聖賢才術優劣

心迹之間有權存

文中子所謂適造

心迹之義大

膠柱鼓瑟

刻舟求劍

善舉聖人者求其心

其本末仁義禮智言其先後性情形體言其大小聖賢才術言其優劣　心無所在而無不在故以用言迹有方所故以體言心迹體用之間有權存焉文中子所謂適造者不知其殊也心迹之義大矣哉聖人方其寂然不動烏有所謂心迹焉及其酬酢應變吉凶同患則心迹判矣莊子所謂迹者人之所履豈其所履哉信斯言也徒狗聖人之迹而不達聖人之心是皆膠柱鼓瑟刻舟求劍者也善舉聖人者求其心而不求其迹如曾子謂孔子

有子眞能知聖人之心

意在理中

不言而民自化

三王興事造業

言喪欲速貧死欲速朽有子獨謂非君子之言有爲而言也眞能知聖人之心者也　含容不顯之謂意意在理中未見乎迹者也任理則無爲所以爲三皇天何言哉以道化民者也　三皇之治不見形迹莫得而名焉故不言而民自化五帝同聖矣而謂同賢者其道則聖其事則已見乎迹方之三皇則爲賢也三王興事造業唯恐不及故曰同才與勸五霸則專用變詐威力而已

內篇之五

古今猶旦暮

聖人之事業於是乎備

君天下者其命有四

夫古今者在天地之間猶旦暮也以今觀今則謂之今矣以後觀今今亦古矣以今觀古則謂之古矣以今自觀則古亦今矣若然則皇帝王霸者聖人之時也易書詩春秋者聖人之經也時有消長否泰盡之矣經有因革損益盡之矣否泰盡而體用分損益盡而心迹判聖人之事業於是乎備矣自古當世之君天下者其命有四焉一曰正命二曰受命三曰攺命四曰攝命正命者因而因長而長者也三皇千世之事業也受命者因而革長而消者也五帝百世之事

◎

仲尼萬世事業

命世不世

天地人之至妙至妙

仲尼盡三才之道

行無轍迹

聖人知時作經

業也改命者革而因消而長者也三王十世之事業也攝命者革而革消而消者也五霸一世之事業也可以因則因可以革則革者萬世之事業也非仲尼之道而何是知皇帝王霸者命世之謂也仲尼者不世之謂也欲知仲尼舍天地其奚之焉欲知天地舍動靜將奚之焉一動一靜天地之至妙也一動一靜之間天地人之至妙至妙也是故知仲尼所以能盡三才之道者謂其行無轍迹也

天時聖經不異唯聖人爲能知時作經以爲民極

可爲民極

體用心迹歸乎一

天時聖經相爲表裏

孔子道出帝王之上

聖人與時偕行

觀天地則知仲尼

時有消長故有否泰而體用分經有因革故有損益而心迹判體用心迹因時而有所分別然未嘗分別也卒歸乎一而已　皇帝王霸時也易書詩春秋經也天時聖經相爲表裏皆相因而成也命世謂得位而在上者也不世謂不得位而在下者也孔子不得位而在下其道實出帝王之上而能用皇帝王霸者也　聖人道同則因時異則革不苟同亦不苟異與時偕行而已　仲尼之道不異天地觀天地則知仲尼矣天地之道不過動靜

觀動靜則知天地
動靜見天地之心
聖人即天地之心
聖人作易本於此
楊子知易之本

觀動靜則知天地矣方動而靜方靜而動不拘於動靜則非動非靜者也天地之心於此而見之聖人之心即天地之心也亦於此而見之退藏於密則以此洗心焉吉凶同患則以此齋戒焉所謂齋戒者其在動靜之間乎聖人作易蓋本於此為虛無之說者曰天地以無心為心噫一於無則造化息矣獨楊子雲知易之本以作玄始於中首象中孚次以周首象復中者天下之大本天地之心也故其首辭曰陽氣潛萌於黃鍾之宮信無不在其中

信見天地之心

聖人繇道而行
動靜千聖所歸

孔子祖宗子孫

三皇尚賢以道

天地之心至信矣信者有以見天地之心乎雖然天地亦不過因時順理而已因時順理所以謂之道也聖人繇道而行豈有轍迹哉嗚呼動靜之間千聖之所歸萬生之所息也

內篇之六

孔子贊易自羲軒而下祖三皇也序書自堯舜而下宗五帝也删詩自文武而下子三王也修春秋自桓文而下孫五霸也祖三皇尚賢也宗五帝亦尚賢也三皇尚賢以道五帝尚賢以德子三王也尚親也孫

五霸尚賢以德

仲尼以萬世爲土

至富至貴

五霸亦尚親也三王尚親以功五霸尚親以力嗚呼時之既往億千萬年時之未來亦億千萬年仲尼中閒生而爲人何祖宗之寡而子孫之多耶人謂仲尼惜乎無土吾獨以爲不然獨夫以百畝爲土大夫以百里爲土諸侯以四境爲土天子以九州爲土仲尼以萬世爲土若然則孟子言自生民以來未有如孔子斯亦未爲過矣　天下至富也天子至貴也豈可妄意求而得之也雖曰天命亦未始不繇積功累行聖君艱難以成之庸君暴虐以壞之是知人作之咎

積功累行君子常分

夏商以功有天下

三者成敗之形一

晉爲天下霸者之倡

固難逃已天降之災禳之奚益積功累行君子常分非有求而然也有求而然者所謂利乎仁者也君子安有餘事於其間哉然有幸有不幸者始可以語命也已夏禹以功有天下夏桀以虐失天下殷湯以功有天下殷紂以虐失天下周武以功有天下周幽以虐失天下三者雖時不同其成敗之形一也周幽之後文武之基息矣自是犬戎得以侮中國周之諸侯非一獨晉能攘去戎狄徙王東都洛邑用存王國爲天下霸者之倡秬鬯圭瓚之錫其能免乎子貢欲去

晉文使諸侯知有周

愛禮之言不誣

仲尼始進爵為子

餼羊孔子曰我愛其禮是知名存實亡猶愈於名實俱亡安知後世不有因羊復禮者晉文尊王雖用虛名猶使天下諸侯知有周天子而不敢以兵加及晉之衰也秦由是敢滅周斯愛禮之言不誣矣傳稱王者往也能往天下者可以王也周之衰諸侯不朝天子久矣及楚預中國會盟仲尼始進爵為子其僭王也不亦陋乎夫以力勝人者人亦以力勝之吳嘗破越而有輕楚之心及其破楚又有驕齊之志貪婪攻取不顧德義侵侮齊晉專以夷狄為事遂復為越所

中國義理之師

養德待時

燕有興王之理

秦不能比德三代

滅越又不監之後復爲楚所滅楚又不監之後復爲秦所滅秦又不監之後復爲漢所滅恃强凌弱與虎豹何異非所以謂中國義理之師也周之同姓諸侯燕去中原特遠苟不與諸國爭勝負則足以養德待時有可以興王之理也而乃遣一刺客以入暴秦自取滅亡可哀也已秦始盛於穆公中於孝公終於始皇起於西夷遷於岐山徙於咸陽兵濱宇宙血流天下并吞四海更革今古雖不能比德三代非晉隋可同年而語也其祚之不永得非用法太酷殺人之多

只漢好生以義
書者無敵於天
聖人事業盡在
仲尼道大德尊
猶有功于一

乎所以仲尼序書終於秦誓一事夫好生者生之徒也好殺者死之徒也周之好生也以義漢之好生也亦以義秦之好殺也以利楚之好殺也亦以利天之道人之情又奚擇於周秦漢楚哉擇乎善惡而已是知善也者無敵於天下而天下其善之者也

易書詩春秋皇帝王霸聖人之事業盡在於是矣

仲尼祖三皇宗五帝子三王孫五霸其道大德尊如此曰孫五霸可謂甲之矣然聖人作春秋郎五霸猶或取之以其有功於一時也道德則無親疏

皇帝王霸之所以分

威福大柄

文侯知君臣之義

書有文侯之命

聖人用意深遠

名者治世修身之具

聖人與狂狷之

之間功力則有從違之異然而力率天下而覲之則狹矣此皇帝王霸之所以分也　禮樂征伐威福之大柄也臣下得而擅之則人君之權移於下矣晉文侯獨能攘夷狄而遷周於洛知有君臣之義其功亦可尚矣此書所以有文侯之命也　聖人愛羊以存虛名用意深遠矣故晉文有尊王之名聖人亦取之是知名者治世修身之具也　秦穆能改過自誓霸之優者也故序書上自典誥下及秦誓聖人猶取之而不廢是亦不得中行而與

意
古今帝王受命之理
舜禪禹功
天人相爲表裏
聖君之盛莫如堯舜

之必也狂狷之意

內篇之七

孔子語堯舜曰垂衣裳而天下治語湯武曰順乎天而應乎人斯言可以該古今帝王受命之理也堯禪舜以德舜禪禹以功以德帝也以功亦帝也然而德下一等則入於功矣湯伐桀以放武伐紂以殺以放王也以殺亦王也然而放下一等則入於殺矣天與人相爲表裏天有陰陽人有邪正邪正之由繫上之所好也自古聖君之盛莫如堯舜之世君子何其多

難其爲君子
三仁不能遂善
古人患名過實
伊尹成始終大忠

耶時非無小人也是難其爲小人也故君子多也所以雖有四凶不能肆其惡自古庸君之盛莫如殷紂之世小人何其多耶時非無君子也是難其爲君子也故小人多也所以雖有三仁不能遂其善易曰坎有孚維心亨行有尚中正行險往且有功雖危無咎能自信故也伊尹之放君以之是知古人患名過實者有矣其間有幸有不幸者人力有不及也伊尹居責成之地借避放君之名豈曰不忠則天下之事去矣又安能正嗣君成始終之大忠乎易曰由豫大有

聖人能處謗

周公成始終大孝

尚行則篤實風行

尚義則謙讓風行

三王尚行

尚行者必入於義

王霸所尚不同

得勿疑朋盍簪剛徙主豫動而有應羣疑乃亡能自彊故也周公以之是知聖人不能使人無謗能處謗者也周公當任重之地借避滅親之名豈曰不孝則天下之事去矣又安能保嗣君成始終之大孝乎夫天下將治人必尚行也將亂則人必尚言也尚行則篤實之風行焉尚言則詭譎之風行焉天下將治人必尚義也將亂則人必尚利也尚義則謙讓之風行焉尚利則攘奪之風行焉三王尚行者也尚行者必入於義也五霸尚言也尚言必入於利也王霸所尚之

聖人能立於無過之地

聖人善事於心

聖人所同者心

聖人蓋有深意

天人常相須而成

不同如此此其所以異也是知無愧于口不若無愧於身無愧於身不若無愧於心無口過易無身過難無身過易無心過難既無心過何難之有唯聖人能立於無過之地謂其能善事於心者也

聖人所同者心所異者迹故前聖後聖非出於一途而聖人求乎心之所同而已然所謂下一等者孔子序書贊堯舜禹亦有詳畧謂韶盡美又盡善武盡美未盡善也聖人蓋有深意焉　天人常相須而成者也天有陰陽人有邪正君子小人相爲

人君好德則民用正而君子進

漢氏立桓武之謂

成天下事難

盛衰猶陰陽之相爲消長也君子小人無世無之在乎人君所好所用而已人君好德則民用正而君子進小人退矣好佞則反是

內篇之八

以武比舜則不能無過比桓則不能無功以桓比狄則不能無功比武則不能無過漢氏宜立乎桓武之間矣是時也非會天下民厭秦之暴且甚雖十劉季百子房其如人心未易何任天下事易死天下事難死天下事易成天下事難苟成之何計乎死與生也

忠智二擇

人君所恃以安

聖人貴成天下之事

如其不成雖死無益況有正不正乎與其死於不正孰若生於正與其生於不正孰若死於正在乎忠與智者一擇焉噫能成天下之事又能不失其正而生者非漢之留侯唐之梁公而何微二人漢唐之祚幾於移矣

舜武皆聖人所以興者時不同故也漢不能純乎王而雜乎霸者也人君所恃以安者人心也利民則匹夫可爲天子害民則元首難爲匹夫利害之相懸如此　聖人貴成天下之事而不計乎死與

聖人無死地

孔子不以柴之來爲非

顏淵知所事顏淵知所死

君子之出處死生所係

生也生死君子未嘗有所擇也所擇者正與不正而已惟聖人無死地不獨能知幾且能見於未萌也如舜不爲象害孔子不死匡人桓魋是也子路之於蒯聵死傷勇者也故孔子謂柴也其來乎由也其死乎孔子不以柴之來爲非則知由之死未爲是也顏淵曰子在回何敢死可謂知所事知所死矣後世不擇所事而於死難者有之是特犬馬之慮而已豈謂得其死哉君子之出處所與所事死生之所係也可不擇乎

聖經不忒則君德成

三代之世治亂

內篇之九

春夏秋冬昊天之時也易書詩春秋聖人之經也天時不差則歲功成聖經不忒則君德成矣天有常時聖有常經行之正則正矣行之邪則邪矣邪正之間有道存焉至於三代之世治未有不治人倫之爲道也三代之世亂未有不亂人倫之爲道也其治也未始不由君道盛父道盛夫道盛君子中國之道盛其亂也未始不由臣道盛子道盛妻道盛小人夷狄之道盛噫二一道對行何故治世少而亂世多耶君子少

陽一陰二

歲功君德由此而成

聖人獨責人盡人事而後可言天

君子行君子事

上下各得其所而天下治

聖君由此以治天下

而小人多耶曰豈不知陽一而陰二乎天時聖經其道一也歲功君德由此而成矣　君子小人正道邪道猶天之有消息盈虛然聖人獨責於人盡人事而後可以言天也苟一切歸之於天則人事廢矣是猶未嘗播種耕耘而罪歲者也君子行君子事小人行小人事至於君臣父子夫婦莫不各行其事則上下各得其所而天下治反此則亂　所謂人倫者尊卑上下各得其理而已三代之聖君莫不由此以治天下孔孟莫不由此

孔孟繇此以垂教萬世

借乘傳舍

江漢餘波

以垂教萬世

内篇之十

三皇春也五帝夏也三王秋也五霸冬也七國冬之餘冽也漢王而不足晉霸而有餘三國霸之雄者也十六國霸之叢者也南五代霸之借乘也北五代霸之傳舍也隋晉之子也唐漢之弟也隋季諸羣之霸江漢之餘波也唐季諸鎮之霸月月之餘光也後五代之霸日未出之星也古者謂三十年爲一世豈徒然哉俟化之必洽教之必浹民之情始可以一變矣

三變而帝道可舉

苟有命世之人繼世而興焉則雖民如夷狄三變而帝道可舉

内篇之十一

太少陽剛謂太陽少陽太剛少剛餘倣此之體數各十六太少陰柔之體數各十二進太少陽剛之體數退太少陰柔之體數是謂太少陽剛之用數進太少陰柔之體數退太少陽剛之體數是謂太少陰柔之用數太少陽剛之體數一百六十太少陰柔之體數一百九十二太少陽剛之用數一百一十二太少陰柔之用數一百五

十二以太少陽剛之用數唱太少陰柔之用數是謂
日月星辰之變數以太少陰柔之用數和太少陽剛
之用數是謂水火土石之化數變數爲動物之數化
數爲植物之數數易所謂萬物之數也
太少陽剛之本數四十太少陰柔之本數四十有
八以四因四十得一百六十以四因四十八得一
百九十二是謂太少陰陽剛柔之體數一百六十
數之內退四十八得一百十二二百九十二數內
退四十得一百五十二是謂太少陰陽剛柔之用

數也陰陽剛柔互相進退去其體數而所存者謂之用數陰陽剛柔所以相進退者陽中有陰陰中有陽剛中有柔柔中有剛天地交際之道也易用九六經世用十十二用極數也十去其一則九矣十二分而爲二則六矣日陽也止於十月陰也止於十二此之謂極數大衍經世皆本於四四者四象之數也故大衍四四因九得三十六是爲乾一爻之策數四因六得二十四是爲坤一爻之策數合二篇之策凡爲有一千五百二十也如太玄

聖賢立法不同

萬物之所以生

聖神不負天地

三知天下之真知

之數則用三一聖賢立法不同其所以爲數則一也有日月星辰則有寒暑晝夜有水火土石則有雨風露雷有寒暑晝夜則有性情形體有雨風露雷則有飛走草木此萬物之所以生也

内篇之十二

移昊天生兆物之德而生兆民豈不謂神乎移昊天養兆物之德而養兆民豈不謂聖乎非大聖大神之人豈有不負天地者夫窮理盡性至命此三知者天下之真知也鑑之能不隱萬物之形未若水之能一

聖人能一萬物之情

聖人能反觀以物觀物

千萬世至神至聖

聖人能同乎天

大舜蓋由此道

萬物之形也又未若聖人能一萬物之情也聖人所以能一萬物之情者謂聖人能反觀也所以謂之反觀者不以我觀物也不以我觀物者以物觀物之謂也豈不謂至神至聖者乎非惟吾謂之神聖天下亦謂之神聖也非惟一時之天下謂之至神至聖天下千萬世亦謂之至神至聖也聖人能同乎天故能同乎人能同乎人故能用天下之耳目爲已之耳目天下之心口爲已之心口孟子曰大舜善與人同所以能明四目達四聰蓋由此道也

以理觀物盡物之性

君子患蔽於我

學先天者當自外篇始

十者數之全

以目觀物見物之形以心觀物見物之情以理觀物盡物之性能明乎理則能反觀能反觀則能無我故君子之患在蔽於我衆人之患在蔽於物

觀物外篇上

張氏崏曰先生觀物有內外篇內篇先生所著之書理深而數畧外篇門人記先生之言數詳而理顯學先天者當自外篇始

天數五地數五十者數之全也天以一而變四地以三而變四四者有體也而其一者無體也是謂有無

天體數四用三
天地萬物取法乎道
六變四變
筭法出此

之極也。天之體數四而用者三不用者一也地之體
數四而用者三不用者一也無體之一以況自然也
不用之一以況道也用之者三以況天地人也體數
何爲者生物者也用數何爲者運行者也運行者天
也生物者地也陽尊而神尊故役物神故藏用是以
道生天地萬物而不自見也天地萬物亦取法乎道
矣裁方而爲圓天之所以運行分大而爲小地之所
生化故天用六變地用四變也陰無一陽無十乘數
生數也除數消數也筭法雖多不出此矣以數言之

參天兩地而倚數

體虛體實天地之本起於中

君子貴中

陰陽各三也以三爻言之天地人各三（三當作二）也（陰陽各三各有陰陽也兩而三也三才各二各有陰陽也三而兩也）陰陽之中各有天地人天地人之中各有陰陽故參天兩地而倚數也陽能知而陰不能知陽能見而陰不能見也能知能見者爲有故陽性有而陰性無陽有所不偏而陰無所不偏也陽有去而陰常居也無不偏而常居者爲實故陽體虛而陰體實也天地之本其起於中乎是以乾坤交變而不離乎中人居天地之中心居人之中日中則盛月中則盈故君子貴中也本一氣也生則爲

君得臣而萬化行

君子貴道

天地之理具乎指掌

陽消則為陰故二者一而已六者三而已八者四而已然得地而萬物生君得臣而萬化行故有一則有二有二則有四有三則有六有四則有八語其體則天分而為地地分而為萬物而道不可分也其終則萬物歸地地歸天天歸道是以君子貴道也天有四時地有四方人有四支是以指節可以觀天掌文可以察地天地之理具乎指掌矣可不貴之哉神統於心氣統於腎形統於首形氣交而神主乎其中三才之道也　日月相食數之交也日望月則月食月掩

君子用智

體歸於道

天地交而寒暑和

得魚兔必由筌蹄

日則日食猶水火之相尅也是以君子用智小人用力　天奇而地耦是以占天文者觀星察地理者觀山水觀星而天體見觀山水而地體見矣天體容物地體負物是故體歸於道也極南大暑極北大寒故南融而北結萬物之死地也夏則日隨斗而北冬則日隨斗而南故天地交而寒暑和寒暑和而萬物乃生也數立則象生象生則言著言著則意顯象數則筌（香草以餌魚者）蹄（兔罝以繫兔者）也意言則魚兔也得魚兔而謂必由筌蹄可也舍筌蹄而求魚兔則未見其得也

文王得天地之用

王者之法盡于是

乾坤天地之本

天地之數出于

義入神以致

至哉文王之作易也其得天地之用乎乾生於子坤生於午坎終於寅離終於申以應天之時也置乾於西北退坤於西南長子用事而長女代母坎離得位兌艮爲耦以應地之方也王者之法其盡於是矣乾坤天地之本坎離天地之用是以易始於乾坤中於坎離終于既未濟而否泰爲上經之中咸恒爲下經之首皆言乎其用也象起於形數起於質名起於言意起於用天下之數出於理違於理則入於術天以理盡而不可以形盡渾天之術以形盡天可乎精義

先天後天

天地萬物之理盡在其中

氣一神一

乘氣變化

仁者眞所謂之人

神宅氣宅

心爲太極

神爲太極

入神以致用也爲治之道必通其變不可以膠柱猶春之時不可以行冬之令也天之變王道之權也堯之前先天也（言無事皆先天而造）堯之後後天也（言無非效法之事）圖雖無文吾終日言而不離乎是故天地萬物之理盡在其中矣氣一而已主之者乾也神亦一而已乘氣而變化能出入於有無生死之間無方而不測者也仁配天地謂之人惟仁者眞可謂之人矣生而成成而生易之道也氣者神之宅也體者氣之宅也心爲太極又曰道爲太極形可分神不可分木結實而

木神不二

此實生生之理
八者天地之體

歷代消長之理

不我物則能物物

聖人生萬民

成功成能

天地之大寤在寢

種之又成是木而結是實木非舊木也此木之神不二也此實生生之理也　八者天地之體體謂天地之體數各四

觀物外篇下

天地之氣運北而南則治南而北則亂亂久則復北而南矣天道人事皆然推之歷代可見消長之理也

不我物則能物物任我則情情則蔽蔽則昏矣因物則性性則神神則明矣天地生萬物聖人生萬民生生長類天地成功別生分類聖人成能神者人之主

將寐在脾熟寐在腎將寤在用熟寤在心天下之大

君子所以虛心而不動
聖人利物而無我
易有眞數
聖人六經如天道
孟子善藏其用
君子之學潤身爲本
三者不可闕一
造化在我

竊在夏人之神則存乎心心一而不分則能應萬變此君子所以虛心而不動也聖人以公天下爲心故利物而無我易有眞數三而已矣三謂三才聖人六經渾然無迹如天道焉故春秋錄實事而善惡形於中矣顯諸仁藏諸用孟子善藏其用乎觀其爲卿於齊而不受其祿亦善藏其用之一端此孟子所以善用易也君子之學潤身爲本其治人應物皆餘事也剸劇者才力也明辨者智識也寬宏者德器也三者不可闕一　伯夷義不食周粟至餓且死止得爲仁而已能循天理動者造化在我也學不際

◎

學際天人

天下良醫

禹所以爲賢

天下能讀書者少

天理眞樂

三者知之不易

楊雄知曆理

楊雄見天地之心

天人不足以謂之學能醫人能醫之疾不得謂之良醫醫人之所不能醫者天下之良醫也能處人所不能處之事則能爲人所不能爲之事也人患乎自滿滿則止也故禹不自滿假所以爲賢　天下言讀書者不少能讀書者少若得天理眞樂何書不可讀何堅不可破何理不可精天時地利人事三者知之不易今之學曆者但知曆法不知曆理能布筭者洛下閎也能推步者甘公石公也洛下閎但知曆法楊雄知曆法又知曆理觀其作玄可謂見天地之心者也

莊周數千年一人

至理之言

心爲身本

精神貴藏而用

至誠與天地同久

莊周雄辯數千年一人而已如庖丁解牛曰踟躕四顧孔子觀呂梁之水曰蹈水之道無私皆至理之言也　一國一家一身皆同能處一身則能處一家能處一家則能處一國能處一國則能處天下心爲身本家爲國本國爲天下本心能運身苟心所不欲身能行乎人之精神貴藏而用之術於外鮮有不敗如利刃恃利而求剸物則刃與物俱傷矣　智數或能施一朝蓋有時而窮惟至誠與天地同久天地不能無則至誠亦不息也執中無權者偏也王通言春秋

春秋王道之權

二者皆人之情

天下之事皆如是

聖人長君子消小人之具

聖人貴未然之防

王道之權非王道不能及此權在一身則有一身之權在鄉國天下則有鄉國天下之權用雖不同其權一也　夫弓固有强弱然一弓二人張之則有力者以爲弓弱無力者以爲弓强是弓非有强弱也二人之力不同也有食一杯在前二人大餒而見之若相讓則均得食相奪則爭或不得而食矣此二者皆人之情也知之者鮮合此則天下之事皆如是也夫易者聖人長君子消小人之具也其長也闢之於未然及其消也闔之於未然蓋聖人貴未然之防是謂易之

易之大綱
孟子善用易
學以人事爲大
管仲晚識物理
管仲才力過人
春秋孔子之刑
晉
秦穆公爲霸者之最
功首罪過

大綱知易者不必引用講解孟子之言未嘗及易其間易道存焉眞善用易而人莫能見者也　學以人事爲大今之經典古之人事也管仲用智數晚識物理大抵才力過人也春秋者孔子之刑書也功過不相掩罪人有功亦必錄之秦繆公有功於周能遷善改過爲霸者之最晉文侯世世勤王遷平王于洛次之齊桓九合諸侯不以兵車又次之楚莊强大又次之春秋之間有功者未見大於四國有過者亦未見大於四國者也故四國功之首罪之魁也平王名雖

此春秋之名實
聖人爲天下至公
盡性之書
爲大事然後見才難
學所以成其才
周霍能成大事
義利兼忘者唯聖人

王實不及一小國諸侯齊晉雖侯而實僭王此春秋之名實也人但知春秋聖人之筆削爲天下之至公而不知聖人之所以爲公也如因牛傷則知魯之僭郊因初獻六羽則知舊僭八佾因新作雉門則知舊無雉門皆非聖人有意其間故曰春秋盡性之書也

或問才難何謂也曰臨大事然後見才之難也才者天之良質也學者所以成其才也古人未有不繇學問而能立功業者周勃霍光能成大事唯其不學故未盡善也君子喻義小人喻利義利兼忘者唯聖人

聖人動不踰矩
顏子一而不再
韓愈過與顏子
經綸天地之謂
才
聖人主用
海潮應月

能之君子畏義而有所不爲聖人動不踰矩何義之畏乎　顏子不貳過孔子曰有不善未嘗不知知之未嘗復行也是一而不再也韓愈以爲將發於心而便能絶是過與顏子也過與是爲私意焉能至於道哉　經綸天地之謂才遠舉必至之謂志并包兼容之謂量天主用地主體聖人主用百姓主體故日用不知　海潮者地之喘息也所以應月者從其類也一月之內自三日明生之時則陽長猶一日之子後也故潮勢大十八魄生之時則陰長猶一日之午後

天地陰陽造化之妙

孔子既尊夷齊亦與湯武

莊子善通物

魯國之儒一人

老子知易體

妙致一之地

穆幾於王道

也故潮勢亦大此天地陰陽造化之妙有莫知其所以然而然也　孔子既尊夷齊亦與湯武夷齊仁也湯武義也變而不失禮之經也　莊子與惠子遊於濠梁之上莊子曰儵魚出遊從容是魚樂也此盡巳之性能盡物之性也非魚則然天下之物皆然若莊子者可善通物矣魯國之儒一人者謂孔子也老子知易體者也莊子齊物未免乎較量較量則爭爭則不平不平則不和無思無爲者神妙致一之地也

秦穆公伐鄭敗而有悔過之自誓之言此非止霸者

文中子禮義之言

君子素位而行之意

可和可漓

留侯善藏其用

學在不止

誠者主性之具

之事幾於王道矣　文中子曰易樂者必多哀輕施者必好奪或曰天下皆爭利棄義吾獨若之何子曰舍其所爭取其所棄不亦君子乎若此之類禮義之言也　莊子曰庖人雖不治庖尸祝不越樽俎而代之此君子思不出其位素位而行之意也　太羹可和玄酒可漓醨同薄酒也則是造化亦可和可漓也　智哉留侯善藏其用朱子曰只燒絶棧道其意自在韓而不在漢及韓滅無所歸乃始歸漢則其事可見矣　學在不止故王通云沒身而已誠者主性之具無端無方者也

七篇易道之妙

季札之才近伯夷

性善太極之本也仁義陰陽之分也田里學校裁成輔相之道也仕止久速進退存亡之道也好色之對易之巽也放心之求易之復也待王驩得遯之嚴出晝得豫之介七篇之妙孰非易道之妙耶

季札兄弟四人札幼而賢父欲立之札避逃去劉向曰夫不以國私身捐千乘而不恨棄尊位而無忿其才近伯夷矣

漁樵問答

漁者曰以魚之一身當人之一食則魚之害多矣以

溫泉寒火

衆妙之道備於神

萬物皆可無心而致

人之一身當魚之一食則人之害亦多矣又安知釣乎大江大海則無易地之患樵者曰水有體乎曰然曰火能焚水乎曰火之性能迎而不能隨故滅水之性能隨而不能迎故熱是故有溫泉而無寒火相息之謂也（外篇云陰能從陽陽不能從陰也）樵者贊曰天地之道備於人萬物之道備於身衆妙之道備於神天下之能事畢矣　漁者嘆曰熙熙乎萬物之多未始有雜吾知遊乎天地萬物之間萬物皆可以無心而致之矣樵者曰敢問無心致天地萬物之方曰無心者無意之

天地自相依附

始終天地之所存

聖神能參乎天地

謂也無意之意不我物也不我物然後能物物　樵者曰天何依依乎地地何附附乎大曰然則天地何依何附曰自相依附天依形地附氣其形也有涯其氣也無涯有無之相生形氣之相息終則有始終始之間天地之所存乎天以用爲本以體爲末地以體爲本以用爲末利用出入之謂神名體有無之謂聖惟聖與神能參乎天地者也夫名者實之客也利者害之客也名生於不足利喪於有餘害生於有餘實喪於不足此理之常也養身必以利貪夫則以身

立身必以名

六物具而得魚

狗利故害生焉立身必以名衆人則以身狗名故實
喪焉凡言朝者萃名之所也市者聚利之地也能不
以爭處乎其間雖一日九遷一貨十倍何害生實喪
之有耶　樵者曰子以何道而得魚曰吾以六物具
而得魚者也竿也綸也沉也浮也鉤也餌也一不具
則魚不可得六物具而不得魚者有焉未有六物不
具而得魚者也　漁者曰人之親莫如父子也人之
疎莫如路人也利害在心則父子過路人遠矣無利
害在前能相交以義雖路人固無相害之心矣是知

義者讓之本

量力而動者知

兩儀天地之祖

立功之本於斯為極

義者讓之本也利者爭之端也樵者曰吾嘗負薪矣舉百斤而無傷吾之身加十斤則遂傷吾之身何故曰百斤力分之內者也十斤力分之外者也力分之外雖一毫猶且為害况十斤乎樵者嘆曰吾今而後知量力而動者知矣哉　樵者曰子可謂知易之道矣敢問太極何物也曰無為之本也太極生兩儀兩儀天地之祖也非止為天地已也兩儀生四象陰陽剛柔之謂也有陰陽然後可以生天有剛柔然後可以生地立功之本於斯為極　漁者曰大矣哉權之

權變聖人之一道

八者具備乃之人

天地萬物之秀氣

天地萬物之中氣

與變乎變然後知天地之消長權然後知天下之輕重權之與變聖人之一道耳　樵者曰何者謂之人曰目耳鼻口心膽脾脈之氣全謂之人心之靈曰神膽之靈曰魄脾之靈曰魂脈之靈曰精心之神發乎目謂之視脈之精發乎耳謂之聽脾之魂發乎鼻謂之臭膽之魄發乎口謂之言八者具備然後謂之人夫人者天地萬物之秀氣也若全得人類則謂之曰全人之人夫全類者天地萬物之中氣也謂之曰全德之人也　漁者曰人所不能而能之謂之才聖人

聖人所以惜才之難

毒藥可一不可再

古今所謂良醫

今日如覩其面

器斯可名

所以惜乎才之難者謂其能成天下之事而歸之正者寡也若不能歸之以正才則才矣難乎語仁也譬猶藥之療疾毒藥亦有時而用也可一而不可再也能驅重疾而無害人之毒者古今人所謂良醫也樵者曰善人常寡而不善人常衆何也曰觀之於物何物不然於是知君子小人之道有自來矣釣者談已樵者曰吾聞古有伏羲今日如覩其面焉

無名公傳

凡物有形則可器可器斯可名無名公者不可得而

五十盡天地之情

弄丸

太和湯

安樂窩一

終身未嘗作皺眉事

名也其始也因年進學至五十遂盡天地之情嘗自贊曰借爾面貌假爾形骸弄丸（謂太極）餘暇閒往閒來人告之以修福曰未嘗爲不善人告之以禳災曰未嘗妄祭每喜飲酒命之曰太和湯故其詩曰性喜飲酒飲喜微酡飲未微酡口先吟哦吟哦不足遂及浩歌浩歌不足無可奈何所寢之室謂之安樂窩故其詩曰墻高於肩室大於斗布被煖餘藜羹飽後吐氣胸中充塞宇宙其與人交雖賤必洽終身無甘壞未嘗作皺眉事故人皆得其歡心見貴人未嘗曲奉故

風月情懷

收天下春歸之肝肺

直游天地

源流遠有端緒

其詩曰風月情懷江湖性氣色斯其舉翔而後至無賤無貧無富無貴無將無迎無拘無忌又有詩曰睿未嘗憂歛不至醉收天下春歸之肝肺朝廷授之官雖不强免亦不强起晩有二子教之仁義授之六經舉世尚虛談未嘗掛一言舉世尚奇事未嘗立異行其詩曰不佞禪伯不諛方士不出戶庭直游天地此其無名公之行乎

程子曰先生得之李挺之挺之得之穆伯長推其源流遠有端緒今穆李之言及其行事槩可見矣

◎

先生淳不雜雜

門戶各有所因而入

先生安且成

只是加一倍法

堯夫驚撫其背

須還知易理爲知天

而先生淳一不雜汪洋浩大乃其所自得者多矣然而名其學者豈所謂門戶之衆各有所因而入者與先生之道就其至而論之可謂安且成矣

謝上蔡曰堯夫易數甚精明道聞說甚熟一日因監試無事以其說推筭之皆合出謂堯夫曰其數只是加一倍法以此知太玄都不濟事堯夫驚撫其背曰大哥你甚聰明伊川謂堯夫知易數爲知天知易理爲知天堯夫云須還知易理爲知天因說今年雷起甚處伊川云堯夫怎知某便知又問

明道心無偏繫

十二與三十迭相爲用

甚處起伊川云起處起堯夫愕然他日伊川謂明道曰加倍之數何如曰都忘之矣因嘆其心無偏繫如此

朱子曰皇極經世書乃一元統十二會一會統三十運一運統十二世一世統三十年一年統十二月一月統三十日一日統十二辰是十二與三十迭相爲用也故季通以十二萬九千六百之數爲日分又曰易是卜筮經世是推步康節之書固自是好而季通推得來又甚縝密若見於用不知果何如

恐當絶勝諸家
一物便成四片
交接處看得分明
聖人知天命以理
歷下正襟危坐
康節甚喜張子房

恐當絶勝諸家也康節每見一物便成四片了但才到二分以上便怕乾卦方終便知有個姤卦來葢緣他於起處推將來至交接處看得分明 問康節學到不惑處否曰聖人知天命以理他只是以術然到得術之精處亦非術之所能盡康節氣質本清明又養之純厚未始枉用其心嘗於百原深山中闢書齋獨處其中王勝之乘月嘗訪之見其燈下正襟危坐雖其所養至靜之極故見得道理精明若是康節甚喜張子房以爲善藏其用老

易只康節說得整齊

子得易之體孟子得易之用合二者用之極善處事只是用時有些幾權術數也　自有易來只有康節說得如此整齊若楊子雲太玄便令星補湊得可笑若不補却又欠四分之一補得來又多四分之三如潛虛之數用五只是如今筭位一般其直一畫則五也下横一畫則爲六横二畫則爲七蓋亦補湊之書也

魏鶴山曰邵子心術之精微在皇極經世其宣寄情意在擊壤集凡皇帝王霸之興替春秋冬夏之

風流人豪
曾晳獨見稱於
聖人
秦漢諸儒無此
氣象

代謝陰陽五行之運化風雲月露之霽曀山川草木之榮悴唯意所驅畧無凝滯真所謂風流人豪使得從遊舞雩浴沂詠歸毋寧使曾晳獨見稱於
聖人也洙泗已矣秦漢諸儒無此氣象也

性理奥卷之三終

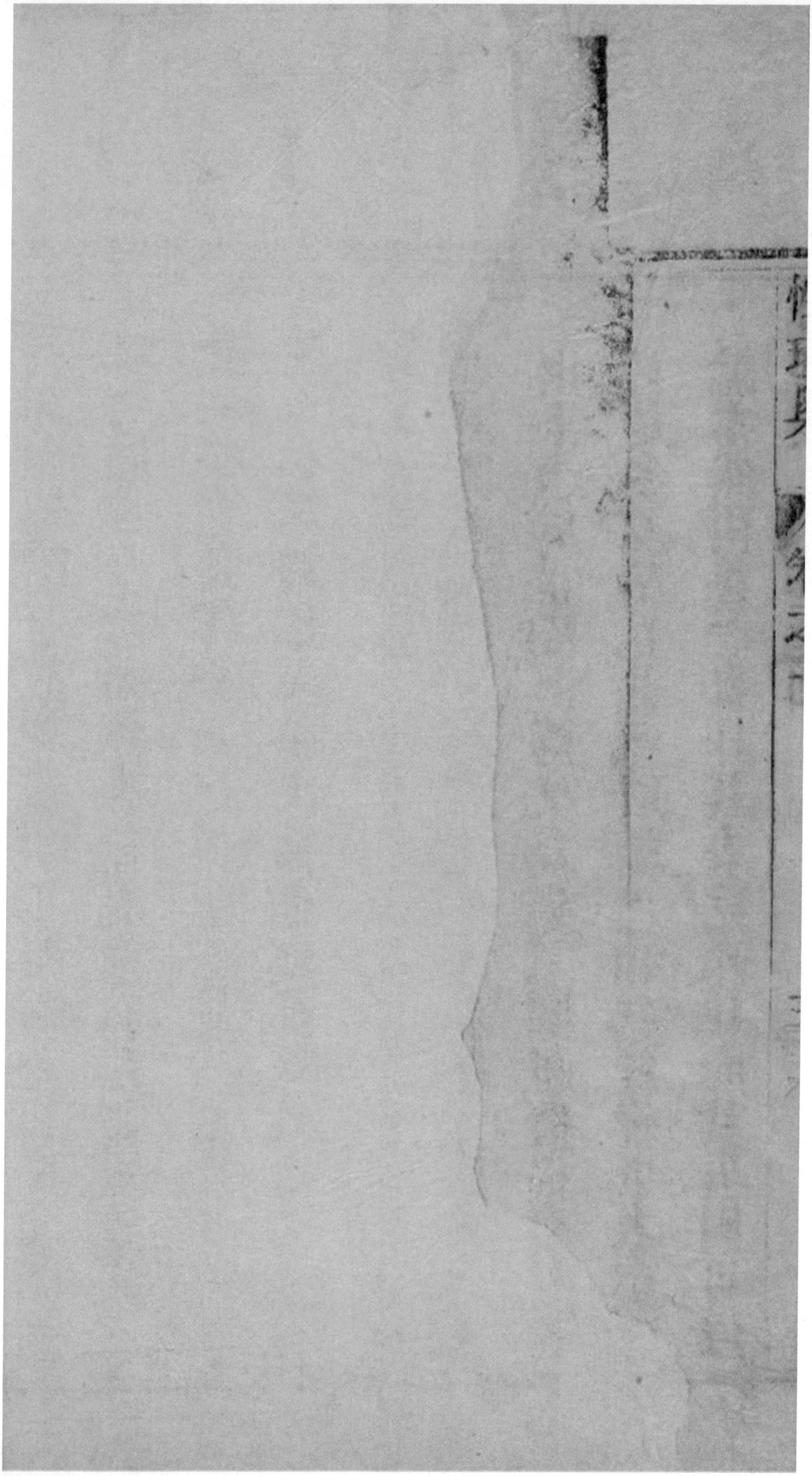

河圖洛書相爲
經緯
八卦九章相爲
表裏
二圖要參五呈
見

新鐫性理奥卷之四

始寧印趨丁進纂　　弟人玉丁遐訂

易學啓蒙

劉歆云河圖洛書相爲經緯八卦九章相爲表裏陳潛室曰經言其正緯言其變而二圖互爲正變主河圖而言則河圖爲正洛書爲變主洛書而言則洛書爲正而河圖又爲變二圖雖縱横變動要只是參互呈見此所以謂之相爲經緯也表裏之說亦然伏羲之畫卦其表爲八卦而其裏固可以

各因一事以垂法後世

曆紀之數肇於此

四字該盡河圖之數

其數所以不同

爲疇大禹之敘疇其表爲九疇而其裏固可以爲卦但當時各因一事以垂法後世耳

邵子曰圓者星也曆紀之數其肇於此乎方者土也畫州井地之法其倣於此乎胡玉齋曰相得則取其奇偶之相爲次第辨其類而不容紊也有合則其奇偶之相爲生成合其類而不容間也相得有合四字該盡河圖之數或曰河圖洛書之位與數其所以不同何也曰河圖以五生數統五成數而同處其方蓋揭其全以示人而道其常數之體

朱子特名舉所重

尊陽之義昉於此

洛書以奇數爲上

也洛書以五奇數統四偶數而各居其所葢主於陽以統陰而肇其變數之用也胡玉齋曰河圖數十十者對待以立體故爲常洛書數九九者流行以致其用故爲變常變之說朱子特各舉所重者爲言非謂河圖專於常有體無用洛書專於變有用無體也　胡玉齋曰陽大陰小陽饒陰乏故陽得用全而陰唯用半其尊陽之義實昉於此矣　河圖以生數爲主故其中之所爲五者亦具五生數之象焉洛書以奇數爲主故其中之所爲五者亦

三同二異

陽不可易而陰可易

三者之位數同

二者之位數異

具五奇數之象焉其數與位皆三同而二異蓋陽不可易而陰可易成數雖陽固亦生之陰也圖書之一六皆在北三八皆在東五皆在中三者之位數同也圖之二七在南而書則二七在西圖之四九在西而書則四九在南二者之位數皆異也陽不可易專指一三五陰可易統指二七四九成數雖陽指七九固亦生之陰指七爲二生數之陰九爲四生數之陰也二四以生數言屬陽以偶數言則屬陰不得謂之陽矣故可易七九以奇數言屬陽以

蔡節齋

河圖相錯之說尤佳

皆以陽爲尊
圖書之數多寡

成數言只可爲之陰矣故可易　中央之位既爲五數之象矣然其爲數也若何蓋中者爲主外者爲客正者爲君側者爲臣各有條而不紊也

董銖曰河圖之數不過一奇一偶相錯而已故太陽之位即太陰之數太陰之位即太陽之數見其迭陰迭陽陰陽相錯所以爲生成也朱子曰所論甚當河圖相錯之說尤佳

胡玉齋曰在圖者陽生陰生在書者陽奇陰偶而皆以陽爲尊也其圖書之數多寡何不同也曰河

不同

皆以五居中

圖主全故極於十而奇偶之位均洛書主變故極於九而其位與實皆奇贏而偶乏也然必皆虛其中也陰陽之數均於二十而無偏耳其皆以五居中者蓋參天兩地而起也三二之合則爲五矣河圖以生出之次言則始下次上次左右以復於中而又始於下也以運行之次言則始東次南次中次西北左旋一周而又始於東也洛書之次其陽數則首次東次中次西南其陰數則首西南次東南次西北次東北也其運行則水克火火克金

變化無窮之妙

默契聖人作範之心

金克木克土右旋一周而土復水也是亦各有說也　洛書之縱橫十五而七八九六迭爲消長虛五分十而一含九二含八三含七四含六則參互錯綜無適而不遇其合此變化無窮之所以爲妙也其大禹則之作範也未必拘拘於書之位次以定疇之先後然自一至九之數實有以默契聖人作範之心　洛書而虛其中亦太極也奇偶各三十亦兩儀也一二三四合九八七六縱横十五而互爲七八九六亦四象也乾坤坎離四方之正兌

洛書亦可以爲八卦

九疇之子目

見得前賢所未到

見得聖人一部

震巽艮四隅之偏亦八卦也胡玉齋曰洛書亦可
以爲八卦也正此謂也河圖之一六爲水二七爲
火三八爲木四九爲金五十爲土則固洪範之五
行而五十有五者又九疇之子目也是洛書固可
爲易而河圖亦可爲範矣九疇子目者五行五五
事五八政八五紀五皇極一三德三稽疑七庶徵
十福極十一總五十五也

朱子曰某一生只看得大學啓蒙兩件文字透見
得前賢所未到處看得啓蒙方見得聖人一部易

看兎亦可畫卦

聖人取神物之至

天地一氣流行

造化貴陽之大義

聖人扶陽之至意

先天心法

萬化萬事生於

皆假借虛說之辭聖人見河圖洛書而畫卦然何必圖書只看此兎亦可以畫八卦數便在中可起古聖人只取神物之至者耳

胡玉齋曰朱子嘗言天地間本一氣之流行而有動靜耳以其流行之體統言則但謂之乾而無所不包以動靜分之然後有陰陽剛柔之别聖人言乾以君之造化貴陽之大義聖人扶陽之至意昭昭矣　圖從中起先天心法也心爲太極而萬化萬事生於心圖之中亦爲太極而儀象卦生於中矣

也

日門月門

極贊坎離功用之大

先天主乾坤坎離之交

後天主坎離震兌之交

易道大成

翁思齋曰卯爲日門太陽所生酉爲月門太陰所生不但日月出入於此大而天地闔闢晦朔弦望晝夜長短行度盈縮莫不由乎此所以極贊坎離功用之大也

朱子曰先天主乾坤坎離之交其交也將變而無定位天時之不窮也故曰應天後天主坎離震兌之交其交也不變而有定位地方而有常也故曰應地　六十四卦之名立而易道大成矣者於其上各卦又各生一奇一偶則爲七畫者百二十八

焦貢易林變卦之數

開卷第一義

易之心髓全在此處

矣七畫之上又各生一奇一偶則爲八畫者二百五十六矣由是推之九畫十畫十一畫之上又各加一奇一偶則爲十二畫者四千九十六矣此焦貢易林變卦之數益以六十四乘六十四也若自十二畫至念四畫未知所窮也　太極兩儀四象八卦此乃易學綱領開卷第一義孔子而後千載不傳至康節始知先天之學而得其說謂說卦天地定位一章先天圖乾一至坤八之序皆本於此易之心髓全在此處不敢容易輕說其意非偶然

明道一言以蔽之
發明孔子之言最切要

此一義先儒未曾發

康節之餘事

也明道以爲加一倍法者可謂一言以蔽之其發明孔子之言又可謂最切要矣至於七八九六之數因一二三四便見六七八九老陽位一便含九少陰位二便含八少陽位三便含七老陰位四便含六數不過十唯此一義先儒未曾發先儒但說中間進退而已

黃端節曰陳瑩中云先天之學以心爲本其在經世者康節之餘事耳又云闡先聖之幽微先天之顯不在康節之書乎然則朱子以前表章尊敬此

以察來有見

聖人所以知變化之道

圖者了翁爲有見也

蔡西山曰虛一分二掛一揲四歸奇乃天地四時之生萬物也其奇數策數以定陰陽老少乃萬物正性命於天地也生蓍以分二掛一爲體揲四歸奇爲用立卦以奇數爲體策數爲用在天地則虛其一而用四十九在萬物則又掛其一而用四十八此聖人所以知變化之道也

家禮

朱子曰凡禮有本有文自其施於家者言之則名

◎

有家日用之常體

紀綱人道之始終

朱子爲一家之書

孔子從先進之遺意

分之守愛敬之實其本也冠昏喪祭儀章度數者其文也其本者有家日用之常體固不可以一日而不修其文又皆所以紀綱人道之始終雖其行之有時施之有所然非講習有素則其臨事之際亦無以合宜而應節是不可一日不講習焉者愚嘗竊觀古今之籍因其大體之不可變者而少加損益於其間以爲一家之書大抵謹名分崇愛敬以爲之至其施行之際則又畧浮文敷本實以竊自附於孔子從先進之遺意

寓愛禮存羊之意

家禮大義所係

開業傳世之本

冠所以責成人之禮

楊復曰先生家禮明大宗小宗之法以寓愛禮存羊之意此又家禮之大義所係祠堂一章合在祭禮篇今以報本反始之心尊祖敬宗之意實有家名分之守所以開業傳世之本也

冠禮

男子年十五至二十皆可冠女子許嫁笄必父母無朞以上喪始行之

司馬溫公曰古者二十而冠皆所以責成人之禮蓋將責為人子為人弟為人少者之行於其人故

冠禮不可不重

徒行飾文何益

禮不可不重也

程子曰冠禮廢天下無成人或欲如魯襄公十二
而冠此不可冠所以責成人事十二非可責之時
既冠矣且不責以成人事則終其身不可以成人
望之也徒行此節文何益

昏禮

男子年十六至三十女子年十四至二十身及主昏
者無朞以上喪乃可成昏

家語魯哀公曰禮男子三十有室女子二十有夫豈

不晚哉孔子曰夫禮言其極不可過也

司馬溫公曰凡議昏姻必先察其婦與壻之性行及家法何如勿苟慕富貴壻苟賢矣今雖貧賤安知異日不富貴乎苟爲不肖安知異日不貧賤乎婦者家之所由盛衰也苟慕一時之富貴而娶之鮮有不輕其夫而傲舅姑異日爲患庸有極乎又世俗好於襁褓童幼之時輕許爲婚亦有指腹爲婚者及其既長或不肖無賴或見有惡疾或家貧凍餒喪服相仍或從官遠遊遂致棄信負約速獄

終身無悔

子孫所當法

攝盛

古人重此大禮

致訟者多矣是以先祖太尉曰吾家男女必俟既長然後議婚既通書不數月必成婚故終身無悔乃子孫所當法也

黃瑞節曰士昏禮謂之攝盛蓋以士而服大夫之服乘大夫之車則當執大夫之贄矣

程子曰昏禮不用樂豈是幽陰但古人重此大禮嚴肅其事不用樂也

喪禮

溫公曰世俗信葬師之說既擇年月日時山水形

悖禮喪義無甚於此

有無惡乎齊

廉范千里負葬郭平自賣營墓

勢以爲子孫貧賤富貴壽夭盡係於此而其爲術又多不同爭論紛紛無時可决至有終身不葬或累世不葬或子孫衰替忘失處所棄捐不葬者正使殯葬實能致禍福爲子孫者亦豈忍使其親臭腐暴露而自求利耶悖禮喪義無甚於此或問家貧鄉遠不能歸葬則如之何曰子游問喪具夫子曰稱家之有無子游曰惡乎齊夫子曰有毋過禮苟無矣斂手足形還葬懸棺而窆人豈有非之哉昔廉范千里負葬郭平自賣營墓豈待豐富然後

合禮

葬其親哉在禮未葬不變服食粥居廬寢苫枕塊蓋憫親之未有歸也世又有客死焚柩而收燼歸葬者夫孝子愛親之肌膚斂而藏之殘毀他人之屍律猶不赦況子孫乃背謬若此延陵季子適齊其子死葬於嬴博之閒孔子以爲合禮必也不能歸葬葬於幽可也　古人有大勳德其葬有豐碑以下棺秦漢以來始命文士褒贊功德刻之於石降及南朝復有誌銘埋之墓中隋文帝於秦王俊甍府僚請立碑帝曰欲求名一卷史書足矣何用

徒與人作鎮石

季札墓豈在多言

治是不得不謹

碑爲徒與人作鎮石耳今既不能免依其誌文但可直叙鄉里世家官薄始終而已季札墓前有石世稱孔子所篆云嗚呼有吳延陵季子之墓豈在多言然後人知其賢也

程子曰卜其宅兆卜其地之美惡也非陰陽家所謂禍福者也地之美則其神靈安其子孫盛若培壅其根而枝葉茂理固然矣地之惡者則反是然則曷謂地之美者土色之光潤草木之茂盛乃其驗也惟五患者不得不謹須使他日不爲道路不

卷之四　十一

爲城郭不爲溝池不爲貴勢所奪不爲耕犂所及也

檀弓曰始死充充如有窮既殯瞿瞿如有求而弗得既葬皇皇如有望而弗至練而慨然祥而廓然

雜記三年之喪言而不語對而不問喪大記父母之喪非喪事不言既葬與人立君言王事而不言國事大夫士言公事不言家事喪制百官備百物具不言而行事者扶而起言而後行事者杖而起身自執事而後行者面垢而已凡此皆古禮今之

古禮當量力而行

程子最爲得祭祀之本意

張魏公贈諡告廟爲得體

賢孝君子所當量力而行者也

祭禮

朱子曰程子之言以爲高祖有服不可不祭雖七廟五廟亦止於高祖雖三廟一廟以至祭寢亦必及於高祖但有疏數之不同耳疑此最爲得祭祀之本意　焚黃近世行之墓次不知於禮何據張魏公贈謚只告於廟疑爲得體

律呂新書

古樂之亡久矣然秦漢之間去周未遠其器與聲

球不出盤

古人已試成法

猶有存者爰及建隆皇祐元豐之間而和峴胡瑗阮逸李照范慎司馬光劉凡楊傑諸賢之議終不能以相一也季通乃心好其說而力求之旁搜遠取巨細不捐積之累年乃若冥契著書兩卷予嘗得而讀之愛其明白而淵深縝密而通暢不爲牽合附會之說而横斜曲直如珠之不出於盤其言雖多出於近世所未講而實無一字不本於古人已試之成法蓋若黃鍾徑圍之數則漢斛之積分可考寸以九分爲法則淮南太史小司馬之說可

推五聲二變之數變律半聲之例則杜氏之通典具焉變宮變徵之不得爲調則孔氏之禮疏因亦可見國家得此書而奏之則東京郊廟之樂不待公孫述之瞽師而後備而參摹四分之書亦不待乎後世之子雲知好之矣

律呂本原

黃鍾長九寸空圍九分積八百一十分

按天地之數一三五七九爲陽二四六八十爲陰黃鍾者陽聲之始陽氣之動也故其數九分寸之

黃鍾聲氣之元
度量權衡於是受法
十二律𢇁是損益
徑圍之分以十爲法
相生分釐毫絲以九爲法

數具於聲氣之元不可得而見及斷竹爲管吹之而聲和候之而氣應而後數始形焉均其長得九寸審其圍得九分積其實得八百一十分是謂律本度量權衡於是而受法十二律𢇁是而損益焉

黃鍾之實

或問徑圍之分以十爲法而相生之分釐毫絲以九爲法何也曰以十爲法者天地之全數也以九爲法者因三分損一而立也全數者即十而取九相生者約十而爲九即十取九者體之所以立所

黃鍾全數

以定鍾聲約十爲九者用之所以行所以生十二律也

黃鍾之律

宮聲八十一　商聲七十二　角聲六十四　徵聲五十四　羽聲四十八

按黃鍾生十一律子寅辰午申戌六陽辰皆下生丑夘巳未酉亥六陰辰皆上生其上以三歷十二辰者皆黃鍾之全數其下陰數以倍者三分本律而損其一也陽數以四者三分本律而增其一也

陰從陽自然之理

三分損益

聲止於五

六陽辰當位自得六陰辰則居其衝其林鍾南呂應鍾三呂在陰無所增損其大呂夾鍾仲呂三呂在陽則用倍數方與十二月之氣相應蓋陰之從陽自然之理也　黃鍾之數九九八十一是爲五聲之本三分損一以下生徵徵三分益一以上生商商三分損一以下生羽羽三分益一以上生角至角聲之數六十四以三分之不盡一筭數不可行此聲之所以止於五也

候氣

分别各有條理

聲之所以中律

律致中和之用

中聲中氣

陽升之數自子至巳差强在律爲尤强在呂爲尤弱自午至亥漸弱在律爲尤弱在呂爲差强分數多寡雖若不齊然其絲分毫别各有條理此氣之所以聚灰聲之所以中律也或曰易以道陰陽而律不書陰何也曰易者盡天下之變善與惡無不備也律者致中和之用止於至善者也以聲言之大而雷霆細而蠛蠓無非聲也易則無不備也律則寫其所謂黄鍾一聲而巳雖有十二律六十調然實一黄鍾也是理也在聲爲中聲在氣爲中氣

在人則喜怒哀樂未發而中節也此聖人所以一天人贊化育之道也

度量權衡

度者分寸尺丈引所以度長短也生於黃鍾之長以子穀秬黍中者九十枚度之一爲一分十分爲寸十寸爲尺十尺爲丈十丈爲引　量者龠合升斗斛所以量多少也生於黃鍾之容以子穀秬黍中者一千二百實其龠十龠爲合十合爲升十升爲斗十斗爲斛　權衡者銖兩斤鈞石所以權輕

黃鍾爲萬事根本

黃鍾之宮可以生律

重也生於黃鍾之重以子穀秬黍中者一千二百實其龠百黍一銖一龠十二銖二十四銖爲一兩十六兩爲一斤三十斤爲鈞四鈞爲石故國朝會典曰黃鍾爲萬事根本

班固漢前志曰黃帝使伶倫自大夏之西昆侖之陰取竹於解谷生其竅厚均者斷兩節間而吹之以爲黃鍾之宮制十二筩以聽鳳之鳴其雄鳴爲六雌鳴亦六此皆黃鍾之宮而皆可以生律是爲律本至治之世天地之氣合以生風天地之風氣

律呂有可求之理

黃鍾始於聲氣之元

古人制作之意

正而十二律定故張子曰律呂有可求之理德性
淳厚者必能知之
太史公曰黃鍾始於聲氣之元班固所謂黃帝使
伶倫取竹斷兩節間吹之以爲黃鍾之宮又曰天
地之風氣正而十二律定劉照所謂伏羲紀陽氣
之初以爲律法又曰吹以考聲列以候氣皆以聲
之清濁氣之先後求黃鍾者也是古人制作之意
也　漢志曰人者繼天順地序氣成物統八卦調
八風理八政正八節諧八音舞八風監八方被八

人終天地之功

同心一統之義

黃鍾至尊無並

以管候氣

荒以人終天地之功

漢前志曰黃鍾爲宮則太簇姑洗林鍾南吕皆以正聲應無有忽微不復與他律爲役者同心一統之義也非黃鍾而他律雖當其月自宮者則其和氣之律有空積忽微而不得其正此黃鍾至尊無並也

隋志後齊曹參軍能以管候氣仰觀雲色嘗與人對語即指天曰孟春之氣至矣人往驗管而飛灰已應每月所候言皆無爽又爲輪扇二十四埋地

牛弘不能對高問

中以測二十四氣每一氣感則一扇自動與管灰相應若符契焉後高祖遣毛爽等候節氣依古取律呂之管隨十二辰置於地中實以葭莩之灰每其月氣至於律冥符而氣應有早晚飛灰有多少高祖異之以問牛弘對曰飛灰半出爲和氣全出爲猛氣灰不能出爲衰氣和氣應者其政平猛氣應者其臣縱衰氣應者其君暴高祖駁之曰臣縱君暴其政不平非月别而月異也今十二月於一歲之内應用不同安得暴君縱臣若斯甚也弘不

陽氣之動

三五以存

能對高祖之駁

按律者陽氣之動陽聲之始必聲和應聲然後可以見天地之心今不此之先而乃區區秬黍之縱橫古錢之大小亦難矣然一黍之廣爲分故累九十黍爲黃鍾之長積千二百黍爲黃鍾之廣古人蓋三五以存法也

性理奥卷之四 終

存乎人之自

新鐫性理奧卷之五

始寧印趨丁進纂　男　顯蔵樞夢　君正樞訓　訂

洪範九疇

蔡九峰自叙曰體天地之撰者易之象紀天地之撰者範之數數始於一象成於二二而四四而八八卦之象也一而三三而九九疇之數也易更四聖而象已著範錫神禹而數不傳余所言者數也其妙則存乎人之自得爾

内篇上

生生之理無窮

[illegible]可求其端

君子成德之終始

[illegible]道知序則幾

有理斯有氣，有氣斯有形，形生氣化而生生之理無窮焉。人知形之數而不知氣之數，人知氣之數而不知理之數。知理之數則幾矣。動靜可求其端，陰陽可求其始，天地可求其初，萬物可求其紀，鬼神知其所幽，禮樂知其所著，生知所來，死知所去。易曰：窮神知化，德之盛。　智者君子所以成德之終始也。是故欲知道不可以不知仁，欲知仁不可以不知義，欲知義不可以不知禮，欲知禮不可以不知數。數者禮之序也，分於至微，等於至著。聖人之道知序則幾矣。

真知真見

誠則爲其所爲

水寒火熱

萬事善于虛明

聖者數之通

人非無知也而眞知爲難人非無見也而眞見爲難義之質人所知也而犯義者多禮之文人所見也而越禮者衆以其知之非眞知見之非眞見爾眞者精之極精則明明則誠誠則爲其所爲不爲其所不爲如水之寒火之熱亦性之而已矣

物窒而理虛暗窒而明虛萬物生於虛明而死於窒暗也萬事善於虛明而惡於窒暗也虛明則神神則聖聖者數之通也

仁義禮知信者義理之公也人之所固有視聽言貌

君子貴同而賤獨

極建則大本立極明則大用著

人心至靈

達其初心則天下之理得

存心莫善于敬進學莫善于知

禮義萬化之門

思者形氣之私也我之所自生公者千萬人之所同私者一人之所獨是以君子貴同而賤獨極建則大本立極明則大用著以之齊家治國平天下無不宜矣

人心至靈也虛明之頃事物之來是是非非無不明矣人能超乎形氣拔乎物欲達其初心則天下之理得矣存心莫善於敬進學莫善于知二者不可廢一也

禮義交際其萬化所入之門耶東北萬物之所出也

養身養民
聖人得之天下
和平

君子所不繇不
爲不言

萬化之机軸

出則育命西南萬物之所入也入則復命火之克金水之王木出入循環生尅嗣續老彭得之以養身君子得之以養民聖人得之而天下和平

明禮而後可與適道守禮而後可與治民達禮而後可與言數非禮之道佛老之道也非禮之治荒唐之說也非禮之數京房郭璞之枝也君子所不繇不爲不言也 天地之化不翕聚則不能發散仁知交際萬化之機軸也

智則翕聚仁則發散而仁智之間正東丑萬物所出之地故曰萬化之機軸

君子立政以俟時

聖人因理以著數

數者聖人所以教天下後世

敬者聖學始終之要

君子時之爲貴

內篇中

言天下之靜者存乎正言天下之動者存乎時正者道之常也時者因之綱也是故君子立正以俟時中人以上達乎數者也中人以下囿於數者也聖人因理以著數天下因數以明理然則數者聖人所以教天下後世也

敬者聖學始終之要未知則敬以知之未行則敬以行之

君子時之爲貴時止時行時晦時明萬夫之望

動之以天

聖人自妙于無爲

君子居正而吉

天地無心于闔

義之所當爲而不爲義之所不當爲而爲者俱非數之所能知也非義不占非疑不占非疑而占謂之侮非義而占謂之欺虛其心和其志平其氣一其聽有不占也而事無不應有不謀也而用無不成誠之至焉神可至焉是謂動之以天　守之幬曰聖人無徯於守而自妙于無爲賢人有徯於守而不能以不爲衆人喪其所守患得患失之心生焉蹴爾嘑爾之恥亡焉是以君子貴乎居正而吉也　闔之幬曰天地無心于闔而自發于春夏聖人無徯於闔而誠自無

聖人順時而能淺移

不存衆人必力於閑邪斯存其誠閑之又閑以至于無俟閑存之又存以至於無俟存則成性存存道義之門是以明誠其賢誠明其聖故賢希聖聖希天移之嘻曰日月得天而能推移寒暑得時而能變移聖人順時而能改移君子知幾而能退移移之時義大矣哉

内篇下

溟漠之間兆朕之先數之原也有儀有象判一而兩數之分也日月星辰垂于上山岳川澤奠于下數之

經天緯地

九職任萬民

九式節財用

九兩繫邦國之

著也四時迭運而不窮五氣以序而流通風雷不測
雨露之澤萬物形色數之化也聖人繼世經天緯地
立茲人極稱物平施叙以五倫數之教也分天爲九
野別地爲九州制人爲九行九品任官九井均田九
族睦俗九禮辨分九變成樂八陣制兵九州禁奸九
寸爲律九分造曆九籌稽疑九章命算九職任萬民
九賦歛財貨九式節財用九府立圜法九服辨邦國
九命位邦國九儀命邦國九法平邦國九伐正邦國
九貢治邦國之用九兩繫邦國之民營田九里制城

九雉九階九室九經九緯數之度也孔子曰凡爲天下國家有九經所以行之者一也皆數也故蔡西山云蔡氏範數與三聖之易同功

理氣

朱子曰天下未有無理之氣亦未有無氣之理但理只是潔淨空濶底世界無形迹不會造作氣則能醞釀凝聚生物也所謂理與氣決是二物但在物上看則渾淪不可分開各在一處然不害二物之各爲一物也若在理上看則雖未有物而已有

範數與三聖同功

理只是潔淨空濶底世界

二物之各
物

二者常自相依
聖人以和召和
太極本無體用之分
萬理同出一原
萬理統會之名

物之理然亦但有其理而已未嘗實有是物也故二者常自相依　竊疑氣雖不同然聖人在上以和召和則氣亦醇正而隨於理

太極

吳臨川曰太極本無體用之分當其靜也太極在其中因以爲太極之體及其動也太極亦在其中因以爲太極之用

眞西山曰萬物各具一理萬理同出一原所謂一原者太極也太極者乃萬理統會之名有理卽有

萬物萬事皆原于此

太極總天地萬物之理

氣象可見而不可言

善觀此者必知道

天地莫不有常久之道

所以爲中庸

天地以虚爲德

氣分而爲二則爲陰陽分而爲五則爲五行萬物萬事皆原於此　太極只是總天地萬物之理而言不可離天地萬物之外而別爲之論纔說離天地萬物而有箇理便成兩截去了

天地

程子曰天地生物之氣象可見而不可言善觀於此者必知道也　天地之化雖蕩蕩然無窮然陰陽之度寒暑晝夜之變莫不有常久之道所以爲中庸也　天地以虚爲德至善者虚也虚者天地之

虛者天地之祖
天地從虛中來
天地間如洪爐
古今風氣人物之異
西北與東南人才不同
天地安有内外
如魚在水
剛風

祖天地從虛中來　天地間如洪爐凡物之散其氣遂盡無復本原之理造化又焉用此既散之氣哉　古今風氣人物之異者氣有盛衰故也西北與東南人才不同者氣有厚薄故也天地安有内外言天地之外便不識天地也人之在天地如魚在水不知有水直待出水方知動不得了　問天有形質否朱子曰只是箇旋風下輭上堅道家謂之剛風人常說天有九重分九處爲號非也只是旋有九耳但下面氣較濁而暗上面至高處則至

上面至清至明
康節不出此意
天地別無勾當
桃樹李花
兩盤相合、、
一去便休、
屈伸消長乘除
對待之理

清至明耳　康節言天依形地附氣所以重復而言不出此意者唯恐人於天地間別尋去處故也　天地別無勾當只是以生物爲心若無心則須桃樹上發出李花他又却自定　天地之形如人以兩盤相合貯水于內以手常常掉開則水在內不出稍住手則漏矣　大鈞播物一去便休豈有散而復聚之氣　許魯齋曰天道常於不足處行將去亦屈伸消長乘除對待之理損有餘補不足人則不能合天道也

南北極持其兩端

天度

程子曰北極出地上三十六度南極入地下亦三十六度而嵩高正當天之中極南五十五度當嵩高之上又其南十二度爲夏至之日道又其南二十四度爲春秋分之日道又其南二十四度爲冬至之日道南下去地三十一度而已是夏至日北去極六十七度春秋分去極九十一度冬至去極一百十五度此其大率也南北極持其兩端其天與日月星宿斜而廻轉也　日之南北雖不同然

蝕一遠三

秉燭執扇

皆隨黃道而行月道雖不同亦常隨黃道而出其旁耳其合朔時日月同在一度其望日則日月極遠而相對其上下弦則日月近一而遠三如日在午月在卯酉之類故合朔之時日月之東西雖同在一度而月道之南北或差遠於日則不蝕或南北雖相近而日在內而月在外則不蝕如一人秉燭一人執扇相交而過一人自內觀之其兩人相去差遠則雖扇在內燭在外而扇不能掩燭或秉燭者在內而執扇者在外則雖近而亦不能掩燭以此推之大

堯夫五歲差法
冠絕今古

學似楊雄

潛虛亦是此意

合璧連珠

畧可見　程子曰邵堯夫五歲差法冠絕今古却於日月交感之際以陰陽盈虧求之遂不差其學似楊雄　或說四廢日朱子曰只是言相勝者春是庚辛日秋是甲乙日溫公潛虛亦是此意　陳潛室曰曆家推上元太初謂四千六百十七歲已盡重新起曆是時定十一月甲子朔旦夜半冬至日月如合璧五星如連珠乃新曆第一日謂之曆元陸象山曰南北極中等之處謂之赤道去南北極各九十一度春分日行赤道從此漸北夏至行

日月行道之大畧

日月以形相物

赤道之北二十四度去北極六十七度去南極一百十五度從夏以後日漸南至秋分還行赤道與春分同冬至行赤道之南去南極六十七度去北極一百十五度其日之行處謂之黃道又有月行之道與日相近交路而過半在日道之裏半在日道之表其當交則兩道相合去極遠處兩道相去六度此日月行道之大畧也

天文日月

張子曰日月雖以形相物考其道則有施受健順

世俗桂樹白兔之傳

斯言足破千古之疑

聖人側身修行

之差焉星月金水借光於火日陽施而陰受也朱子曰月光常滿但自人所立處視之有偏有正故見其光有虧盈非所死而復生也若顧兔在腹之間則世俗桂樹白兔之傳其惑久矣或以月如兩鏡相照月中微黑之處乃天地形影非真有物也斯言有理足破千古之疑　陳潛室曰月蝕月蝕于人事必有灾戾故聖人畏之側身修行乃可彌也

星辰

五緯五行精氣

輪轂磑臍

一天四樞

張子曰五緯五行之精氣也所以知者以天之星辰獨此五星動以色言之又有驗以心取之亦有此理　朱子曰帝座唯在紫微者據北極七十二度常隱不見之中有北辰之號而常居其所蓋天形運轉晝夜不息而此爲之樞如輪之轂如磑之之臍雖欲動而不可得也今曰是與在紫微者皆居其所而爲不動者四則是一天而四樞一輪而四轂一磑而四臍也分寸一移則其輻裂而磑碎也無日矣能運轉乎

龍車石斧鬼鼓火鞭

聖人復起不能易

雷霆

胡致堂曰天地間無非陰陽聚散闔闢也可以神言不可以形論非如異端所謂龍車石斧鬼鼓火鞭怪誕之難信也故張子曰陰氣凝聚陽在內者不得出則奮激而爲雷霆雖聖人復起不能易矣或問世人所云雷斧何物也曰此猶星殞而爲石也本乎天者氣而非形偶殞於地則成形矣又問電之閃爍激疾如金蛇飛騰之狀何也曰光之發也惟光耳適映雲際則如是不當乎雲之際而在

天地間義氣君子窮理之爲要

露霜雪雨霧同此

同雲之中則無是矣皆天地間義氣故君子窮理之爲要

風雨雪霜霧露

朱子曰風只如天相似不住旋轉今此處無風蓋或旋在那邊或旋在上面都不可知如夏多南風冬多北風此亦可見　雨如飯甑不蓋其氣蒸鬱而汗下淋漓則爲雨如飯甑不蓋其氣散而不收則爲霧　或問伊川云露是金之氣何如朱子曰露自是清肅之氣結而爲霜其氣不同露滋物而

天地自然之數

天下奇觀

霜殺物也霜雪亦有異霜殺物而雪不殺物也雨與露異與雨氣昏而露氣清也露與霧異露氣肅而霧氣昏也　雪花所以必六出者蓋只是霰下被猛風拍開故成六出又六者陰數太陰玄精石亦六稜蓋天地自然之數　高山無霜露却有雪某嘗登雲谷晨起穿林薄中並無露水沾衣但見烟霞在下茫然如大洋海衆山僅露峯尖烟雲環遶往來山如移動天下之奇觀也

陰陽

此理最妙

陰陽升降大節

各有一乾坤

天地間無兩立之理

知聖人之進退

萬物皆本于陰陽

要去一件去不

程子曰陰陽消長之際無截然斷絶之理大抵終始萬物莫盛於艮此理最妙須玩索　一陽未生然而梅發者何也其榮其枯此萬物一箇陰陽升降大節也然逐枝自有一箇榮枯分限不齊此各有一乾坤也　朱子曰天地間無兩立之理非陰勝陽即陽勝陰無物不然無時不然　胡五峰曰觀日月之盈虛知陰陽之消息觀陰陽之消息知聖人之進退　許魯齋曰萬物皆本於陰陽要去一件去不得天依地地附天如君臣父子夫婦皆

五行只迭王說盡
盛衰自然之理

然

五行

程子曰五行只古人說迭王字說盡了只是箇盛衰自然之理也人多言五行無土不得木得土方能生火火得土方能生金故土寄王於四時某以爲不然木生火火生土土生金金生水水生木只是迭盛也　吳臨川曰十干十二支之名並而相配爲六十不知其所始世傳黃帝命大撓作甲子或然也漢之時術家以六十之四十八配周易八

純卦之六爻謂之渾天納甲不過以寅夘二支爲木巳午爲火申酉爲金亥子爲水辰戌丑未爲土而已後世所爲納音者每支五行備而每行周乎十二支餘則否壬癸各二水而四金四木丙丁各二火而四土四水戊巳各二土而四木四火庚辛各二金而四水四土甲乙各二木而四火四水四金焉納甲之五行猶先天之卦納音之五行猶後天之卦也

周子曰五行之序以質之所生而言則水本是陽

形始形終

五者造化發育之具

五物備然後生

之濕氣以其初動爲陰所陷而不得遂故水陰勝火本是陰之燥氣以其初動爲陽所揜而不得達故火陽勝蓋生之者微成之者盛生之者形之始成之者形之終也然各以偏勝也故雖有形而未成質以氣升降土不得而制焉　以氣之行而言則一陰一陽往來相代木火金水各就其中分老少耳故其序各由少而老土則分旺四季而位居中者此五者序各參差而造化所以爲發育之具或曰五行一氣也其本一物耳曰五物也五物備

五則不可混而爲一

一體載萬物

孔子贊乾德以貞元

孟子論四端不以信

天地只一箇春氣

然後生猶五常一道也無五則亦無道然而既曰五矣則不可混而爲一也　朱子曰土爲水火之所寄金木之所資居中而應四方一體而載萬類者也故孔子贊乾之四德而以貞元舉其終始孟子論人之四端而不敢以信者列序其間蓋以爲無適而非此也

四時

朱子曰天地只是一箇春氣發生之初爲春氣長得過便爲夏收歛便爲秋消縮盡便爲冬明年又

子建冥契先天終坤始震之義

天地中間一隹風水

復從春處起渾然只是一箇發生之氣

吳臨川曰楊子建以歲氣起冬至者冥契先天終坤始震之義子午冬至起燥金而生丑中之寒水丑未冬至起寒水而生水中之風木寅申起風木卯酉起君火辰戌起濕土巳亥起相火皆肇端於子半六氣相生循環不窮豈歲歲間斷於傳承之際哉

地理 潮汐附

朱子曰冀州是天地中間一隹風水山脈從雲中

前代所以都關中

入關有三道

發來雲中正高脊處自脊以西之水則西流入於龍門西河自脊以東之水則東流入於海前面黃河環繞右畔是華山聳立爲虎自華山東至中爲嵩山是爲前案遂過去爲泰山聳於左爲龍淮南諸山是第二重案江南諸山及五領又爲第三四重案前代所以都關中者以黃河左右旋繞所謂臨不測之淵者也近東獨有函谷關一路通山東故可據以爲險　自古入關有三道一自河北入爲正道一自河南入爲間道一自蜀入爲險道關

◎

[illegible][illegible]當兵交之衝

尾閭亦有沃焦之號

天下有三大水

南北咽喉

中雖號天險豈無可入之道第不比他戰場可長驅而進耳　荆襄山川平曠得天地之中有中原氣象爲東南交會處耆舊人物多最好卜居但有變則正當兵交之衝　天地之化往者消而來者息非以往者之消復爲來者之息也水流極東氣盡而散如沃焦釜無有遺餘故歸墟尾閭亦有沃焦之號非如未盡之水山澤通氣而流注不窮也女真起處有鴨綠江傳云天下有三大水曰黃河曰長江曰鴨綠是也　陳潛室曰荆襄爲南北咽

◎

三國必爭之地

古人重其原

此天地之常數

潮汐

潮汐

候在三國爲必爭之地乃戎馬之場非帝都也

吳臨川曰天下有原之水河爲第一古人祭川先河後海重其原也

余襄公曰春夏晝潮常大秋冬夜潮常大蓋春爲陽中秋爲陰中歲之有春秋猶月之有朔望也故潮之極漲常在春秋之中潮之極大常在朔望之後此又天地之常數也　馬古州曰朝生爲潮夕生爲汐日太陽也曆一次而成月月太陰也合於日以起朔陰陽消長晦朔弦望潮汐應焉潮汐依

日而滋長隨月而漸移潮於寅則汐於申潮於巳則汐於亥兩辰而盈兩辰而縮朔後三日明生而潮壯望後三日魄見而汐湧每歲仲春月落水生而汐微仲秋月明水落而潮倍滅於大寒極陰而凝弱於大暑畏陽而縮陰陽消長不失其時故曰潮信

鬼神 祭祀附

張南軒曰鬼神之說合而言之來而不測謂之神往而不返謂之鬼分而言之天地山川風雷之屬

六經所稱不越數端

[illegible]二說皆精

凡氣之可接者皆曰神祖考祠饗於廟曰鬼就人物而言之聚而生爲神散而死爲鬼又就一身而言之魂氣爲神體魄爲鬼凡六經所稱蓋不越是數端然一言以蔽之莫非造化之迹語其德則誠而已　陳北溪曰程子云鬼神者造化之迹張子云鬼神者二氣之良能二說皆精切造化之迹以陰陽流行者見於天地間言之良能言二氣之屈伸往來自然能如此　真西山曰天之神曰神以造化神妙不測也地之神曰示山川草木有形可見人之神曰鬼鬼神

須識其名義

一氣有感通之理

伯有別是一般道理

子產知鬼神之情狀

萇弘化碧

之理雖非始學者所易窮然亦須識其名義朱子曰人死雖終歸於散然亦未便散盡故祭祀有感格之理先祖世次遠者氣之有無不可知然奉祭祀者既是他子孫畢竟只是一氣所以有感通之理至如伯有爲厲伊川謂別是一般道理蓋其人氣未當盡而强死自是能爲厲子產爲之立後使有所歸遂不爲厲亦可謂知鬼神之情狀萇弘死三年而化爲碧弘以忠死故其氣凝結如此

陳北溪曰禮運言人者陰陽之交鬼神之會說

真聖賢之遺言

子產得聖賢遺旨

聖人有是言

元城養得此氣剛大

得亦親切此真聖賢之遺言非漢儒所能言也蓋無一物非陰陽則無一物非鬼神子產謂人始化曰魄既生魄陽曰魂斯言得聖賢遺旨　問鬼神有無程子曰爲爾言無則聖人有是言爲爾言有爾得不於吾言求之乎　劉元城死時風雷轟於正寢雲霧晦冥只是元城養得此氣剛大所以散時如此　程子曰古之言鬼神不過著於祭祀亦只是言如聞嘆息之聲亦不曾道聞如何言語見如何形狀如漢武帝之見李夫人只爲道士先說

目有不足信

鬼兼天人之能

所生非其常

古人極有深意

與在甚處使端目其地也故想出也然其詩亦曰是耶非耶皆所未曾闘見假使實見亦未足信或是心病或是目病如孔子言人之所信者目目亦有不足信者耶此言極善　今之言鬼神以其無形則如天地言其動作則不異于人豈謂人死之鬼反能兼天人之能乎　死而氣散泯然無迹者是其常道理恁地有托生者是偶然聚得氣不散又怎生去湊着那生氣便再生然非其常也

程子曰古人祭祀用尸極有深意蓋人之魂氣既

仁智合者可以制祀典

天地間公共之氣

天子與天地相關

聖賢功在萬世

散孝子求神而祭無尸則不饗無主則不依若尸與巳以潔齊至誠相通神無不饗也　謝上蔡曰陰陽交而有神形氣離而有鬼知此者為智事此者為仁惟仁智合者可以制祀典　問上古聖賢所謂氣者天地間公共之氣否朱子曰天子統攝天地與天地相關此心便與天地相通不可道他是虛氣與我不相通如諸侯不當祭天地與天地不相關便不能相通聖賢道在萬世功在萬世今行聖賢之道傳聖賢之心便是負荷這物事此氣

古人交神明之道

便是釁龜之意

兩盡幽明之義

文公此語極爲親切

便與他相通　古人交神明之道無些子不相接處觀古人有釁龜用生血只有覺龜久不靈用生氣去接續他古人立尸便是釁龜之意　陳北溪曰敬鬼神而遠之此一語說得圓而盡如正神能知敬矣又易失之不能遠邪神能知遠矣又易失之不能敬須是都要敬而遠遠而敬始兩盡幽明之義文公云專用力於人道之所宜而不惑於鬼神之不可知此語極爲親切

性命　附人物氣質之性命才

一者未嘗有異
如穿渠引源
後來此議必改
一字有二義
孟子道性善蓋原於此
聖人因事以制名

程子曰天之賦與謂命禀之在我謂性見於事物謂理三者未嘗有異窮理則盡性盡性則知命矣橫渠昔嘗譬命是源窮理盡性如穿渠引源然則渠與源是兩物後來此議必改矣　陳北溪曰命一字有二義有以理言者有以氣言者其實理不外於氣　楊龜山曰命天理也性天命也道則性命之理而已矣孟子道性善蓋原於此　程子曰性之本謂命性之自然謂天性之有形謂心性之有動謂情凡此數者皆一也聖人因事以制名不

理一見二

康節數句極好横渠亦不易之論

四字最爲端的離此四字不得

是非真妄從此入

同耳　李延平曰天下之理無異道也天下之人無異性也惟性不可見孟子始以善形之苟自理而觀則理一而見二　朱子曰性者道之形體心者性之郛郭康節這數句極好横渠心統性情一句亦不易之論　朱子答胡廣仲曰天命之性只以仁義禮智四字言之最爲端的率性之道便是率此之性無非是道亦離此四字不得當靜之時渾是天理未有人欲之僞故曰天之性及其感物而動則是非真妄從此分矣蓋性之爲性天下莫

韓公見識於明道

諸子中最爲近理

孟子之言有根柢

荀子隔靴爬痒猶器受光於日

孟子實淵源于夫子

不具焉本無妄也烏得并與其真而無之此韓公道無真假之言所以見譏於明道也韓子說所以爲性者五而今之言性皆雜佛老所以在諸子中最爲近理　張南軒曰性固難言唯善得而名之此孟子之言所以爲有根抵也聖人只是識得性百家紛紛只是不識性字楊子鶻突荀子又所爲隔靴爬痒　程子曰人之性猶器之受光於日日本不動之物　陳北溪曰孔子係辭曰繼之者善孟子所謂善實淵源於夫子而來孟子夫子非有

孟子夫子非有二本

開則達乎天道與聖人一

觀物一原異體

三人皆一目別而

三人所見各異

二本也　張子曰凡物莫不有性由通蔽開塞所以有人物之別由蔽有厚薄故有知愚之別塞者牢不可開厚者可以開而開之也難薄者開之也易開則達於天道與聖人一　朱子曰論萬物之一原則理同而氣異觀萬物之異體則氣猶相近而理絕不同呂與叔云性一也流形於外有剛柔昏明者非性也有三人焉皆一目而別乎色一居乎密室一居乎帷箔之下一居乎廣庭之中三人所見昏明各異豈目不同乎隨其所居蔽有厚薄

營巢養子

告子見闢於孟子

耳此言分別性氣甚明　程子曰禽獸之性却自然不待學不待教如營巢養子之類　朱子曰太極動而二氣形萬化生人與物之所同者二氣五行萬變不齊是則所謂異者同者理也異者氣也告子乃欲指氣而遺理牿於其同而不知其異此所以見闢於孟子而集註則以爲以氣言之知覺運動人物若不異以理言之則仁義禮智非物所能全也於此則言氣同而理異者所以見人之貴非物所能並於彼則言理同而氣異者所以見太

自古無人敢道此

程張不易至論

不是性中元有兩物

極本窮源之性

人不可不加澄治之功

極無虧非有我所得私也尚何疑哉程子言性即理也此一句自古無人敢道此張子言由太虛有天之名由氣化有道之名合性與知覺有心之名合虛與氣有性之名皆不易之至論也 程子曰人生氣禀理有善惡不是性中元有兩物相對而生也孟子只言善正極本窮源之性性猶水也有流而至海終無所濁有流而未遠固已漸濁有出而甚遠方有所濁有濁之多者少者人不可以不加澄治之功故用力勇敏則疾清用力緩怠則遲

只是元初水
二之則不是
發明千古未盡之意
如寶珠在清泠水中
季通主張氣質太過
澄濁求清之義

清及其清也則只是元初水矣　朱子曰程子云論性不論氣不備論氣不論性不明二之則不是所以發明千古未盡之意甚爲有功　有是氣則必有是理但氣稟之清者爲聖賢如寶珠在清泠水中氣稟之濁者爲愚不肖如珠在濁水中明明德者是就濁水中揩拭此珠也蔡季通主張氣質太過言形氣被此生壞了後頭終拗不轉來殊不知功夫未到則氣質之性不得不重若功夫至則氣質豈得不聽命義理也龜山澄濁求清之義正

復豈可無此患
發火紙罩
白米赤飯
孟子獨出諸儒

指變氣質之性言　韓退之說叔向之母聞楊食我之生知其必滅宗其始便稟得惡氣自有滅宗之理所以聞其聲而知之也使能學以勝其氣復其性可無此患　氣有清濁譬如着些物蔽了發不出如燈火紙罩了光依舊在裏面只去了紙便自見光有一般人稟氣清明而行爲不篤如井泉甚清貯在銀盞裏亦清徹但泉脈從淤土惡木根中穿過來味不純甘以之煑白米則成赤飯　程子言孟子獨出諸儒者以其能明性也　陳了翁云

道學之功大

孔孟言性之異

貴于能反

學者變化氣質

伊川語意尤密

氣質之用狹道學之功大與季通說正相反　孔孟言性之異畧而論之則夫子雜乎氣質而言之孟子乃專言其性之理也　張南軒云人之氣禀雖不同而其本莫不善故人貴於能反所以學者須變化氣質也　朱子曰孟子所謂才是指本性而言性之發用無有不善也伊川所謂才是指氣質而言氣有清濁則才亦有清濁也此與孟子說才小異而語意尤密不可不攷

心

惟觀其所見何如
明鏡止水
聖心與天爲一
懸鏡空中
君實自謂得術
聖賢必不害心病

程子曰心一也有指體而言者寂然不動是也有指用而言者感而遂通是也惟觀其所見何如耳聖人之心明鏡止水聖人之心與天爲一或者滯心于知識之間故自見其小於是有心小性大之說耳　程子曰人心作主不定正如一箇翻車流轉動搖無須臾停所感萬端又如懸鏡空中無物不入其中有甚定形不學者却都不察便覺察得是爲害司馬君實自謂吾得術矣只管念箇中字此又爲中所繫縛要之聖賢必不害心病　程子

正是剩一助之

如爲九層之臺

如種下種子

戒學者心不可有一事

存三守一

虛心然後能盡

曰今人志於義理而心不安樂者何也此則正是

剩一助之長人心常要活則周流無窮而不滯於

一隅須是大其心使開闊如爲九層之臺須大做

脚纔得又曰閱機事之久機心不生蓋方其閱時

心必不喜既喜則如種下種子　明道在澶州日

修橋少一長梁曾博求之民間後因出入見林木

之佳者必起計度之心因語以戒學者心不可有

一事　韓持國曰道家有三住心住則氣住氣住

則神住此所謂存三守一　張子曰虛心然後能

心大則百物皆通

赤子之心與天地相似

搖扇得凉

大學小學相乘之機

心虛則理實

盡心又曰虛心則無外以爲累又曰心大則百物皆通　呂藍田曰赤子之心與天地相似　尹和靖曰橫渠云由知覺有心之名若只寂然不動與木石等也只爲感而遂通便是知覺知覺即心也至於搖扇得凉是知覺也　問覺是人心之本體不容泯滅故乘間發見之時直是昭著不與物雜于此而自識便不溺于卑污之中自有可進步處故嘗竊疑覺爲大學小學相乘之機不知是否朱子曰然　心虛則理實心實則理虛有主則實此

聖人至公至神之化

道心如將

與天地同其大

實字指理無主則實此實字指私　李延平曰心無私主有感皆通善則好之惡則惡之善則賞之惡則刑之此是聖人至公至神之化如天地一般自人心而收之則爲道心自道心而放之則爲人心人心如卒道心如將　朱子曰惟心無對故體雖具于方寸之中而其所以爲體實與天地同其大萬物皆無所不備而無一物出乎是理之外用雖發于方寸之間而其所以爲用則實與天地相流通萬物蓋無所不貫而無一物不行乎事之中

心之所以爲妙在此

此心澄然鑑虚衡平

萬物皆有定于中

日常呈露于動靜間

古今人物所同得

與天地相流通

程子形容恕心充拓得去之氣象

此心之所以爲妙也方其物之未感也則此心澄然惺惺如鑑之虚如衡之平蓋眞對越乎上帝而萬物皆有定於其中矣體常涵用用不離體體用渾涵純是天理日常呈露于動靜間所謂體與天地同其大者蓋通天地間惟一實然之理而已爲造化之樞紐古今人物之所同得所謂用與天地相流通蓋是理在天地間流行圓轉無一息之停吾心得全是理亦無一息之不生矣此程子所以指天地變化草木蕃以形容恕心充拓得去之氣

體用非兩截事

明道伊川所主不同

只有一片空明景界

赤子之心不用機巧

象也然亦必有是天地同大之體然後有是天地流行之用則其實又非兩截事也　陳潛室曰明道言中有主則實實則外不能入伊川言心有主則虛虛則邪不能入其所主不同何也蓋有主則實謂有主人在內先實其屋外客不能入故謂之實有主則虛謂外客不能入只有主人自在故又謂之虛如赤子之心只是真實無僞然未發之中却渾然寂然喜怒哀樂都未形見只有一片空明景界此時只可謂之虛要之赤子之心不用機巧

二者實有異義

大舜十六字開萬世心學之源

精一爲理學之要

二言實萬世心學綱要

人心如鏡

未發之中乃存養所致二者實有異義　眞西山曰大舜十六字開萬世心學之源後世聖賢授受不同大抵教人守道心之正而遏人欲之流耳此精一之功所以爲理學之要也　吳臨川曰周子云無欲故靜程子云有主則虛此二言實萬世心學之綱要也　陳潛室曰人心如鏡但無塵垢之蔽則本體自明物來則應物去依舊自在只是定而應應而定

心性情　附定性　情意　志氣　志意　思慮

此處最當體認一物分作兩處

性如心之田地心是神明之舍

念慮處皆是情

朱子曰性者心之理也情者性之動也心者性情之主也大抵心與性似一而二二而一此處最當體認若以靜處是性動處是心則是一物分作兩處了人心虛處便包藏許多道理推廣得來蓋天蓋地莫不繇此此所以為人心之妙與理在人心是之謂性性如心之田地心是神明之舍為一身之主宰性便是許多道理得之於天而具之於心者發於知識念慮處皆是情故曰心統性情者也明道云稟於天為性感為情動為心伊川云自性

三者未有至當之論

此說最爲穩當

見影知形之意

心居二者之間聖賢一舉兼得橫渠此語大有功

之有形者謂心自性之有動者謂情此性情心三者未有至當之論夫心一也寂然不動是性感而遂通是情故橫渠云心包性情者也此說最爲穩當如二程先生之言是性包心情恐記錄者誤耳性不可見觀情之善可以見性如見影知形之意

陳潛室曰心居性情之間向裡即是性向外即是情心居二者之間而統之所以聖賢功夫只在心著到一舉而兼得之橫渠謂心統性情此語大有功

程子曰人之情各有所蔽故不能適道大率

反鑑索照

忘怒觀理

明道定性書都不見一箇下手處

都着一毫私意不得

生龍活虎

患在於自私而用智自私則不能以有爲爲應迹用智則不能以明覺爲自然今以惡外物之心而求照無物之地是反鑑而索照也夫人之情易發而難制者惟怒爲甚第能於怒時遽忘其怒而觀理之是非亦可見外誘之不足惡而於道亦思過半矣　朱子曰明道定性書都不見一箇下手處然須是知得天下之理都着一毫私意不得方是所爲知止而後有定也不然只是見得他如生龍活虎相似更把捉他不得　朱子曰志是公然主

志伐意侵

顏孟皆以聖人自期

顏孟能立志

聖賢莫不發軔於此

坐忘坐馳

張要做事的意是私地潛行要發的志如伐意如侵　陳北溪曰顏淵云舜何人也予何人也有爲者亦若是孟子曰舜爲法于天下云云如舜而已矣皆以聖人自期皆是能立志　真西山曰志者進德之基若聖若賢莫不發軔如此　程子曰欲知得與不得於心氣上驗之思慮有得中心悅豫沛然有裕者實得也思慮有得心氣勞耗者實未得也強揣度耳　未有不能體道而能無思者故坐忘而坐馳有忘之心是則思而已矣呂與叔嘗

欲屏思慮

虚器入水

致思如掘井

二者只是一事

言患思慮多不能驅除曰此正如破屋中禦寇東面一人來未逐得西面一人又至矣左右前後驅逐不暇又如虚器入水水自然入若實之以水置之水中水何能入來蓋中有主則實實則外患不能入自然無事横渠曰思曰睿睿作聖致思如掘井初有渾水久後稍引動得清道來思慮始皆溷濁久自明快　朱子曰知與思二者只是一事知如手相似思是教這手去做事也思所以用夫知也

道　理　德　仁

道未始有天人之別

此語截得上下最分明

論心術無如孟子

見道之大端

這裏須自見得

程子曰道未始有天人之別但顧天地人所在而異名耳易曰一陰一陽之謂道陰陽亦形而下者也而曰道者唯此語截得上下最分明今謂道須待要寂滅湛靜形如槁木心如死灰所貴乎智周天地萬物而不遺動容周旋中禮又幾時要如槁木死灰者論心術無如孟子也只謂必有事焉今既槁木死灰却于何處有事孟子發出浩然之氣又曰合內外平物我此見道之大端也子在川上曰逝者如斯夫言道之體如此這裏須自見得

人須于虛中求實

天地中和之至

風動水流

道器未嘗相離

㮣上花瓶

聖人如影隨形

張子曰天地之道無非以至虛爲實人須於虛中求出實聖人虛之至故擇善自精　胡五峰曰堯舜與湯文武仲尼之道天地中和之至非有取而後爲之者也道不能無物而自道物不能無道而自物道之有物猶風之有動水之有流也程明道曰道即器器即道兩者未嘗相離　朱子案上花瓶正指物有理言　張南軒曰凡一飯食一起居之間莫不有道焉賢者隨時而循理在聖人則如影之隨形道固不離於聖人也　黃勉齋曰自古

致治之盛如一日

都是見道分明

孔子是就造化根源上論

天下善惡皆天理

君子須於異中求同

道理二字亦有分別

帝王參天地贊化育更堯舜禹湯六七君上下數千年致治之盛常如一日豈有出於此道之外哉　陳北溪曰顔子所謂卓爾孟子所謂躍如都是見道分明故如此說若易所謂一陰一陽之謂道孔子是就造化根源上論　程子曰天下善惡皆天理謂之惡者非本惡但或過或不及便如此如楊墨之類　呂東萊曰天下事有萬不同然以理觀之則未嘗異君子須當於異中而求同則見天下之事本未嘗異　陳北溪曰道理二字亦有分

觀轉蓬知造車

三者所處不同

一節密一節

萬物之生意最可觀

仁者以天地萬物爲一體

靜中皆有生意

鷄雛可觀仁

別萬古通行者道也萬古不易者理也　許魯齋曰事物必有理未有無理之物聖人觀轉蓬便知造車亦此類也　或問道德仁三者所處不同陳潛室曰道謂事物當然之理德乃行是道實得於心仁謂心之德愛之理乃諸德之總會處在一人身上只是一箇物事但一節密一節耳　程子曰天地之大德曰生生之爲性萬物之生意最可觀仁者以天地萬物爲一體觀物於靜中皆有生意切脉最可體仁觀鷄雛此可觀仁又曰心譬如穀

必如穀種

三月不違仁之氣象

聖人元無二語

久之忽有所得

學者所難乃

至公便是仁

種生之性便是仁造次必于是顛沛必于是三月不違仁之氣象也　程子曰居處恭執事敬與人忠此是徹上徹下語聖人元無二語　尹和靖曰鮑某嘗問仁者愛人便是仁乎伊川云愛人仁之可耳焞嘗侍坐歸因取論語中說仁可致思久之忽有所得遂見伊川請益曰某以仁唯公可盡之伊川久之云思而至此學者所難及也天心所以至仁者唯公耳人能至公便是仁　李延平答朱元晦書曰來諭以為仁是心之正理能發能用的

◎

此說推廣得甚好

恐推測體認處未精

仁道之立正在於此

一箇端緒如胎育包涵其中生氣無不純備而流動發生自然之機又無頃刻停息憤盈發洩觸處貫通體用相循初無間斷此說推廣得甚好但又云人之所以異於禽獸者以是而已夫流動生機無頃刻停卽禽獸亦自如此若以爲唯人獨得卽恐推測體認處未精又云從此推出分殊合宜處便是義若不於此透徹何緣見得本原毫髮之分殊哉此正是本源體用兼舉處仁道之立正在於此仁之一字正如四德之元而仁義二字正如立

包攝在此二字

孔門教學者汲汲求仁

糖甜醋酸

天道之陰陽立地道之剛柔皆包攝在此二字朱
子曰仁之爲道乃天地生物之心即物亦在情之
未發而此體已具情之既發而其用不窮誠能體
而存之則衆善百行皆原於此此孔門之教所以
必使學者汲汲於求仁也仁者愛之理愛是苗理
是根仁之愛如糖之甜醋之酸愛是那滋味仁包
四德發於剛果處亦是仁發於辭遜是非亦是仁
正猶觀山所謂横看成嶺直看成峰若自家見他
不盡初謂只是一嶺及少時又見一峯出便是未

春暘醲酒

三言識仁之名義

兩字移動不得

三者方是成仁之事

看大學亦要識此意

見全山也藹乎若春暘之溫泛乎若醲酒之醇此是形容仁的意思程子曰仁者生之性也而愛其情也孝悌其用也公者所以體仁猶言克己復禮爲仁也學者於前三言可以識仁之名義於後一言可以知用力之方又謂愛是仁之用恕所以施愛者施用兩字移動不得然仁畢竟是溫和之物發用時須得是非辭遜斷制三者方是成仁之事及至事定三者各退仁仍舊溫和學者須是求仁所謂求仁者不放此心今看大學亦要識此意所

孝形容親切

晦翁絕口不言

所謂求仁者明命無他求其放心而已

陳北溪曰自孔門後無識仁者漢人只恩愛說仁韓子遂以博愛爲仁至程子非之而曰仁性也愛情也至哉言乎上蔡又專以知覺言仁龜山又以萬物與我爲一言仁呂氏克己銘又欲克己須與天地萬物爲一體方爲仁至文公始以心之德愛之理六字形容之而仁之說始親切矣　陳潛室曰上蔡專以覺言仁所以晦翁絕口不言只說愛之理心之德此一轉語亦含知覺在內　眞西山

益明用力之
言以矯[illegible]曰
之螟蠡
賢深切爲人
自絜矩始
義利之分

曰自非聖人未有不由恕而至仁者故孟子曰强恕而行求仁莫近焉恕以强言益明用力之難學者當以矯强自勵云耳此所謂絜矩之道也然大學言絜矩而繼以義利者豈異指哉利也者其本心之螟蠡正途之榛莽與大學丁寧於未簡孟子懔激於首章聖賢深切爲人未有先乎此者然則士之求仁當自絜矩始而推其端又自明義利之分始　眞西山曰天下至微之物皆得天地發生之心以爲心故自心中發出生意又成無限物且

之荷

上蔡以桃李論仁

唯古聖人之壽最久

四端迭爲賓主

如蓮實之中有所謂么荷者便儼然如一根之荷故上蔡以桃仁杏仁論仁謂其中有生意纔種便生故也　吳臨川曰天地生物之心曰仁雖天地之心最久聖人之仁如天地亦唯古聖人之壽最久

仁義禮智　誠忠信忠恕

朱子曰四端迭爲賓主如恭而無禮節是以禮爲主也君子以義爲質是以義爲主也蓋四德未嘗相離遇事則迭見層出要在人默而識之耳　問

此便是惻隱之心

開關啓鑰

孟子惓惓於充之一言

恕者入仁之門

横劍利刃

仁兼四端意思理會不透曰上蔡舉史文成誦明道謂其玩物喪志上蔡汗流浹背面發赤色明道云此便是惻隱之心　黄勉齋曰論語一書未嘗以仁義並言而孟子言仁義者蓋憫斯世之迷惑故開關啓鑰直指人心而明告之也　真西山曰惻隱之發而有以擴之則仁不能充矣四端皆然此孟子惓惓於充之一言也　張子曰恕者入仁之門而恕非仁也　朱子曰信如五行之有土非土不足以載四者義如横劍利刃凡事物到前便

此義理之本名

須是逐一看得透徹

充廣得去底氣象

忠恕猶形影

根本枝葉

晦翁又增兩字

兩分去胸中許多勞勞攘攘一齊割盡了　誠者以心之全體而言忠字以其應事接物而言此義理之本名也問忠信之信與五常之信如何分別曰五常之信以心之實理而言忠信之信以言之實理而言須是逐一看得透徹　明道曰充廣得去則爲恕心如何是充廣得去底氣象曰天地變化草木蕃然忠信猶形影也無忠做恕不出　朱子曰忠是根本恕是枝葉　陳北溪言程子以無妄之謂誠晦翁又增兩字曰眞實無妄之謂誠

堯舜湯武聖人
能同其大

眞西山曰堯舜之仁湯武之義所以與天地同其大者以其能充之也

疏觀造化之原
三先生有功當世不小
韓公依稀說得畧似
聖人繼天立極

新鐫性理奥卷之六

始寧印邈丁進纂

男　顯哉經讀
　　君正樞訓　訂

道統

朱子曰自孟子而後聖人之道不傳濂溪周子奮乎百世之下乃始探聖賢之奧疏觀造化之原河南兩程先生既親見之而得其傳於是學遂行世三先生有功於當世不小矣漢唐諸儒唯韓公依稀說得畧似

黃勉齋曰聖人於人之中得其最秀而最靈於是繼

發明道統以示天下後世

堯之得於天

舜得統於堯

禹得統於舜

湯得統於禹

天立極而統理人羣其發明道統以示天下後世皆可考也允執厥中中即太極此堯之得於天而舜之得統於堯也人心唯危道心唯微唯精唯一允執厥中是推其所以執中之由禹之得統於舜也成湯曰以義制中以禮制心則道常存而中可執矣此湯之得統於禹也文王曰不顯亦臨無射亦保即以禮制心也不聞亦式不諫亦入即以義制事也武王受丹書之戒曰敬勝怠者吉義勝欲者從敬即文王之制心也義即文王之制事也故周公繫易曰敬以直內

◎

聖人制事制心之意

聖賢相傳垂世立敎

中天地爲三綱五常之主

孔子作六經爲萬世師

河洛斯文與洙泗並

萃諸儒之大成

義以方外至於孔子則博文約禮克己復禮格致誠正齊治均平皆聖人制事制心之意焉聖賢相傳垂世立敎如此

陳北溪曰堯舜禹湯文武更相授受中天地爲三綱五常之主孔子不得行道之任乃集羣聖之法作六經爲萬世師而回參汲軻實傳之上下數千年無二說也軻之後遂失其傳千數百餘年濂溪與二程先生相繼而光大之河洛之間斯文與洙泗並聞而知之者有朱公蓋所爲萃諸儒之大成而傳周程之統

萬世道德之宗主

朱子定萬世之法

也

李果齋曰古者易更三古而混於八索詩書煩亂禮樂散亡夫子從而贊之定之刪之正之又作春秋六經始備以為萬世道德之宗主秦火之餘六經既已爛脫諸儒各以己見穿鑿為說未嘗有知道者周程張子其道明矣然於經言未暇釐正朱子於是考訂訛謬集其大成以定萬世之法雖與天壤俱敝可也

真西山曰自堯舜至於孔子率五百歲而聖人出孔子沒曾子子思孟軻復先後而推明之百有餘年之

三賢一聖更相授

復明益更大明

觀聖人則見天地

聖人無優劣

聖人天地之用

聖賢大同之中有不同

化工巧工

問一聖三賢更相授受然後天常人紀燦然昭陳垂示罔極嬴秦以後學術無統雖以董韓相望於漢唐而淵源之正體用之全未究其極孔孟之道至周子而復明至二程而益明至朱子而始大明皆天也楊子云觀乎天地則見聖人程子曰不然觀乎聖人則見天地聖人無優劣有則非聖人也聖人天地之用也聖賢之處世莫不與大同之中有不同焉不能大同者是亂常拂經而已不能不同者是隨俗習非而已學者必識聖賢之體聖人猶化工也賢人猶巧

剪綵爲花
聖賢之分
賢人當爲天下知
大賢聖人之分
二者氣象如何

工也剪綵爲花設色以畫之非不宛然肖也而欲觀生意之自然則無之矣聖人愈自卑而道自高賢人不高則道不尊聖賢之分也程子嘗曰賢人當爲天下知

五峯胡氏曰窮則獨善其身達則兼善天下大賢之分也達則兼善天下窮則兼善萬世者聖人之分也

問聖人憂世之心與樂天之心並行不悖則二者氣象如何朱子曰聖人之心樂天知命者其常也憂世之心則有感而後見耳

聖人以中道公道應物

便有舉義爲周之意

曾子善形容聖人氣象

學者宛如見聖人

兵印將符

許魯齋曰聖人以中道公道應物也無人無我無作爲以天下才治天下事應之而已

孔子

程子曰孔子請討田恒便有舉義爲周之意曾子善形容聖人氣象曰子溫而厲威而不猛恭而安又鄉黨一篇形容得聖人動容注厝甚好使學者宛如見聖人

朱子曰聖人無有不可爲之事無有不可爲之時只恐權柄不入手若得權柄則兵隨印轉將逐符行卽

聖人猶欲有爲

聖人之于天下皆如此

學聖人須學顏子

顏子所以大過人

顏子作得禹稷

如陳恒弒其君孔子沐浴而朝請討之時是獲麟之年那時聖人猶欲有爲也

呂東萊曰禹稷思天下饑溺由巳饑溺孔子歷聘諸國以至誨人不倦皆是合當做事自古聖人之於天下皆如此

顏子

程子曰聖人之德行不可名狀學聖人須學顏子顏子所以大過人者只是得一善拳拳服膺與能屢空耳顏子作得禹稷湯武事功大而化者仲尼也在前

事功
此處唯顏子知之
卓爾是聖人立處
學者全要識時
顏子雅意直是要做聖人
顏子優於湯武
顏子渾渾無迹
稜縫猶有未盡處

是不及在後是過之此處甚微惟顏子知之卓爾是聖人立處顏子見之但未至耳學者全要識時顏子陋巷自樂以有孔子在焉若孟子安得不仕

張子曰顏子學聖道瞻之在前忽焉在後夫子高遠處又要求精約處又要至顏子雅意直是要做聖人

問顏子優於湯武如何見得朱子曰這般處說不得據自看顏子又覺渾渾無迹見在事業未必及湯使其成就則湯又不得比顏子顏子比孟子則孟子當粗看磨稜合縫猶有未盡處

顏子心麤

曾子氣象極好

說話盛水不漏

曾子父子相反

陳潛室曰聖人體統光明渣滓渾化故分毫處皆照顏子未得渣滓渾化地位猶未免有暗處故謂之心麤

曾子

程子曰曾子傳聖人學其德後來不可測安知不至聖人如言吾得正而斃且體理會文字只看他氣象極好

朱子曰曾子說話盛水不漏曾子父子相反參合下不曾見得只從日用間應事接物上積累做去及至

點當下見得甚
高
曾子獨得其傳
剛毅方始立得
定
這是甚麽樣剛
毅
聖人應事如水

透徹那小處都是自家底了點當下見得甚高做處
却又欠闕
子思
朱子曰剛毅之學唯曾子獨得其傳思孟也恁地剛
毅方始立得定子思別無可考只觀孟子所稱摽使
者而不受如云事之云乎之類這是甚麽樣剛毅
程子曰聖人應事如水未有可止而不止可行而不
行者也
孟子

二字其功甚多
孟子精通於易
楊子最善論孟子
孟子擔當得事
千門萬戶自在
泰山岩岩

程子曰仲尼只說仁孟子便說仁義仲尼只說志孟子便說養氣出來只此二字其功甚多

尹和靖曰趙岐謂孟子通五經尤長於詩書其謂孟子精通於易蹤履處皆易也楊子謂孟子知言之要知德之奧非苟知之亦允蹈之此最善論孟子者

朱子曰孟子比之孔門原憲謹守必不似他然他不足以及人不足以任道孟子便擔當得事孟子不甚細膩如大匠把得繩墨定千門萬戶自在

程子曰仲尼天地也顏子和風慶雲也孟子泰山岩

氣象

此是不可及處

顏孟無大優劣

得聖人之道者二人

以此未及孔子

聖人盛德與天為一

岩之氣象也觀其言皆可見矣孟子若為孔子事業則儘做得只是難似聖人綏斯來動斯和此是不可及處顏孟雖無大優劣觀其立言孟子終未及顏子顏子默識曾子篤信得聖人之道者二人也孔子為宰則宰為陪臣則陪臣皆能發明大道孟子必得賓師之位然後能明其道以此未及孔子

謝上蔡曰孔子言天喪斯文一節蓋聖人盛德與天為一故出此語孟子地位未能到此故曰天未欲平治天下也如欲平治天下舍我其誰聽天所命未能

孟子壁立萬仞
孟子所以未至
聖人地位
退之說得儘好
顏孟久于仁

合一孟子以身任道後車數十從者數百所至侯王分庭抗禮壁立萬仞唯其猶有大底氣象所以未至聖人地位

問晁以道謂孔子賢於堯舜私孔子者也孟子配孔子畢孔子者也此語如何尹和靖曰不須如此較優劣唯退之說得儘好自堯舜相傳至孔子孟子軻死不得其傳却是

胡五峰曰孔子學不厭教不倦顏子欲罷不能孟子周旋不舍我亦知其久於仁矣

壁立千仞

守得夫子規矩定

學顏不錯

顏子一身渾是義理

不露便是孔子

可望不可攀

聖賢隨機應物

明快愷悌

朱子曰曾子平日是箇剛毅有力量壁立千仞底人故得卒傳夫子之道雖其資本魯拙然既有所得亦守得夫子規矩定孟子俱是要學顏子曾就巳做工夫所以學顏子則不錯

陳潛室曰顏子一身渾是義理不露便是孔子

饒雙峰曰顏子如和風慶雲人皆可以仰之孟子如泰山巖巖可望而不可攀其規模氣象不同　聖賢隨機應物孟子愛牛制産之論便是

程子曰孔子儘是明快的人顏子儘愷悌孟子儘雄

聖人應得甚閑暇

孟子必露精神

者皆適於義

辨

許魯齋曰陽貨以不仁不智刼聖人聖人應得甚閑暇在他人或以卑遜取辱或以剛直取禍必不能停當聖人則詞遜而不卑道存而不亢或曰孟子遭此如何曰孟子必露精神

孔孟門人

孔子聞衛亂曰柴也其來乎由也其死矣二者蓋皆適于義孔悝受命立輒若納蒯聵則失職與輒拒父則不義如輒避位則拒蒯聵可也如輒拒父則奉身

子路忠于所事

子路所養素定

鳳凰翔于千仞

曾點有康節底意思

二子後來長進

而退可也故子路欲勸孔悝無與于此忠于所事也
而孔悝既被脇矣此子路不得不死耳然燔臺之事
則過於勇暴也
楊龜山曰孔子許子路升堂觀其死而不忘結纓非
其所養素定何能爾耶茍非其仁則遑遽急迫之際
方寸亂矣
朱子曰曾點之志如鳳凰翔于千仞之上曾點有康
節底意思將那一箇物玩弄
子貢俊敏子夏謹嚴自顏曾而下雖二子後來想大

吳公得聖人之一體

南方之學得其精華

二事得賢

光風霽月

善形容有道者氣象

剛果有古人風

言濂潔異

長進

吳公言偃悅周公仲尼之道而北學於中國遂因文學而得聖人之一體今攷其政事豈所謂南方之學得其精華者　觀其二事得滅明之賢甚高

周子

李延平曰黃山谷謂周子灑落如光風霽月此善形容有道者氣象

朱子曰先生博學力行聞道甚蚤遇事剛果有古人風爲政精密嚴恕務盡道理廬山之麓有濂溪焉潔

濯纓而樂

一府皆傾

希夷如何有此說

忠定窺見其意

發前人之未

俾暢道氣

清紺寒先生濯纓而樂之因以爲號

朱子曰孔經甫嘗祭茂叔曰公年壯盛玉色金聲從容和毅一府皆傾令人疑其學多出希夷鄭可學曰濂溪所著書如太極圖希夷如何有此說張忠定公嘗云公事未着字以前屬陽着字以後屬陰似亦窺見其意忠定見希夷蓋亦有些來歷但當時諸公知濂溪者鮮也贊曰道喪千載聖遠言湮不有先覺孰開我人書不盡言圖不盡意風月無邊庭草交翠故人嘗謂茂叔有仙風道氣

初平二年覺悟

君貺此一事過人

不受爲是

精金良玉

李初平見茂叔云某欲讀書如何茂叔云公老矣無及矣待某只說與公初平遂聽說話二年乃覺悟王君貺嘗見茂叔爲與茂叔世契便受拜及坐間大風起說大畜卦君貺乃起曰適來不知却受公拜今當請納拜茂叔走避君貺此一事却過人謝用休問當受拜不當受拜曰分已定不受爲是

明道

伊川序曰先生資禀既異而充養有道純粹如精金温潤如良玉視其色其接人也如陽春之溫聽其言

學者宜聞

慨然有求道之志

主簿折黏竿

綽然沛然

可效不可及

其入人也如時雨之潤自幼時聞汝南周子論道遂厭科舉之業慨然有求道之志先生始至上元見人持竿以黏飛鳥取其竿折之自主簿折黏竿鄉民子弟不敢畜禽鳥不嚴而令行大率如此先生當法令嚴密之時未嘗從衆爲應文逃責之事人皆病於拘礙而先生處之綽然衆憂以爲甚難而先生爲之沛然雖當倉卒不動聲色其綱條法度人可效而爲也至其道之而從動之而和不求物而物應未施信而民信則不可及也

自任自信

胸中之氣冲如飲和茹實

先生坐如泥塑人

呂籃田曰先生負特立之才知大學之要其自任之重也寧學聖人而未至不欲以一善成名寧以一物不被爲己病不欲以一時之利爲己功其自信之篤也吾志可行不苟潔其去就吾義所安小官有所不屑也

游廣平曰先生雖不用而未嘗一日忘朝廷然久幽之操確乎如石胸中之氣冲如也士大夫從之飲其和茹其實久不能去

謝上蔡曰先生坐如泥塑人接人則渾是一團和氣

接人一團和氣

昇與曾點底事一般

明道所過者化

四字灝常有媿

直觀堂奥

眞學者之師

學者須是胸中擺脫得開觀先生雲淡風輕之詩胸懷直是與曾點底事一般又賦閑來無事之詠可見明道擺脫得開爲他所過者化

楊龜山曰明道作縣常于左右書視民如傷四字云灝每日常有媿於此

范華陽曰先生去聖人千餘歲發其關鍵直觀堂奥一天地之理盡事物之變卽之無窮其出愈新眞學者之師也

劉立之曰先生經術通明道理精微樂古不倦士大

虛往實來

先生之學以誠爲本

先生得聖人之誠

天下完人

夫從之講學者日夕盈門虛往實來人得所欲

朱光庭曰先生之學以誠爲本仰觀乎天淸明穹窿日月之運行陰陽之變化誠而已俯察乎地廣博持載山川之融結草木之蕃殖誠而已先生得聖人之誠者也

邢河閒曰先生氣象夷粹其接人和而有容其斷義剛而不犯其思索妙造精義其言近而測之益遠恕始恍然自失而知天下有成德君子所謂完人者先生是已

明道詩寄温公

去就分明

欲常見造物生意

欲觀萬物自得意

玉色金聲

和風甘雨

陳忠肅公責沈

胡武夷曰元豐中有詔起呂申公司馬温公温公不起明道作詩送申公云又詩寄温公其意直眷眷在天下國家雖然如此于去就又却分明不放過一步

張范陽曰明道窻前有草茂覆砌或勸之芟曰不可欲常見造物生意又置盆畜小魚數尾時時觀之或問其故曰欲觀萬物自得意

朱子賛曰揚休山立玉色金聲元氣之會渾然天成瑞日祥雲和風甘雨龍德正中厥施斯普

陳忠肅公常作責沈文曰沈諸梁當世賢者魯有仲

之

二字自家體貼出來

二君皆通易

達壁捉風

尼而不知宜乎子路之不對也范淳夫論顏子不遷怒不貳過唯伯淳有之予問曰伯淳誰也公默然久之曰不知有程伯淳耶予謝曰生長東南實未知也

明道先生曰吾學雖有所受天理二字卻是自家體貼出來

謝師直尹洛時嘗言易順曰非是因曰二君皆通易者也監司譚經而主簿乃曰非是監司不怒主簿敢言非通易能若此乎

荊公嘗與明道論事不合因曰公之學如上壁言難行也明道曰參政之學如捉風

伯淳嘗與介甫言管仲云出令當如流

出令當如流水
文字更復何用
捧土以塞孟津
四賢皆洛陽之
望也

水以順人心今參政須要做不順人心事何故伯淳嘗見上上言有甚文字伯淳云今咫尺天顏尚不能少回天意文字更復何用　伯淳又言今日許大氣艷當時欲一二人動之誠如河濱之人捧土以塞孟津誠可笑也邵康節四賢吟云彥國之言鋪陳晦叔之言簡當君實之言優游伯淳之言條暢四賢皆洛陽之望也

伊川

司馬光呂公著嘗言于朝曰程頤道德純備學問淵

聖代之真儒

此舉繫天下之望

獨出諸儒之表

先生正襟安坐

博有經天緯地之才有制禮作樂之具實天民之先覺聖代之真儒也王岩叟曰顥頤兄弟俱以德名顯於時陛下復起頤而用之此舉繫天下之望臣願加所以待之之禮

胡安國曰常官而行舉動必由乎禮奉身而去進退必合乎義其修身行法規矩準繩獨出諸儒之表門人高弟莫或繼之

邵伯溫曰先生嘗渡江中流船幾覆舟中人皆懼先生獨正襟安坐如常問之曰心存誠敬耳

先生踐履盡易

論經筵三事

養人主尊儒重道之心

嚴恭孰爲得失

尹和靖曰先生踐履盡易其作傳只是因而寫成時上奏論經筵三事其一以上富春秋輔養爲急宜選賢德以備講官陳說道義以涵養氣質其二請上左右内侍宫人皆選老成厚重之人不使後靡之物淺薄之言接於耳目其三請令講官坐講以養人主尊儒重道之心寅畏祗懼之德　或問先生曰君之嚴視潞公之恭孰爲得失先生曰潞公四朝大臣事幼主不得不恭吾以布衣職輔導亦不敢不自重也

問伊川臨終事或曰生平學的正要今日用伊川開

說要用便不是

不若處羿于無事之地

慮其害公之多

伯淳優于正叔

目曰說要用便不是此是如何曰說要用便是兩心

先生在經筵執事有欲用之爲諫官者子聞之以書

謝曰公知射乎有人於此發而多中人皆以爲善射

矣一日使羿道以彀率之法不從羿且怒從之則戾

故習而失多中之巧故不若處羿於無事之地則羿

得盡其言而用舍羿不恤也顧非羿也然聞羿之道

矣慮其害公之多中也

張子曰昔嘗謂伯淳優于正叔今見之果然其救世

之志誠甚切亦於今天下事儘記得熟伊川可如顏

伊川未如顏子

見君實不得不多

使萬物各得其所

伊川見處極高

二程功比孔孟

子恐未如顏子之無我　晁嵩山曰伊川嘗云吾兄弟近日說話太多明道云使見呂晦叔則不得不少見司馬君實不得不多　胡武夷問明道如何鄉志完曰此人得志使萬物各得其所又問伊川如何曰昔伊川對鮮于侁曰若說有道可樂便不是顏子以此知伊川見處極高　胡五峰曰二程倡久絕之學其功可比孔孟作春秋闢楊墨

馮忠恕曰二程嘗宿一僧寺明道入門而右從者皆隨之伊川入門而左獨行至法堂相會伊川自謂此

此頤不及家兄處

明道伊川造德各異

成人材尊師道之不同

明道可比顏子

孟程皆善想像

是頤不及家兄處蓋明道和易人皆親之伊川嚴重人不敢近也　朱子曰明道德性廣大規模廣闊伊川氣質剛方文理密察其道雖同而造德各異明道之言發明極致通透灑落善開發人一見便好久看愈好所以賢愚皆受其益伊川之言即事明理質慤精深尤耐咀嚼乍見未好久看方好所以有成人材尊師道之不同明道可比顏子孟子才高恐伊川未到然伊川收束檢制孟子又却不及孟子言伯夷下惠之風程子言孔子元氣之類皆善想像者也于二程

孟氏以來一人

十四五便學聖人

教學者不越二事

他書真難讀

言論風旨擬議之非雖得其所言之深旨將并風範氣象皆得之矣　朱子曰某幼時讀程張書至今但覺其精義深遠信乎孟氏以來一人而已明道好學論十八時作十四五便學聖人二十及第定性書二十二三時作　張南軒曰二先生所以教學者不越于居敬窮理二事二先生其猶一氣之周流乎何其理之該而不偏辭之平而有味也讀遺書易得他書真難讀也

張子

如吃木札相似
不雜者三人
天下士願與下風

伊川曰橫渠教人以禮爲先然其門人卒溺于刑名度數之間如吃木札相似更沒滋味遂生厭倦故其學無傳之者某接人多矣不雜者三人張子厚邵堯夫司馬君實　昔神宗召問治道皆以復三代爲對執政語之曰新政之更懼不能任事求助于子何如先生曰朝廷將大有爲天下士願與下風若與人爲善則孰敢不盡如教玉人追琢則人亦故有不能執政默然　呂藍田曰先生少與焦寅譚兵喜之當康定用兵時年十八慨然以功名自許上書謁范文正

一見知其遠器

儒者自有名教

吾道自足

關中學者多與洛人並

撤去虎皮

二程深明易道

公公一見知其遠器欲成就之乃曰儒者自有名教何事於兵因勸讀中庸先生未足也反而求之六經嘉祐初見二程于京師共語道學之要先生渙然自信曰吾道自足何事旁求　游廣平曰子厚學成德尊然猶秘其學明道曰處今之時當隨其資教之雖識有明暗亦各有得焉子厚用其言故關中學者多與洛人並　尹和靖曰橫渠昔在京坐虎皮說周易聽從甚衆一夕二程至論易次日撤去虎皮曰吾平日與諸公說者皆亂道有二程深明易道汝輩可師

十五年學恭而安不成

一變至道

先生以道自任之意

之乃歸陝西　或問橫渠言十五年學恭而安不成明道曰便是覷郤堯學他行事無堯許多聰明睿知怎生得似他動容周旋中禮朱子曰是　贊曰早悅孫吳晚逃佛老勇撤皐皮一變至道精思力踐妙契疾書訂頑之訓示我廣居　眞西山曰先生嘗云天不欲明斯道必不令人有知者既使人有知必有復明之理此先生以道自任之意

邵子

程子曰先生始學於百源堅苦刻厲冬不爐夏不扇

望之可知其賢

三年學以大成

三日得所未聞

夜不就席者數年旣而走吳適楚過齊梁久之歸曰道在是矣鄉里化之遠近尊之先生德氣粹然望之可知其賢其精易之數凡事之成敗始終人之禍福修短毫髮不差如指此屋便知起于何時至某年月日而壞無不如其言

張峪曰先生廬於百源覃思于易三年而學以大成王豫長于易聞先生篤志愛而欲教之旣與語三日得所未聞始大驚服卒舍其學而學焉或問康節詩曰施爲欲似千鈞弩磨礪當如百鍊金問于鈞弩如

承當者便須百　正張子房之流　此意極好　川不及孔子　夫子溫公橫渠

何曰只是不妄發如子房之在漢謾說一句當時承當者便須百碎故朱子云正張子房之流

朱子曰昔康節學于李挺之請曰願先生微開其端毋竟其說此意極好只是要自家理會出來意思當善譚易伊川嘗有簡與橫渠云堯夫說易好聽今夜試來聽他說着某嘗說此是伊川不及孔子處邵之學與程不同然二程所以推尊康節者蓋以其信道不惑不雜異端班於溫公橫渠之間亦未可以道不同而遽貶之也贊曰天挺人豪英邁蓋世駕風鞭霆

月窟天根
醉裏乾坤
振古之豪傑
內聖外王之道
空中樓閣
真風流人豪
與唐虞三代一般
與叔論選舉狀

歷覽無際手探月窟足躡天根閒中今古醉裏乾坤程子云吾從堯夫游聽其議論振古之豪傑也惜其無所用于世真內聖外王之道也其襟懷放曠如空中樓閣四通八達觀其詩云梧桐月向懷中照楊柳風來面上吹真風流人豪也又詩云雪月風花未品題他把這些事便與唐虞三代一般

呂大臨 以下二程門人

朱子曰與叔論選舉狀立士規以養德厲行更學制以量才進藝定貢法以取賢斂才立試法以試用養

和叔風力甚勁
至誠敏德
和叔以聖門事
業爲己任
識者方之季路

才立辟法以興能備用立舉法以覈實得人立考法以責任考功此論最善使假之年必有可用

呂大鈞 字和叔

程子曰和叔任道擔當其風力甚勁然深潛縝密有所不逮于與叔　蔡覺軒曰和叔明善志學性之所得者盡之于心心之所知者踐之于身妻子刑之鄉黨宗之可謂至誠敏德矣　眞西山曰和叔爲人質厚剛正以聖門事業爲己任識者方之季路又嘗作天子爲一家中國爲一人二賦槩可見其志矣

定夫政事絶人遠甚

游先生亞于二公

過目成誦

望之知爲成德君子

精練如素宦

游酢

楊龜山曰伊川稱定夫德宇粹然問學日進政事亦絶人遠甚

張南軒曰上蔡偏處雖多離其勇故其工夫亦極至龜山天資粹美矯厲之功少而涵養之功多若游先生則亞于二公也定夫幼時過目成誦盖壯而自力心傳目到不爲世儒之習儀容辭令燦然有文望之知爲成德君子也筮仕之初縣有疑獄一問得其情精練如素宦者不究所用士論共惜之

順此五者可以至于聖人

此事難以口舌爭

吾道南矣

呂氏曰本中嘗以書問游云儒者之道以爲父子君臣夫婦朋友兄弟順此五者則可以至于聖人佛者之道去此然後可以至于聖人敢問所以不同游答書云佛書所說世儒亦未深考往言嘗見伊川云吾之所攻者迹也然迹安所從出哉此事難以口舌爭也

楊時

陳氏淵曰明道在潁昌時龜山往從學及歸送之謂坐客曰吾道南矣先生造養深遠知之者鮮行年八

此老裨益必多

狂瀾砥柱

古人乘田委吏之比

畫出一箇活龜山

陶公地位甚高

十精力少年上方向意儒學日新聖德延禮此老置之經席朝夕咨訪裨益必多至如裁決世務若燭照數計而龜卜也公名甚顯垂範有詞豈不中肅孔鄭厥時狂瀾奔潰砥柱不敵邪說害正倚門則揮

問先生不欲爲市易官辭不就今誌中削去不就二字何也曰此監市易務即古人乘田委吏之比不卑小官之意自在其中乃是畫出一箇活龜山也又問誌果何求哉必則遠矣一句何也曰陶公是古之逸民也地位甚高觀其詩云結廬在人境而無車馬喧

何處更有這般氣象

龜山出處何如

決須救得一半
文定此語最公
吾人只當學子路

問君何能爾心遠地自偏即可知其爲人故提此一句以表之世人以功名富貴累其心者何處更有這般氣象

問龜山晚年出處其召也以蔡京然在朝亦無大建明朱子曰他當時一出追奪荊公王爵罷配饗夫子且欲毀劈三經板士子不樂遂相與鬨然致詰當時龜山亦謹避而已唯胡文定以栁下惠比之曰龜山之出當時若能聽用決須救得一半此語最公張南軒曰磨不磷涅不緇須還孔子吾人只當學子路龜

龜山自處地位
太高

二子可以大受

遇事如控轡
老而好學

山自處地位太高耳

李籲　呂太忠 進伯　邢明叔

伊川曰質夫于予爲外兄弟同邑同學才器相類二子可以大受期之而相繼以亡使予憂事道者鮮而悲傳學之難　蔡覺軒云李端遇事如控轡逐曲舞交衢折如意　程子曰呂進伯老而好學能理會到底邢明叔有才氣而達世務惜其晚溺于佛耳

范祖禹 字淳夫

真西山曰淳夫嘗與伊川論唐事及爲唐鑑盡用伊

几案唯唐一部

三代以來無此議論

平生未嘗干人

他安能陶鑄我

打透此關十餘年

川之意元祐中客有見伊川者几案無他書唯唐鑑一部先生謂客曰三代以來無此議論、

謝良佐

先生曰吾平生未嘗干人在書局不謁執政曰他安能陶鑄我自有命在或問先生于勢利如何曰打透此關十餘年矣子發請教先生曰聖人之道無微顯內外由洒掃應對進退而上達天道本末一以貫之如子見齊衰章及師冕見章一部論語只恁他看謝子見先生辭歸尹子送焉問曰何以教我謝子曰吾

可謂益友

謝顯道爲切問近思之學吾道有望

便是惻隱之心

只是去個矜字病痛盡在這裡

徒從先生見行則學聞言則識譬有服烏頭者其始顏色筋力倍常一旦烏頭刼將如之何尹子反以告先生先生曰可謂益友

程子曰謝顯道爲切問近思之學其才能充而廣之者也吾道有望矣謝良佐記問甚博明道曰可謂玩物喪志良佐身汗面赤曰此便是惻隱之心謝顯道别伊川一年往見之伊川曰别後做得甚功夫曰只是去個矜字蓋仔細點檢得來病痛盡在這裡若按伏得這個罪過方有向進處

吏卒如土木偶人

此正爲巳爲人之分

可望以扶吾道

文忠公處事不

朱子曰上蔡常宰德安府之應試胡文定以典學使者行部過之不敢問以執事顧因介紹請以弟子禮見入門見吏卒植立庭中如土木偶人肅然起敬遂禀學焉明道以上蔡記誦爲玩物喪志蓋爲其意不是理會道理只是誇多鬬靡爲能若明道看史不蹉一字則意思自別此正爲巳爲人之分

楊國寶

伊川曰楊應之在交遊中可望以扶吾道者○應之樂善尚德而議論不苟云以富文忠公處事猶不免

◎

多有此

周恭叔瞽娶

頤未三十時傚不得此事

有心如孫敏操行不端石守道行多詭激特以二人附己乃薦二人可代己守道可任臺諫又如劉原文文學絶人而以喜訕韓富亦加擯抑凡此之類皆不免有心況常人乎蔡覺軒曰楊應之勁挺不屈自爲布衣以至官於朝未嘗有求於人亦未嘗假人言色

周恭叔　尹焞　張思叔

尹和靖曰周恭叔初議母黨之女登科後其女雙瞽遂娶焉愛過常人伊川曰頤未三十時傚不得此事

呂稽中曰和靖應進士舉策問議誅元祐貴人和靖

和靖不對而出

賢也毋

和靖經筵進講

孔子告君之法

曰噫尚可以干祿乎哉不對而出程子曰子有母在歸告其母母曰吾知汝以善養不知汝以祿養於是退不復就舉程子聞之曰賢哉母也

朱子曰和靖說經簡約有益學者但不能大發明在經筵進講少開悟人主之功如高宗好觀山谷詩尹云不知此人詩有何好處陛下看他作甚麽只說得此一言亦何能警悟人主孔子答哀公好學問與答康子詳畧不同此告君之法也張魏公嘗問人有不爲也而後可以有爲此孟子至論和靖曰未是曰何

此語極中其病

伊川蓋有深意

文正公後唯劉公

者為至曰好善優于天下·為至張初不喜伊洛之學此語極中其病然正好發明惜但此而止耳思叔持守不及和靖乃伊川語非特為品藻二人蓋有深意

蔡覺軒曰張思叔因讀孟子志士不忘在溝壑二字始有得處後更窮理造微少能及之者

劉安節 字元承 朱光庭 馬伸

許景衡曰公守饒州遂移知宣州民遮留之謂吾州自范文正公後唯劉公一人而已所治三州民有訟者委曲詳戒俾無再犯間有關者將懲于官則曰何

何面目復見府公
力排異端以扶聖道
關中三傑
吏部西京法曹
此眞有志者

面目復見府公遂捨去
范祖禹曰公嘗謂百世以俟聖人而不惑者唯孔孟爲然故力排異端以扶聖道公慨調萬年主簿數決邑事邑人謂之明鏡時程伯淳主鄠縣簿張山甫主武功部與公皆以才名稱關中號爲三傑
眞西山曰崇寧中禁元祐學伊川學者多趨利叛去時中方爲吏部求爲西京法曹銳然爲親依之計先生辭焉時中曰使伸得聞道雖死何憾先生聞而嘆曰此眞有志者又嘗曰吾志在行道使以富貴爲心

建明輙削其稾

人主以修身爲本

墮水心動

范內翰以爲不

則爲富貴所累以妻子爲心則爲妻子所累是道不可行也　蔡覺軒曰時中雖勇于爲義而恥于釣名居朝凡所建明輙削其稾故人少知者

呂希哲　熊剛

眞西山曰希哲爲說書二年日夕勸道人主以修身爲本晚年嘗云十餘年前在楚州橋壞墮水中時覺心動今全不動矣其自力如此　仙源常言與侍講爲夫婦相處六十年未嘗一日有面赤自少至老雖衽席之上未嘗戲笑榮陽處身如此而每歎范內翰

可及

仲父對詞甚好

季明未知橫渠

魯張繹俊

魯者終有守

以爲不可及　滎陽公與諸人云自少官守處未嘗干人舉薦以爲後生之戒仲父舜從守官會稽人或譏其不求知者仲父對詞甚好云勤于職事其他不敢不愼乃所以求知也　胡氏曰季明從橫渠最久以其文釐爲七十篇自謂最知大吉及後來坐上書邪黨却是未知橫渠見幾之哲

程門總綸

程子曰尹焞魯張繹俊俊恐過之魯者終有守也

尹子嘗曰聞先生之言言下領意焞不如繹終能守

◎

各中其病

二人氣象亦相似

皆是氣質上病

和靖龜山立朝議論

升堂覩奧

焉繹不如焞先生欣然曰各中其病　謝上蔡曰昔在二程先生門下明道最愛中立伊川最愛定夫觀二人氣象亦相似　朱子曰程門謝氏便如師也過游與楊便如商也不及皆是氣質上病　問和靖龜山立朝議論曰和靖語錄中說涵養持守處分外親切龜山少好看莊列等文字後見伊川然而此念熟了不覺時發出來游定夫尤甚　胡武夷曰二程得孔孟不傳之學于遺經以倡天下而升堂覩奧號稱高第在南方則廣平游定夫上蔡謝顯道龜山楊中

謝君如水投石

楊謝二君長進

驚汗浹背
幾枉過了一生

漢唐諸儒無近
似者

立三人是也　陳氏淵曰明道每言楊君聰明謝君如水投石亦未嘗不稱其善伊川自涪歸見學者凋落多從佛學獨楊與謝不變因嘆曰學者皆流于夷狄矣唯有楊謝二君長進

羅從彥　字仲素號豫章

李延平曰羅先生少從審律先生吳國華學後見龜山乃知舊學之差三日驚汗浹背曰幾枉過了一生

先生性明而修行完而潔擴之以廣大體之以仁恕精深微妙各極其致漢唐諸儒無近似者

仲素思之累耳

仲素一生服膺此語

龜山倡道東南

羅公一人看喜怒哀樂未發作何氣象

陳幾叟曰仲素從龜山龜山以饑者甘食章令之思索素思之累日疏其義以呈曰飲食必有正味饑渴害之則不得正味而甘之猶學者必有正道不恱于小道而適正焉則堯舜人皆可爲矣何不及之有哉龜山云此說甚善但更于心害上一着猛省畱意可以入道矣仲素一生服膺此語　朱子曰龜山倡道東南士之遊其門甚衆然潛思力行任重詣極如羅公蓋一人而已　羅先生教學者靜坐中看喜怒哀樂未發謂之中作何氣象李先生以爲此意不惟于

詰雖二者皆大
有功于世
有德有言之隱
君子

畎畝不忘君之
心

進學有力兼亦是養心之要黃直卿曰程先生剖析毫釐體用明白羅先生探索本原洞見道體二者皆大有功于世　陳氏協曰先生可謂有德有言之隱君子矣同郡李侗傳其學厥後朱子又得李傳公歿無子其遺言多不見于世嘉定七年郡守劉允濟大加搜訪得公所著遵堯錄八卷四萬言大要謂藝祖開基列聖相承若舜禹至元豐改制皆自王安石作俑創爲功利是其畎畝不忘君之心與

李侗字愿中號延平

天下之大本在是

學問不在多言

自然之中若有成法

冰壺秋月

朱子曰先生從羅仲素學講誦之餘危坐終日以驗夫喜怒哀樂未發之前氣象爲何如而求所爲中若是者久之而知天下之大本眞在是其言曰學問不在多言但嘿坐澄心體認天理若是雖一毫私欲之發亦退聽矣先生資禀勁特氣節豪邁而充養純粹無復圭角精純之氣達于面目語默動靜端詳閑泰自然之中若有成法昔先君子吏部府君亦從羅公問學與先生爲同門友雅敬重焉嘗與鄧迪天啓語及先生鄧曰愿中如冰壺秋月瑩徹無瑕非吾曹所

先君子深以爲知言

不作費力事

正得龜山法門

延平亦是此意

顏子正是如此

及先君子深以爲知言先生居處有常不作費力事居常無甚異同頹如也眞得龜山法門　問延平何故驗喜怒哀樂未發之前而求所謂中曰只是要見氣象陳後之曰持守良久亦可見未發氣象曰延平亦是此意　論先生之學常在目前曰只是君子戒謹不睹恐懼不聞便自然常存非禮勿視聽言動顏子正是如此

胡安國字康侯諡文定子　胡寅字明仲號致堂　胡宏字仁仲號五峯

公爲荆南教授除太學錄學生劉觀石公撲輕俊有

二人佳士

二人范純仁之客

胡提舉凝然不動

名試遐屢居上游一旦觀爲人代筆事覺公擯薄遊成訟逾告期不歸爲之遊說者甚衆公正色曰錄以行規矩爲職職不能守奚以錄爲且二人果佳士而所爲如此亦何足恤竟致之法　詔舉遺逸公以永州布衣王繪鄧璋應詔時蔡京已惡公不爲已用干是屬吏李艮輔訴于朝云二人者范純仁之客而鄒浩所請托也京大怒人皆爲公落膽而會公孝廣來唁公退謂僚佐曰胡提舉凝然不動賢于人遠矣

上以左傳付公點句正音奏曰春秋乃仲尼經世

南面之術盡在是矣

春秋大法尤謹于此

大典陛下必欲削平僭暴恢復寶圖使亂臣賊子懼而不作莫若儲心仲尼之經則南面之術盡在是矣　公嘗奏曰臣由庸愚致朝廷侵紊官制旣失其職當去甚明且公羊以祭仲廢君爲行權先儒力折其說蓋權宜廢置非所施于君父春秋大法尤謹于此臣方以春秋進讀而與勝非爲列有違經訓縱臣無恥如公論何　公嘗荅曾幾書曰窮理盡性乃聖門事業物物而察知之始也一以貫之知之至也來書以五典四端毎事擴充亦未免物物致察非一以貫

不舉足而登泰山
松栢挺然獨秀
康侯一人而已
剛大正直無愧古人
文定有功于斯文

之之要是欲不舉足而登泰山也　謝上蔡曰胡康侯正如大冬嚴雪百草萎死而松栢挺然獨秀也　侯仲良曰視不義富貴如浮雲者當今天下康侯一人而已　朱子曰公傳道伊洛志在春秋而其正色危言據經論事剛大正直之氣亦無愧于古人　張南軒曰文定自得之奧在于春秋被遇明時䌷經入侍正大之論竦動當時所以扶三綱明大義抑邪說正人心亦可謂有功于斯文矣　朱子曰致堂議論英發人物偉然向常侍之坐見其數盃後譚孔明

致堂可謂豪傑之士

知言疑義有八

知言勝正蒙

伊川一句甚切至

五峯却守前說

出師表誦張正叔自靖入自獻于先王義陳了翁奏狀仲可謂豪傑之士也　朱子曰五峰善思如知言疑義大都有八呂休恭云知言勝正蒙似此等處誠然然亦有失如論性却曰不可以善惡辨不可以是非辨既無善惡是非則是告子湍水之說耳又曰好惡性也君子好惡以道小人好惡以巳則是以好惡說性而道在性外矣唯伊川性卽理也一句甚切至伊川嘗指巳發言心復言曰此說未當五峰却守其前說以心爲巳發性爲未發將心性二字對說知言

明仲亦自信不及

道學之樞要制治之蓍龜

如顏如愚

翺翔兩驂

中如此處甚多明仲甚畏仁仲議論明仲亦自信不及蓋仁仲不遇敵已之人故恣其言說然明仲說較平正　張南軒曰知言一書乃先生平日所自著其言約其義精誠道學之樞要制治之蓍龜也

朱子

劉屏山作元晦詞曰木晦于根春容曄敷人晦于身神明內腴昔曾子稱其友曰有若無實若虛不斤厥名而傳于書雖百世之遠揣其氣象如顏如愚惟參也無慚貫通雖一省身則三來輔孔子翺翔兩驂學

顔曾是畏

道理全在日用處熟

學有淵源

敬者所以成始成終

的欲正吾知斯之爲指南言而思毖動而思顚凛乎
惴惴惟顔曾是畏
李延平與羅博文書曰元晦初講學時頗爲道理所
縛今漸能融釋盖此道理全在日用處熟耳
黄勉齋曰自韋齋開伊洛之學先生早歲已心知之
韋齋病亟屬曰籍溪胡原仲白水劉致中屏山劉彦
冲三人吾友也學有淵源吾即死汝往事之先生既
孤奉以告三君子而禀學焉窮理以致其知反躬以
踐其實居敬者所以成始成終也雖達而行道不能

明道傳之萬代

深得古人遺意

大吉固已獨得

志同道合

行之一時然退而明道足以傳之萬代于大中則補其缺遺于語孟則深原當時問荅之意于易與詩則求其本義深得古人遺意于千載之上于書則疑今文之艱澁不若古文之平易于春秋則疑聖心之正大決不類傳註之穿鑿于禮則病王安石廢罷儀禮而傳記獨存于樂則憫後世律尺旣亡而清濁無據是數經者亦嘗討論本末其大旨固已獨得之矣南軒張公東萊呂公先生以其志同道合樂與之友講論經典商略古今率至夜分雖病疾支離邁諸生問

夷虜知慕其道
理義之感人深
元晦事業之大
天生哲人以大斯道之傳
豁然如大明中天
百世宗師

業脫然沉痾之去至于夷虜亦知慕其道先生歿傳信益衆亦足以見理義之感于人者深矣繼往聖將微之緒啟前賢未發之機辨諸儒之得失闢異端之訛謬元晦事業之大孰能加之殆天所以相斯文而篤生哲人以大斯道之傳也自周以來聖道一旦豁然如大明中天其紹道統立人極為百世宗師不以用舍為加損也

李果齋曰先生妙得聖人之本旨昭示斯道之標的使學者先讀大學以立其規模次及語孟以盡其蘊

羽翼四子以相左右

六書學者之飲食裘葛

天理爛熟之書

烈日秋霜

史學矩範

朱子摧陷廓清之功

奥而後會其歸于中庸又嘗集小學使學者得先正其操履集近思錄使學者得以先識其門庭羽翼四子以相左右蓋此六書者學者之飲食裘葛準繩規矩不可須臾離也嘗謂周官編布周密周公運用天理爛熟之書謂通鑑編年之體近古因就繩以策牘之法綱倣春秋而兼採群史之長目倣左氏而稽合諸儒之粹褒貶大義凜乎烈日秋霜而煩簡相發又足爲史學之矩範使學者由于大中至正之則而不蹶于荆棘擭穽之途摧陷廓清之功固非近世諸儒

朱子之功不在孟子下
海濶天高

所能髣髴其萬一也　魏鶴山曰先生自易詩中庸大學語孟悉爲之推明以至三禮孝經下逮屈韓之文周程張邵之書司馬氏之史先正之言行亦各爲之論著嗚呼帝王不作而洙泗之教興微孟子吾不知大道之與異端果孰爲勝負也聖賢既熄而關洛之學興微朱子亦未知聖傳之與俗學果孰爲顯晦也韓子謂孟子之功不在禹下予謂朱子之功不在孟子下　吳草廬贊曰義理玄微蠶絲牛毛心胸恢廓海濶天高豪傑之才聖賢之學景星慶雲泰山喬

鼎岳慶雲文字高絶一世博約兩極其至

三世一轍

孔孟正脈

嶽　文章字畫高絶一世博文約禮兩極其至者先
生一人也
　蔡神與以下朱子門人
黄端節曰蔡氏祖子孫三世一轍　朱子云神與教
子不干利祿學爲賢聖
　蔡元定字季通
先生八歲能詩日記數千言父以博覽群書程氏語
錄邵子經世張氏正蒙授元定曰此孔孟正脈也聞
朱子名往師之朱子叩其學大驚曰此吾老友也不

情志可謂兩得

季通讀難書易

季通言而不厭

源流皆有成法

當在弟子列四方來學者俾先就正之後沈繼祖劉三傑連疏詆朱子併及元定謫道州聞命就道朱子與從遊者數百人餞别蕭寺坐客興嘆有泣下者元定不異平時朱子喟然曰朋友相愛之情季通不挫之志可謂兩得矣朱子嘗曰人讀易書易季通讀難書易朱子疏註皆與參訂啟蒙一書則屬元定起藁朱子曰造化微妙唯深于理者能識之吾與季通言而不厭也季通承父志學行之餘尤邃律曆討論定著使千古之誤曠然一新而遡其源流皆有成法

[illegible]充然有所得

仲默不愧父師之教

[illegible]有[illegible]聖學由直卿
[illegible]不[illegible]

黄勉齋曰從公遊者聽其議論不忍去皆充然有所得也

蔡沉字仲默季通次子

李士英曰昔蔡季通語三子曰淵汝宜紹吾易學沉汝宜演吾皇極數而春秋則以屬知方焉仲默年三十屏舉子業一以聖賢爲師其于易範記書闡發淵微直不愧父師之教哉

黄幹字直卿謚文肅

朱子曰直卿明睿端莊造詣純篤斯道有望于直卿

吾道之托在此

聲利場中自守

心事有如秋月

仕宦不可失寒素體

者不輕病革以深衣及所著書授幹手書與訣曰吾道之托在此吾無憾矣

輔漢卿

朱子曰漢卿身在都城俗學聲利場中而能閉戶自守卒就大業

李燔字敬子

蔡念成稱敬子心事有如秋月先生嘗自言曰仕宦至卿相不可失寒素體夫子無人不自得者正以磨挫驕奢因誦古語曰分之所定一毫躋攀不上善處

費處著退一步
正叔葛藤不斷
爲人自是寡過
幸于大本處有見
國家公器

者退一步耳
余正叔
朱子曰正叔無日不講說終是葛藤不斷
李方之
朱子曰觀公晦爲人自是寡過但寬大中要規矩和緩中要果決遂以果名齋嘗語人曰吾于學問雖未周盡然幸于大本處有見耳
廖德明字子晦
公歲當薦士朝貴多以書謝之德明曰此國家公器

◎

德明學有根據

冷淡生活

一見知器

也悉不敢封還之朱子曰德明學有根據爲政能舉
先王已墜之典以活路中無告之人固學道愛人之
君子所樂聞而願爲者

朱子答趙訥齋書曰所論時學之弊甚善但所謂冷
淡生活者亦恐反遲而禍大耳孟子所以舍申韓距
楊墨也

張栻號南軒

朱子曰南軒從胡仁仲之門問程氏學一見知其大
器即以聖門論仁親切之旨告之公退而思有得也

聖門有人

學莫先義利之辨

同性善養氣之功

千載一轍

以書贄焉先生答曰聖門有人吾道幸矣公以古賢
自期作希顏錄嘗曰學莫先義利之辨義者心之所
當爲非有爲而爲之也一有所爲而爲之則皆人欲
之私而非天理之所存矣至哉言也其亦擴前聖所
未發而同于性善養氣之功者與　孟子沒而義利
之說不明仲舒武侯兩程先生屢發明之而莫之信
自魏國張忠獻公倡明大義以斷國論南陽胡文定
公誦說遺經以闢聖學其于孟子之言董葛程氏之
意所謂千載一轍者張公敬夫又忠獻公嗣子胡五

見處如架屋相似

春風沂水之樂

湖海一世之豪

見伊呂而失蕭曹

峯先生門人也　南軒見處高如架屋相似大間架已就只中間少裝折　贊曰擴仁義之端至于可以彌六合謹義利之判至于可以析秋毫拳拳乎其致王之功汲汲乎其幹父之勞仡仡乎其任道之勇卓卓乎其立心之高知之者識其春風沂水之樂不知者以爲湖海一世之豪彼其揚休山立之姿既與其不可傳者死矣觀乎此者尚有以卜其見伊呂而失蕭曹也耶　祭曰雖公家傳忠孝造道精微外爲軍民之所屬望內爲學者之所歸依治民以寛事君以

忠正大光明表裏輝映自我覩之非唯十駕之弗及
蓋未必終日言而可盡也聞公之臨絕手遺疏以納
忠召賓朋而與訣委符節而告終蓋所謂得正而斃
者又凜乎其有史魚之風此尤足以爲吾道而增氣
抑又可以上悟于宸聰
呂東萊曰公在三之義上通于天養志承業左右彌
縫不以存殁爲二者公之事親也盡瘁王室唯力是
視不以遠近爲間者公之事君也義理之大一識所
歸不以存亡爲勤惰者公之事師也公之此心蓋未

追申徒而謝子產

一心涵千古之秘

呂成公中原文獻

嘗死我雖病廢猶有足尊者存亦安知不能追申徒而謝子產耶

呂祖謙

朱子曰以一身而備四氣之和以一心而涵千古之秘推其有足以尊主而庇民出其餘足以範俗而垂世然而狀貌不踰于中人衣冠不詭于流俗迎之而不見其來隨之而莫覘其躅矧是丹青孰形心曲

眞西山曰呂成公所傳中原之文獻也其所闡繹河洛之微言也及慶元初尊臣始竊太柄太愚以一太

太愚有成公之風

伯恭于史分外仔細

正意見不可無

子靜說話不說破

府丞抗疏顯斥其姦孤忠凛然之死不悔迨其晚年義精仁熟有成公之風焉太愚名祖儉　或門東萊之學朱子曰伯恭於史分外仔細於經却不甚理會

陸九淵

朱子曰某向與子靜說話子靜以爲意見某曰邪意見不可有正意見不可無　子靜說高子也高是他尚不及告子告子將心硬制得不動陸遇事未必皆能不動子靜說話不說破便是禪家所謂鴛鴦繡出從君看莫把金針度與人了　子靜云涵養是主翁

主翁奴婢

棟幹柱石

人主當以二帝三王爲師

君爲治之門

生心得其傳

省察是奴婢

眞德秀字希元

公擢禮部侍郎奏三綱五常扶維宇宙之棟幹奠安生民之柱石今濟王未有子息亦唯陛下興滅繼絶上曰朝廷待濟王亦至矣曰觀舜所以處象則陛下不及舜明甚人主當以二帝三王爲師後儕讀書記語門人曰此人君爲治之門如有用我執此以往

李眞卿曰朱子沈潛乎性命而發越乎詞章先生心得其傳朱子之道不盡行于時故私淑諸其徒先生

衣被萬世

人君之軌範

長嘯非聖門持敬之道

之道方大顯于世將公利澤于民物所遭不同其衣被萬世亦一也

虞邵菴曰先生大學衍義本聖賢之學以明帝王之治攄巳往之迹以待方來之事人君之軌範莫備于斯焉

王相字令之號魯齋

公少慕諸葛亮爲人自號長嘯年踰三十始損俗學勇于求道與其友汪開著論語通旨至居處恭執事敬嘆曰長嘯非聖門持敬之道亟更以魯齋

岩岩然立朝之大節

先生一以朱子之言爲師

訓子最弟亦以是爲先

開世太平之功

虞邵齋曰魏氏之學審夫小學文字之細以推乎典禮會通之大本諸平居屋漏之隱而充極乎天地鬼神之著岩岩然立朝之大節不以夷險少變而立言垂世又足以作新乎斯人蓋庶幾乎不悖不惑者矣

許衡字子平號魯齋

姚牧菴曰先生一以朱子之言爲師窮理以致其知反躬以踐其實四方化之訓子最弟者亦雖以是爲先論述作固不及朱子之富而扶持人極開世太平之功不懈多焉

生以堯舜君民爲巳任

進退若萬夫之勇

濂洛數君所未發

歐陽圭齋曰先生自謹獨之功推而至于天德王道之蘊是以啟沃之際務以堯舜君民爲巳任至于身之進退則凛若萬夫之勇不可以利祿誘威武屈也晚年義精仁熟躬備四時無事而靜則太空晴雲舒卷自如應物而動則雷雨滿盈草木甲拆至于表裏洞徹超然自得于不言不動之域者又有濂洛數君子所未發者焉

吳澄字幼清

虞邵菴曰先生云天生豪傑之士不數也孟子生戰

朱子集數子之大成

師表百世

國而獨願學孔子六而卒得其傳至于周程張邵一時迭出非豪傑其孰能與于斯又百年來朱子集數子之大成則中興之豪傑也以紹朱子之統者誰乎

揭氏傒斯曰先生磨研六經疏瀹百氏綱明目張如禹之治水雖未獲任君之政而著書立言師表百世豈一才一藝所能並哉

性理奥卷之六終

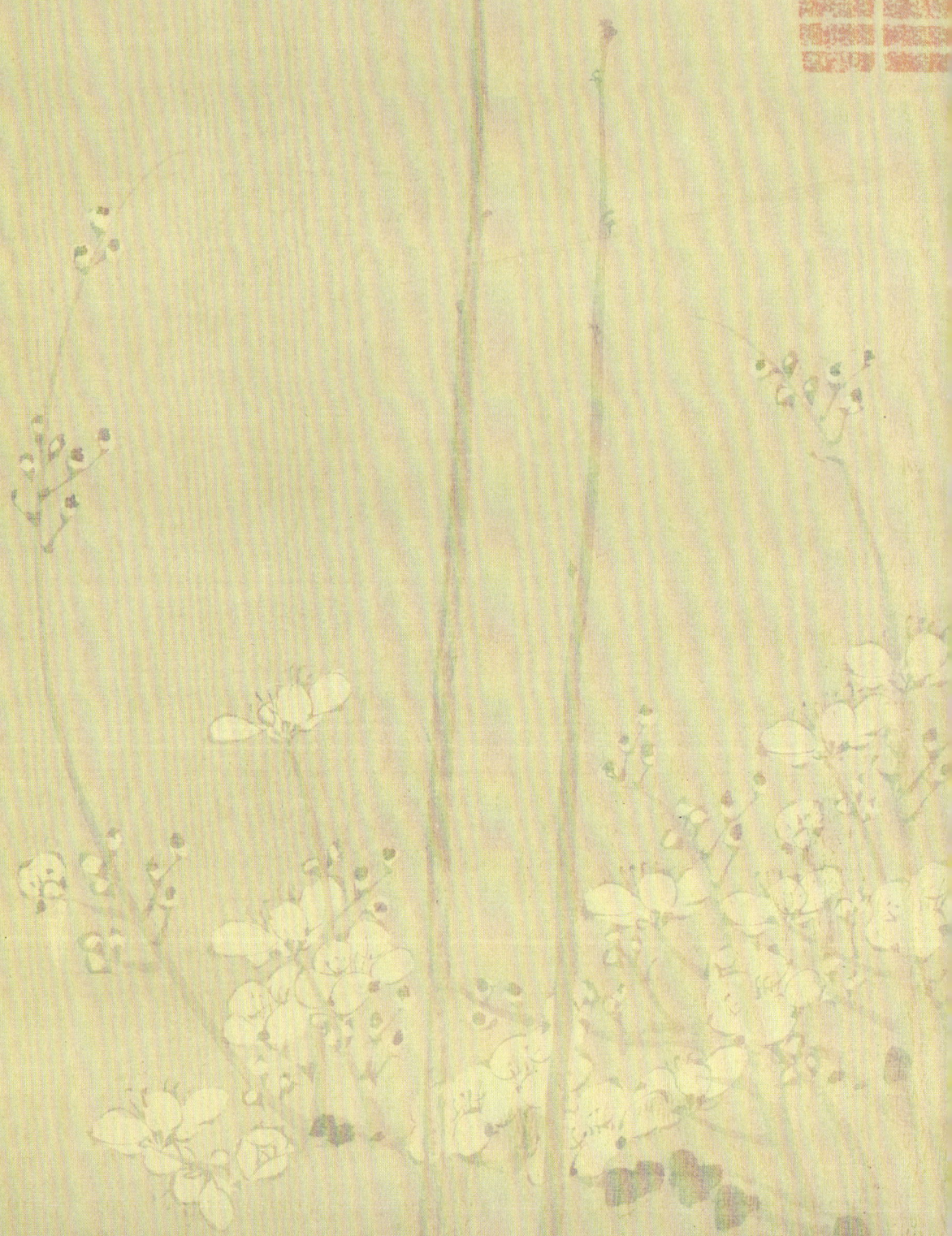